U0554574

新常态下
人民币汇率低调
与滞后超调交替的周期性研究

郑 平 著

西南财经大学出版社
Southwestern University of Finance & Economics Press
中国·成都

图书在版编目(CIP)数据

新常态下人民币汇率低调与滞后超调交替的周期性研究/郑平著.—成都:
西南财经大学出版社,2021.6
ISBN 978-7-5504-4900-8

Ⅰ.①新… Ⅱ.①郑… Ⅲ.①人民币汇率—研究 Ⅳ.①F832.63

中国版本图书馆 CIP 数据核字(2021)第 098642 号

新常态下人民币汇率低调与滞后超调交替的周期性研究

XIN CHANGTAI XIA RENMINBI HUILÜ DITIAO YU ZHIHOU CHAOTIAO JIAOTI DE ZHOUQIXING YANJIU

郑平 著

责任编辑:王利
封面设计:何东琳设计工作室
责任印制:朱曼丽

出版发行	西南财经大学出版社(四川省成都市光华村街 55 号)
网 址	http://www.bookcj.com
电子邮件	bookcj@swufe.edu.cn
邮政编码	610074
电 话	028-87353785
照 排	四川胜翔数码印务设计有限公司
印 刷	郫县犀浦印刷厂
成品尺寸	170mm×240mm
印 张	13.5
字 数	243 千字
版 次	2021 年 6 月第 1 版
印 次	2021 年 6 月第 1 次印刷
书 号	ISBN 978-7-5504-4900-8
定 价	78.00 元

摘　要

汇率，国之大事，不可不细察也。全球化视角下的人民币汇率，由于其深广的国内外影响，已成为人们广泛关注的焦点。在 20 世纪 70 年代中期，布雷顿森林体系已经崩溃，牙买加体系初步建立，在浮动汇率时代来临之际，汇率超调理论（Dornbusch，1976）应运而生，这篇应时而作的经典文章对汇率的高波动性做出了简明有力的解释。

在以浮动汇率为主导和方向的时代，汇率善变，但周期尚存。从汇率波动出发，分析汇率超调/低调的程度与持续的时间，有助于我们探究汇率波动的规律及周期性，寻找宏观政策调控与外向型改革的最佳着力点。本书的研究对制定适宜的汇率政策，合理预测汇率的短期波动及中长期变化有重要的意义，有助于提高政策的有效性，促进人民币汇率制度的改革切实走上市场化的、可持续的道路。

在中国经济转型升级的新常态中，本书的特点是：

其一，忠实于 Dornbusch 超调原文，并与中国经济新常态紧密结合，深入探究了人民币汇率波动的特征与周期性。在理论研究方面，我们的模型得当。在经验研究方面，我们以资本控制、国际收支结构和经济增长为切入点，选用适当的实证方法，全面分析了人民币名义汇率、真实汇率和两种有效汇率的演变路径，得出的结论基本上都对应于中国的经济现实。

其二，理论与实证研究并重，且都指向、聚焦、对应于中国经济发展的主要特征，由此提出切实可行的政策操作建议。汇率波动分为超调和低调两大类，具体共涉及六种汇率波动形式。汇率超调，包括 Dornbusch 意义上的传统超调、滞后超调及反向超调三种形式；汇率低调，则包括传统低调、滞后低调和反向低调三种形式。本书实证研究的时间跨度从 1994 年 1 月到 2017 年 12 月，重点关注自 2005 年 7 月人民币回归有管理浮动汇率制度以来汇率及相关经济变量的变化情况。

其三，前后呼应，逻辑严密，结构紧凑。本书先做理论研究，分析了汇率低调的两种形态，根据资本控制程度的强弱探讨了汇率超调与低调的交替性。我们研究了资本控制程度与汇率的动态关联、单一动态和多种动态之间的转换，区分了汇率变动的短周期和长周期。各章既独立成篇，又组合成一个整体，系统地探讨了在经济新常态下人民币汇率多种动态的交替性及规律性问题。

本书涉及的领域包括汇率决定理论、货币主义、汇率动态研究等。本书共分为十章，前面（第4章~第5章）是理论研究，后面（第6章~第9章）则是针对人民币汇率的实证研究，我们特别注重理论与实证在中国经济新常态下的有机结合。

第1章是绪言。经过40多年的改革开放，中国经济快速发展，取得了长足的进步。本章主要界定了中国经济发展新常态的几个核心指标，结合人民币汇率制度改革的进程介绍了本书选题的背景、研究意义，用逻辑结构图形象地展示了各章之间的内在联系及深化延伸、扩展的总分关系。

第2章是文献综述。汇率超调与低调分别有传统、滞后及反向等形式。本章深入全面地梳理了自1976年超调模型出现以来的理论与经验研究发展的逻辑线索，剖析了人民币汇率超调/低调研究的现状及存在的三个不足，并指出了未来研究的拓展方向。我们应把握超调/低调的实质，理清政府干预的合理性、方向性和边界性，切实推动人民币汇率制度改革的市场化进程。

第3章探讨超调的起源，透彻地梳理了 Overshooting 的含义。我们从文章的写作背景、切入点、理论基础及分析线索等方面，全方位地深入解读了汇率超调的原文。Dornbusch 融汇各家之长，提出了合理的假设，逻辑严密，理论分析严谨，表达清晰而简练，对国际经济学和汇率动态学的发展产生了深远的影响。

第4章分析汇率低调的动态模型，区分了传统与滞后两种形式。本章梳理了传统低调研究存在的不足，从真实汇率与名义汇率的互动角度提出了汇率滞后低调模型，并从汇率变动路径和持续时间比较了传统低调与滞后低调的差异。本章的研究对货币政策操作具有借鉴意义，并为产能过剩和经常账户盈余下人民币汇率的有限波动性提供了一个新的解释视角。

第5章从资本控制程度的阈值视角探讨人民币汇率超调与低调的动态变化。当资本控制程度高于阈值时，中国的货币扩张将导致人民币汇率出现低调；当资本控制程度低于阈值时，人民币汇率会出现超调。经济结构参数决定了汇率超调或低调的程度和持续性。资本控制的强弱程度对汇率动态的影响存在不对称性，若资本控制加强，汇率超调幅度会变小，但低调幅度会变大。

第6章从"四位一体"的框架来研究资本控制程度与人民币汇率的动态

关联。本章测算了自 1994 年以来中国资本控制程度的渐进变化，并以经济增长为导向扩展了三元悖论。迄今为止，中国只在两个时间段加强了资本控制，关注的重点不尽相同，且资本控制程度强弱与人民币汇率变化是同向变动的。汇率与资本控制相互作用的力度不对称，且相互影响的主要渠道也不一致。利差并不是影响人民币汇率和资本控制的显著因素，经济预期是影响资本控制的重要变量，资本控制程度减弱和汇率真实贬值都将促进中国的经济增长。

第 7 章从真实利差视角出发，研究了人民币汇率滞后超调和汇率周期问题。研究发现，自 2005 年汇率制度改革以来，货币和实体变量的作用方向及大小关系符合货币模型的预测。如果中国的货币供给相对地扩张 1%，人民币汇率会出现超调，贬值幅度是 1.16%；如果考虑相对通胀率的变化，汇率贬值幅度会达到 2.34%。人民币汇率短期超调的滞后期为 2 个月，且人民币汇率波动有较强的路径依赖，升/贬值压力相互交替的周期大约为 6 个月，波峰和波谷的幅度相当。

第 8 章用结构性向量自回归方法研究了资本控制程度与人民币汇率动态（反向超调、滞后超调等）的关系。资本控制政策的强弱对人民币汇率的影响存在不对称性，资本控制加强时，汇率呈现出滞后超调或反向超调的特征；而资本控制减弱时，汇率呈现出传统超调、反向超调或滞后超调的态势；汇率变动的幅度与持续时间也不一样，且汇率反应的强度比资本控制加强时要大得多。扩张性的货币政策冲击使人民币名义有效汇率表现出滞后超调，紧缩性的货币政策冲击使四种汇率都表现出长短不一的滞后超调。

由于现实经济因素的复杂性，汇率在长期内也可能会偏离均衡水平。第 9 章研究了人民币汇率变动的长周期问题。本章在离散形式的汇率超调模型的基础上，实证研究了人民币汇率低调和滞后超调的动态演变，并进一步探讨了相关因素对汇率超调或低调幅度的影响。当货币政策扩张时，人民币汇率会依次出现传统低调、反向低调、滞后低调，然后转为滞后超调，低调与滞后超调在变化强度、持续时间等方面存在着非对称性。

第 10 章是全书的结论与政策建议。本书的理论研究指出，汇率超调和低调等动态发生的机理有差异，汇率变动路径与幅度也不尽相同，资本控制等制约因素会导致超调、低调等汇率动态相互交替。实证研究发现，资本控制程度强弱与人民币汇率同向变动，但两者间相互作用的力度和渠道不对称。在政策建议方面，认为我国的资本账户应渐进开放，人民币汇率应保持动态稳定，并努力创造稳定可预期的货币环境等。

总的来看，本研究的创新之处体现在三个方面：第一，进行中国资本控制程度的定量测度及资本控制程度与汇率动态的非对称性分析，并给出了合理的解释。人民币汇率制度改革眼睛向内的成分还是要多一些，且资本控制程度的强弱对汇率动态的影响存在不对称性。第二，深入进行了汇率低调的理论及实证研究，构建了滞后低调的理论模型，从汇率演变路径、强度与持续时间等方面比较了传统低调与滞后低调的异同。第9章的实证研究则同时涉及三种形式的汇率低调之间的转化，这些内容丰富和发展了汇率动态学，并为解释人民币汇率波动的特征提供了新的角度。第三，基于离散时间的简约方程，精确地计算了人民币汇率低调、超调等动态的幅度与演变路径，分析了人民币汇率的短周期与长周期问题。短期内汇率升/贬值压力交替的周期为半年，但汇率低调与滞后超调交替的长周期为八年半。

本研究不足之处有两点，一是分析视角可更深入一些，在政府主导的人民币汇率制度改革进程中，可以纳入央行沟通、市场微观结构等因素，深入挖掘市场信息，从政府与市场两者之间的相互作用来探讨人民币汇率多种动态之间转换、交替的周期性问题。二是本书主要讨论了人民币对美元汇率的变化，没有从多币种的角度探讨人民币汇率波动的差异性问题，分析的全面性可能有所欠缺。

未来的研究可以进一步探讨汇率动态交替所产生的经济效应，分析不同汇率动态转换的临界点、持续时间、强度变化对经济发展所产生的影响，强化微观基础，深入分析其背后的作用机制，考虑外部冲击和汇率预期的不同形式来探讨汇率动态。还可以引入面板数据来刻画包括美元在内的多币种结构，对比美元汇率和非美元汇率在决定因素和变化趋势上的异同，为参考一篮子货币进行调节的人民币汇率制度选择提供具有操作性的决策参考。

关键词：人民币汇率；汇率动态；资本控制；低调；滞后超调

Abstract

In the floating era since late 1970s, exchange rate is widely known for its high volatility, so the particular path of exchange rate movement poses an interesting topic for academic research. Dornbusch (1976) proposed a novel idea, exchange rate overshooting for explaining sizable exchange rate change. From 1976 on, exchange rate overshooting theory is considered as a cornerstone in open economy macroeconomics.

The first chapter takes a close look at the three core characters of China's economic development in the new phase, capital control, structure of balance of payments, and economic growth. A logic structure for the whole project is presented here, and the interchange of RMB exchange rate dynamics is of importance in both theory and practice.

Chapter 2 is a literature review, it analyzes thoroughly exchange rate overshooting, undershooting and the variants. For exchange rate overshooting and undershooting, there are several variants, traditional, delayed and reverse types etc. We take a deep look at the theoretical and empirical development of overshooting model since 1976, and analyses the status quo of RMB exchange rate overshooting and undershooting research and the shortcomings in three aspects.

Chapter 3 takes a deep look at the original paper by Dornbusch in December 1976. In the general equilibrium framework, exchange rate overshooting combined several economic schools in trying to explain the excessive volatility of exchange rate movement. The sticky price in the goods market and free capital flow are important, and the overshooting or undershooting is subject to whether the output could change or not in the short term.

Chapter 4 is for two types of exchange rate undershooting, traditional and delayed undershooting. We first look at the development of traditional undershooting research since the late 1970s, and goes on to build a economic model to study the delayed undershooting. The distinction between the traditional and delayed undershooting is also analyzed in detail, which is rather important for us to have a better understanding of exchange rate dynamics.

Chapter 5 develops a general equilibrium macroeconomic model, with an emphasis of the impact effect of capital control threshold on RMB exchange rate overshooting or undershooting dynamics. If the degree of capital control is higher than the threshold, an unexpected monetary expansion inChina will lead to exchange rate undershooting. However, if capital control degree is lower than the threshold, RMB exchange rate overshooting will come up. the tightening of capital control will result in a smaller degree of exchange rate overshooting or a larger degree of undershooting.

In chapter 6, we first get the monthly measures of capital control degree in China between 1994 and 2017, on the basis of Edwards – Khan model combined with exchange rate band. There are only two periods in whichChina tightened capital control among the falling trend, and capital control and exchange rate co−move in the same direction too. In the unified framework of extended impossible trinity, we further find the asymmetry on both the impact magnitude and transmission channels between capital control and exchange rate.

Chapter 7 is conducted with ARDL method. RMB exchange rate is found to be cointegrated with macroeconomic fundamentals. If China expands its relative money supply by 1%, the RMB exchange rate will overshoot by 1. 16%, or by 2. 34% in case of relative inflation consideration. In reality, RMB exchange rate overshoots with a delay of two months. However, there is no long run overshooting, and the appreciation and depreciation pressures interchange within six months.

Chapter 8 uses the degree of capital control on a monthly basis in China, and goes further to explore the various dynamics of RMB exchange rate under capital control. When capital control tightens, there is typical exchange rate overshooting, but the exchange rate shows delayed overshooting when capital control loosens. Expansionary monetary shock directs exchange rate from delayed overshooting to inverted overshooting. While contractionary monetary shock leads to different results.

Chapter 9 is connected to the interchange of several exchange rate dynamics, we have found three types of exchange rate undershooting, that is, traditional, revered and delayed undershooting in the empirical research. We first build a reduced form general equilibrium model to get price and exchange rate equation, and the development paths of price and exchange rate are calculated. RMB exchange rate is found to change from undershooting to delayed overshooting after 8 and half years. And we go further to test several related economic factors, to see how these factors affect overshooting or undershooting degree.

The last chapter concludes the whole project in terms of theoretical and empirical research regarding RMB exchange rate overshooting and undershooting, and provides several policy implications regarding the opening-up policy and development of China. The theoretical research indicates the existence of particular exchange rate dynamics, for instance, the delayed undershooting. The empirical research identifies the diversity of exchange rate dynamics, presents reasonable explanations for the interchange of different dynamics. Thus, China should pursue a gradual opening of capital account, insist the market-oriented reform of RMB exchange rate, and conduct a suitable policy mix to ensure the sustainable growth.

Key Words: RMB Exchange Rate, Exchange Rate Dynamics, Capital Control, Undershooting, Delayed Overshooting

目　录

1 绪言

　　2021 年是新中国成立 72 周年，也是改革开放 43 周年，40 多年来的高速成长让中国经济由弱变大变强。在中国经济持续增长奇迹的背后，是按照自己的方式充分利用了国内外两种资源和两个市场，坚持"引进来"和"走出去"并重。正如党的十九大报告所指出的：开放带来进步，封闭必然落后。

　　在中国经济开放式发展的进程中，金融改革与货币稳定备受瞩目。汇率变动涉及货币价值的安全储存与转移，与货币国内外购买力的变化息息相关。汇率的决定与波动被认为是一个"黑箱"，涉及汇率水平失衡/均衡、汇率机制的市场化程度、汇率形成的微观基础与宏观调控、国际关系等背后的众多因素，从某种意义上来讲，宏观经济的发展、波动与增长，就是一个"汇率+"过程。王爱俭（2011）则认为，人民币汇率水平从形式上看是在外汇市场上形成的，但从本质上来讲汇率的变动反映出不同国家之间不断进行的双边或多边的动态博弈过程，起决定作用的是各国的根本利益诉求[①]。在人民币汇率形成机制、汇率制度选择、变动的方向与大小等关键问题上，拥有一个知己又知彼的战略是必要的。

　　新常态下中国经济发展迈入了一个新阶段，为实现经济的可持续良性发展，我们要积极适应新常态，开创新局面。从汇率波动的特征出发，有助于我们分析汇率机制的市场化方向与程度，也有利于探讨人民币汇率制度选择的依据及表现。本书立足汇率与经济的内在关联，分析人民币汇率波动的周期性规律，这对于探讨人民币汇率调整的依据有着重要的现实意义。

1.1　中国经济新常态的核心特征解读

　　在经济开放式发展的进程中，如果要适应、把握与引领新常态，我们首先

[①]　王爱俭. 中国汇率战略通论 [M]. 北京：中国金融出版社，2011.

应对新常态的核心特征有一个正确的认知，从发展动力源的角度出发，我们能够清楚地把握中国经济新常态的要点。我们认为，中国经济的发展已经进入了一个新的阶段，中国经济新常态的内涵涉及经济增长、结构转型、政府干预（前期刺激）、资本控制程度等诸多发展动力的深化与拓展，且这些动力源都与内外经济均衡/失衡和人民币汇率变动密切相关。具体来说，在中国经济新常态中，以下几个方面比较重要：

1.1.1 资本控制

一方面，资本控制从数量和价格两个方面限制国际资本流动，可以缓解国际资本流动对本国经济的不利冲击；但从另一方面来讲，资本控制人为地使国内外的资本收益差在一定时间内持续存在，这本身就有可能是寻租的空间和投机性攻击的根源。发展中国家的资本账户（即资本与金融账户）开放与否及其开放的程度受到了理论界和决策层的广泛关注，对中国这样的转型中的大国来说尤其如此。在 Dornbusch 的原文[1]里面没有资本控制，国内外的资本可以自由进出，故扩张性的货币政策会带来汇率的超调。但很多学者的研究，包括本书后面的理论研究都指出，资本控制程度的强弱会带来不同的汇率动态，汇率的（传统）超调不再是唯一的结果。

资本账户控制正反两方面的作用兼有，具体的资本账户开放/控制的进程需要在多个层面仔细进行权衡（施建淮，2017）[2]。特别是中国作为发展中的大国，资本控制或资本账户开放是一个理论和实践意义都很重大的课题。关于资本流动与汇率决定关系的研究由来已久，且两者市场化的改革方向都是既定的，那么我们不禁要问，资本控制程度与人民币汇率在新常态下的关系如何把握？该如何有机协调？取消（降低）资本控制是否会导致汇率的不稳定，导致汇率的更大的波动？本书以中国的资本账户开放/控制情况为主线，根据中国改革开放的进程具体地测量了资本控制程度，探讨资本控制程度与人民币汇率动态的多样性及不同动态间转化的条件，这对分析中国资本开放的重心和人民币汇率制度改革的方向等有重要的政策含义。

国内外相关的研究很广泛，目前有学者谈到了资本控制程度与人民币汇率变动（超调/低调）的关系，但深入研究资本控制程度与人民币汇率关联的却不多。本书用资本控制程度来拓展传统的汇率超调模型，在统一的理论框架

---

① DORNBUSCH R. Expectations and Exchange Rate Dynamics [J]. Journal of political Economy, 1976, 84 (6): 1161-1176.

② 施建淮. 中国资本账户开放问题研究 [M]. 北京: 北京大学出版社, 2017.

内，全面分析了 1994 年人民币汇率启动市场化改革以来资本控制程度和人民币汇率动态的相互关联。我们分析不同的控制程度对人民币汇率动态的影响，并进行了实证检验，这有助于深刻理解人民币汇率动态行为，并为我国资本控制下的宏观经济政策选择和资本账户渐进开放的逻辑次序提供理论支持。

1.1.2　中国的国际收支结构

经济新常态侧重于从外延型的增量扩能转向盘活存量，提高资源配置的效率，推动产业结构由低端向中高端升级，而要实现这一经济结构优化的目标，中国经济走开放式发展的道路是必须的。国际收支全面地反映了国内外经济在实体、货币层面的深度联系，国际收支的整体状况与产业升级、经济结构转型等密切相关，是决定一国经济能否持续发展的一个重要的外部力量。

Dornbusch 在 1976 年提出汇率超调模型时，限于当时的国际货币体系，国际收支情况并不是其考虑的一个重要因素。但在分析一个国家的货币的汇率变动时，若忽略该国的国际收支整体状况及内部结构关系，是难以全面分析汇率变动的原因及趋势的。

中国目前实行的有管理的浮动汇率制度的一个要点是，主要参照国际收支中的经常账户特别是贸易收支的情况来确定人民币汇率波动的幅度与方向，发挥有管理浮动的调节优势。我们在构建理论模型时，引入了国际收支的均衡条件，具体分析了传统超调、汇率低调等动态的形成过程与转化的条件。而且，我们在计算出中国自 1994 年以来的资本控制程度时，将计算的结果与国际收支的结构相对照，可以加深人们对中国经济现实的理解。

1.1.3　经济增长的导向性

在经济新常态中，经济增长的目标对宏观经济政策组合不再是一个硬性约束，中国经济已经从过去 40 多年的高速增长转向未来的中高速发展，也更加注重发展的质量和效率。但经济增速换挡回落并没有否认保持合理增速的必要性。作为一个转型和发展中的大国，中国对经济增长和经济发展的追求是当局制定宏观政策的前提条件，很多改革中逐渐凸显出来的深层次问题也只有通过高质量的经济增长才能有效地解决。"十三五"规划明确提出要完善宏观调控方式，促进经济稳健、安全和可持续地发展。党的十九大报告再次强调我国仍处于并将长期处于社会主义初级阶段，以经济建设为中心的基调和方向没有变。所以，在中国的经济发展的不同阶段，资本开放（控制）、汇率政策、货币政策的操作都是宏观当局可选择或调控的政策组合手段，而可持续的经济增长无疑是各种宏观政策的最终指向。

从另一个角度来看，当出现不利的外部环境时，比如 1997 年爆发的东南亚金融危机（又称"亚洲金融危机"）和 2007 年爆发的美国次贷危机以及由其引发的 2008 年全球金融危机，都造成了巨大的国际负面影响，中国都减少/收窄了人民币汇率波动幅度，并深挖内需，确保国民经济保持适度的增长率。为应对危机的冲击，中国政府积极应对，通过四万亿投资等刺激措施使得中国经济增长的势头没有受到太多的干扰。

在后面的第 6 章，我们以经济增长为导向扩展了传统的三元悖论，将经典的三元悖论扩展为"四位一体"结构，并进一步考虑国际金融危机、经济预期及实体经济发展等外部冲击的作用，结合实证研究，深入地探讨了在中国经济新常态中，自中国开始汇率制度市场化改革以来诸多经济变量的相互作用关系及影响程度。

1.2　人民币汇率制度改革现状剖析

中国经济要转向新常态，需大力实施创新驱动战略，从低层次的要素投入转向高层次的创新驱动。由于宏观经济调整与汇率密切相关，探究人民币汇率变动的趋势与规律性，对于明确与寻找新的发展动力至关重要。在中国改革开放的进程中，人民币汇率的影响广泛而深远，是国内外持续关注的热点问题。

在上述经济新常态的三个关键点的改革上，资本账户开放、国际收支结构优化、经济增长方式转型都需要发挥市场的基础性调节作用，市场化改革是根本方向。但在这个根本性大方向下，这三方面与人民币汇率制度改革的市场化程度并不一定相同，在具体的改革进程与创新措施上步调也未必同步。

近年来，在市场化的改革方向下，我国通过深化汇率形成机制改革，保持人民币汇率在合理、均衡水平上的动态稳定，增强汇率双向波动的弹性，将为中国的经济增长提供更多、更新的外部增长源，以期在经济全球化时代能切实开启中国经济发展的新模式。

1.2.1　人民币汇率波动情况

人民币两种有效汇率的波动情况如下：

在图 1-1 和图 1-2 中，两种有效汇率都是间接标价法，图中名义有效汇率和真实有效汇率在 2000 年以前在数值大小上有差别，但之后二者在数值上已很接近。总体来看，自 1994 年以后，人民币的有效汇率都呈不断升值的趋势。

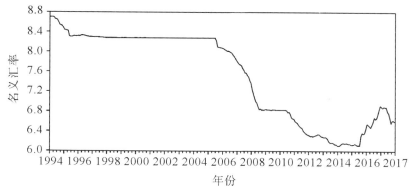

图 1-1　人民币对美元名义汇率走势

数据来源：中国人民银行（http://www.pbc.gov.cn/），国家外汇管理局（http://www.safe.gov.cn/）。

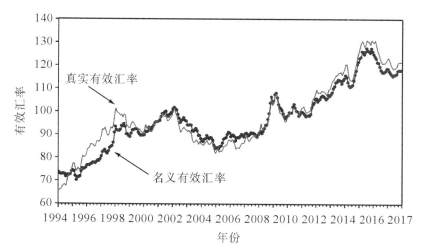

图 1-2　人民币有效汇率走势

数据来源：国际清算银行（http://www.bis.org/）。

名义汇率（直接标价法）最能体现出人民币汇率制度改革的节奏与方向，图 1-1 显示了自实行市场化改革以来，1994—2017 年的月度汇率波动情况。当前的人民币名义汇率是每天早上经中国人民银行授权后，由中国外汇交易中心发布的人民币汇率中间价。中间价的形成机制是一个逐渐市场化的演变过程。自 1994 年汇率制度改革（下文中有的地方直接简称"汇改"）之后，到 2005

年 7 月 21 日之前，中国人民银行（简称"央行"）每天发布在银行间外汇市场上的前一天的各币种的加权平均价作为人民币汇率的交易基准价。在 2005 年 7 月人民币汇率形成机制改革后，央行于每个工作日闭市后公布当日银行间外汇市场美元等交易货币对人民币汇率的收盘价，作为下一个工作日该货币对人民币交易的中间价。自 2006 年 1 月 4 日起，央行授权中国外汇交易中心于每个工作日上午 9 时 15 分对外公布当日人民币对美元、欧元、日元和港币汇率中间价，作为当日银行间即期外汇市场（含 OTC 方式和撮合方式）以及在银行柜台上进行的零售外汇交易汇率的中间价。

自 2015 年 8 月 11 日起，央行决定完善人民币兑美元汇率中间价报价形成机制。人民币对美元汇率中间价的形成方式为：交易中心于每日银行间外汇市场开盘前向外汇市场做市商询价。外汇市场做市商参考上日银行间外汇市场收盘汇率，综合考虑外汇供求情况以及国际主要货币汇率变化进行报价。交易中心将全部做市商报价作为人民币对美元汇率中间价的计算样本，去掉最高报价和最低报价后，将剩余报价加权平均，得到当日人民币对美元汇率中间价，权重由交易中心根据报价方在银行间外汇市场的交易量及报价情况等指标综合确定。这次改革又被称为"811 汇改"，结果是形成了"收盘价+一篮子货币汇率变化"的人民币对美元汇率中间价的形成机制。

为更好地发挥金融机构在维护外汇市场秩序的作用，2016 年 6 月成立了外汇市场自律机制，其中汇率工作组主要负责各金融机构的汇率中间价的报价行为。2017 年 2 月，为避免重复考虑美元汇率日间变化，外汇市场自律机制将汇率中间价对一篮子货币的参考时段由报价前的 24 个小时调整为上一日收盘后到报价前的 15 个小时。2017 年 5 月，外汇市场自律机制秘书处正式宣布在中间价报价机制中引入逆周期因子，即当前的人民币汇率中间价是"收盘价+一篮子货币汇率变化+逆周期调节因子"，以适当对冲外汇市场上非理性的顺周期行为，使人民币汇率中间价能更好地反映中国经济的基本面和增长前景，保持人民币汇率在合理、均衡水平上的基本稳定。逆周期因子随着外汇市场的变动情况而调整，并非人民币汇率中间价形成机制中的必要成分。当市场没有明显的顺周期情绪时，基于对经济基本面和市场波动的判断，各报价行会退出逆周期因子，即将该因子调整至中性。当市场上的顺周期行为强烈时，逆周期因子可以随时重启。

1.2.2 人民币汇率制度改革："名"与"实"的偏差

回顾中国汇率制度的演变历程，可以发现在中国经济改革开放的进程中，人民币汇率制度是一个权变的选择，自 1994 年中国开始汇率制度市场化改革以来，中国的汇率制度就在固定汇率制度和浮动汇率制度之间转换，在两端停留的时间有长有短。

在 1994 年以前，中国经历了 20 世纪 80 年代两个阶段的复汇率制，1994 年汇率并轨，开始实施以市场供求为基础的、单一的、有管理的浮动汇率制度。但在 1997 年东南亚金融危机爆发以后，中国实际上转为了钉住美元的固定汇率制度，这种情况一直持续到 2005 年 7 月汇率制度改革之前。2005 年 7 月 21 日，中国结束了长达 8 年的事实上的固定汇率制度，将人民币对美元汇率一次性地从 8.27 调整为 8.11，宣布开始实施以市场供求为基础的、参考一篮子货币进行调节、有管理的浮动汇率制度。但 2007 年美国次贷危机及由其引发的 2008 年全球金融危机爆发以后，从 2008 年 7 月到 2010 年 6 月，在危机较严重的时候，中国人民银行主动收窄了汇率的波动幅度，在两年的时间里又转为事实上的钉住美元的固定汇率制度。

而 IMF（国际货币基金）在划分各成员的汇率制度安排时，也是按照各成员的实际做法来区分的。在 1997 年 7 月亚洲金融危机爆发以后，到 2005 年 7 月汇率制度改革之前，这 8 年时间内人民币实际上是钉住美元的，IMF 把中国归为传统钉住。2005 年 7 月 21 号汇率制度改革之后，到 2008 年 7 月，中国实施参考一篮子货币进行调节、有管理的浮动汇率制度，IMF 将其归为爬行钉住。为应对危机的冲击，2008 年 7 月到 2010 年 6 月，中国主动收窄了人民币对美元汇率的波动幅度，IMF 则把中国归为稳定安排的汇率制度。而自 2010 年 6 月央行重启人民币汇率制度改革以来，在 2009 年的汇率制度分类中，中国被 IMF 归为在软钉住下的类似爬行钉住。这意味着人民币汇率波动在半年以上的时间内需保持在上下 2% 的狭窄范围内，汇率将以一个充分单调且持续的方式发生变动，并且不被归类为浮动汇率制度。

特别值得一提的是，在 2015 年"811 汇改"4 个月之后，中国外汇交易中心于 2015 年 12 月 11 日正式发布了 CFETS 人民币汇率指数，选取的货币包括公开挂牌交易的各外汇币种，根据当日人民币对外汇的汇率中间价，样本货币权重采用考虑转口贸易因素的贸易权重法计算而得。指数基期是 2014 年 12 月 31 日，基期指数是 100 点，指数计算方法是几何平均法。货币篮子的调整情况于年末公布，自次年 1 月 1 日起开始生效。CFETS 指数的发布有助于改变市场对某一种特定货币的双边汇率的过度关注，转而用一篮子货币的加权平均汇率来充分反映人民币币值的变化情况，促进人民币的币值相对于货币篮子保持基本稳定。

1.3 本书的研究意义与逻辑线索

在中国经济的发展进程中，人民币汇率与宏观经济基本面密切相关，实体与货币层面的因素都会对汇率水平及波动产生或长或短的影响，这其中货币因素以其广泛的关注度和直接的关联性对人民币汇率发挥着独特的影响力。货币供给及货币政策操作是决定与影响人民币汇率水平与波动幅度的重要条件。要分析人民币汇率变动中货币因素的作用，最直观的是观察货币供给量和物价水平等货币变量在1994—2017年的变化趋势，如图1-3所示。

图 1-3 中国的货币供给与物价走势

资料来源：国际清算银行（https://www.bis.org/）和中国人民银行（http://www.pbc.gov.cn/）。

在图1-3中，左边的坐标轴表示物价水平CPI指数，数据来自国际清算银行；右边的坐标轴表示货币供给M2（单位：亿元），数据来自中国人民银行。可以看出，从1994年以来，中国的M2不断增大，特别是最近几年攀升的趋势很明显。同时，中国的CPI也节节高涨，呈不断上升的态势。根据购买力平价理论，在中国的货币扩张和本国物价上涨的背景下，人民币汇率理应呈现出贬值的趋势。但人民币从1994年以来，总体趋势是升值的。自2005年7月汇率制度改革以来，特别是2015年"811汇改"以后，双向波动态势明显。在2017年5月末由外汇市场自律机制秘书处正式宣布在人民币汇率中间价形成机制中加入逆周期因子以来，人民币汇率有升有贬的双向趋势更加明显。

那么，一边是中国的货币供给在不断地扩张，另一边是人民币汇率的双向波动，这两者之间是否有某种联系？传统意义上的货币供给决定汇率在人民币汇率水平波动上面是否有解释力？应该怎样把握货币与汇率的作用机制与力度？货币主义汇率模型以其简单清晰的公式，把货币政策工具与汇率的均衡水平直接联系起来，在汇率分析上非常有用（Bilson，1978）[①]。本书将在中国经济发展新常态背景下，结合中国汇率制度改革的实际，对这些问题做出有坚实理论基础的解释。

本书将以中国经济新常态中的资本控制程度、国际收支为主线，结合前面提到的经济增长导向来构建理论模型，并采用1994—2017年的月度数据，做多种实证检验。在具体的经验研究中，会涉及实证方法选择、变量取舍，研究发现及稳健性检验等内容，理论与实证结果基本上都对应于这些中国新常态中的经济现实。

1.3.1 本书的研究意义

在中国经济新常态背景下，本书具有重要的理论与现实意义。具体来看：

第一，三元悖论的拓展："四位一体"结构在中国的具体应用。

通过研究开放经济中对外经济变量的相互作用关系及宏观经济政策的取舍，三元悖论指出，在开放条件下，针对资本自由流动、货币政策独立性和汇率稳定这三个目标，一国只能从中选择两个而放弃第三个。从理论方面来讲，学术文献对资本流动性与汇率之间关系的研究大多是立足于三元悖论的，但仔细推敲这三个目标就会发现，在经济全球化的大背景下，资本流动性有大小之别，货币政策独立性有强弱之分，但汇率却不是只有稳定与不稳定这两种非此即彼的选择。在以浮动汇率为主导的时代，汇率波动是常态，汇率的短期、中期和长期的波动趋势、变动幅度、持续时间可以有交叉、重叠或融合。研究在资本控制下汇率动态的多样性，将从一个侧面深化三元悖论的理论内涵，强化人们对三元悖论实质的理解。

那么分析资本控制程度与人民币汇率变动的双向作用机制，能否在一个统一的框架内对此提供深层次的理论逻辑呢？本书用扩展的三元悖论把资本控制程度、人民币汇率等相关变量放在一个统一的框架内，系统地探讨了以经济增长为导向的"四位一体"框架下经济变量相互之间的作用机制、方向与程度。

---

① BILSON J F O. The Monetary Approach to the Exchange Rate: Some Empirical Evidence [J]. IMF Staff Papers, 1978, 25 (1): 48-75.

从汇率波动入手，更能体现汇率制度的本质特征和国内外经济金融的核心联系，分析资本控制和经济增长背景下人民币汇率动态的多样性对正确理解中国资本账户开放和人民币汇率制度改革的方向与节奏很重要，这有助于理清货币政策传导的汇率渠道，提高宏观政策的有效性。

第二，货币政策的精确定位及中国资本账户开放的次序。

我国货币政策目标是保持人民币币值稳定，并以此促进经济增长。币值稳定包括对内的物价稳定和对外的汇率稳定。货币供给的变动必然会影响到物价和汇率水平，而物价和汇率水平之间又是相互影响的。汇率决定的货币理论探讨物价变动对汇率的影响，在理清物价影响汇率之后，我们可以进一步分析汇率对物价的作用机制和影响程度。即使人民币升值与贬值的幅度相同，由于存在非对称性，汇率对物价的影响程度也是不同的（贾凯威，2016）[①]。

从现实来看，随着中国经济对外开放程度的不断深化，我国政府已经采取了诸如 QFII（合格境外机构投资者）、QDII（合格境内机构投资者）、RQFII（人民币合格境外机构投资者）等措施来促进资本账户自由化；而人民币汇率制度也在多次的市场化改革中确立了市场机制的基础性调节作用，特别是自2015年"811"汇率中间价形成机制改革、2017年5月引入逆周期因子以来，人民币汇率制度改革的步伐沿着市场化的方向进一步加快。在供给侧结构性改革中，资本账户开放和人民币汇率制度改革都要走市场化的道路。虽然朝着同一个方向进行改革，但资本流动的渐进自由化与人民币汇率回归有管理浮动汇率制度的步伐和节奏却未必同步，资本控制程度与人民币汇率动态的关系尚不明确。深入研究这一国内外关注的热点，对货币当局制定正确的宏观政策具有参考价值，以促进实现货币政策操作、资本账户开放和人民币汇率制度改革之间的良性互动。

第三，汇率长短期预测的依据与汇率管理的有效性。

本书探讨了汇率变动的短周期与长周期问题，第7章的实证研究指出，人民币汇率升值与贬值交替的周期为半年。第9章的实证研究指出，人民币汇率低调与滞后超调的交替是一个长达八年半的周期。明确人民币汇率变动所表现出来的各种周期性，有助于货币当局、企业及个人等不同经济主体在实际操作中对人民币汇率进行有效预测，提高汇率预测与风险管理的有效性。

汇率预测在理论中和实务界都是一个普遍的难题，特别是在市场经济中，均衡汇率水平本身就是一个不断调整的过程。如果能在汇率决定理论的基础

---

① 贾凯威. 基于非对称 ARDL 模型的汇率传递计量研究 [J]. 统计与决策，2016（4）：159-162.

上，发现汇率与宏观经济基本面之间存在着某种长期和短期的联系，不说精确地预测某一汇率水平，至少能判断出汇率变化的大致走势，而这对货币当局的汇率调控和外汇市场业务都是很有价值的。

Rogoff（1999）认为，货币模型能很好地解释宏观经济政策变化对汇率、经常账户和就业等方面的影响①。以货币数量论和购买力平价为基础的货币模型被广泛地用于分析两国之间的名义汇率的决定与变动，如 Dornbusch（1976）、Frenkel（1979）②、赵文胜和张屹山（2012）③、王君斌和郭新强（2014）④ 等。通过深入研究人民币不同汇率的波动特征和汇率周期，能切实增加汇率管理的多样性和有效性。

1.3.2　本书行文的基本线索与逻辑结构图

全书共分为 10 章，行文逻辑可表示为：绪言（第 1 章）→文献综述（第 2 章）→Dornbusch 原文介绍（第 3 章）→理论研究（层层递进，从第 4 章至第 5 章）→实证研究（多个侧面，从第 6 章至第 9 章）→结论与政策建议（多角度，第 10 章）。

在内容安排上，第 1 章绪言部分主要从经济理论和现实、政策操作中引出本选题的重要性，涉及如何界定新常态、对新常态进行正确的解读与衡量等；通过由表及里地梳理新常态背景下中国的经济发展，我们认为中国的核心经济现实有三个方面的重要指标。

第 2 章全方位地总结了汇率超调/低调的理论与实证研究的发展逻辑。汇率超调的拓展从理论与实证两方面展开，具体介绍 Dornbusch（1976）原模型的扩展延伸情况。本章较全面地评述了人民币汇率超调研究的现状与薄弱点，指出了未来继续深化研究可能会涉及的三个方面。

第 3 章是 Dornbusch 超调模型介绍及其评价。笔者对 Dornbusch 原文进行了全方位的深入剖析。这是一篇理论推导严谨、政策含义丰富的经典文章。它开创了汇率动态学，虽然也有一些不足，但对汇率理论发展及政策研究具有深远的影响力。

---

① ROGOFF K. Monetary Models of Dollar/Yen/Euro Nominal Exchange Rates：Dead or Undead？[J]. The Economic Journal，1999，109（459）：655-659.

② FRENKEL J A. On the Mark：A Theory of Floating Exchange Rates Based on Real Interest Differentials [J]. The American Economic Review，1979，69（4）：610-622.

③ 赵文胜，张屹山.货币政策冲击与人民币汇率动态 [J].金融研究，2012（8）：1-15.

④ 王君斌，郭新强.经常账户失衡、人民币汇率波动与货币政策冲击 [J].世界经济，2014（8）：42-69.

第 4 章构建一般均衡的理论模型，从理论上探讨了汇率低调的两种类型，即传统低调与滞后低调。由于真实汇率并不总是等于其长期均衡值，如果物价和产出调整都是黏性的，货币扩张可能导致汇率立即低调；也可能导致汇率立即超调再低调，并且其变化路径也许不是平滑的。

第 5 章以资本控制为视角，分析了资本控制程度的临界值如何使汇率低调、超调等动态发生转化。研究指出，当资本控制程度高于阈值时，中国的货币扩张将导致人民币汇率出现低调；当资本控制程度低于阈值时，人民币汇率会出现超调。经济结构参数决定了汇率超调或低调的程度和持续性。

第 6 章选择以中国经济发展中的国际资本流动情况为视角，首先计算出了1994 年开始汇率制度市场化改革以来资本控制程度的变化情况，为后文的实证研究提供了基础数据，并进一步在扩展的三元悖论框架下，研究了"四位一体"结构下汇率与资本控制程度的动态联系。

第 7 章基于最早对汇率超调做实证研究的真实利差（RID）模型，采用自回归分布滞后（ARDL）研究了人民币汇率的滞后超调问题，以整体判断人民币汇率有无超调。本章还具体分析了在渐进式改革的进程中人民币汇率的滞后超调和短期性周期问题。

第 8 章采用实证文献中最常用的结构性向量自回归（SVAR），在货币主义的框架内分析汇率对各种经济变量的反应，由此可判断外部冲击作用于人民币汇率的方向及大小。本章还探讨了在资本控制下人民币汇率动态的多样性，有助于为中国的资本账户自由化和人民币汇率制度改革之间形成良性互动提供参考。

第 9 章以离散时间的结构化汇率动态方程为基础，研究了人民币汇率各种动态交替的长周期问题，涉及三种汇率低调的形态与汇率的滞后超调。笔者进一步检验了影响超调或低调程度的经济因素，包括新常态的三个核心特征即资本控制、国际收支及经济增长，具体分析了相关因素的作用方向与力度。

第 10 章是全书的最后一章，在此笔者总结归纳了前文的理论和实证研究的结论，结合中国经济新常态的现实，根据市场化的改革方向，提出了明确的具有可操作性的政策建议，如协调推进资本账户开放和人民币汇率制度改革、合理引导人民币汇率预期等。就研究展望来看，还可以尝试美元之外的多币种面板回归，使本书得到的结论更加全面。

在具体的研究过程中，本书的逻辑结构可以用图 1-4 来表示。

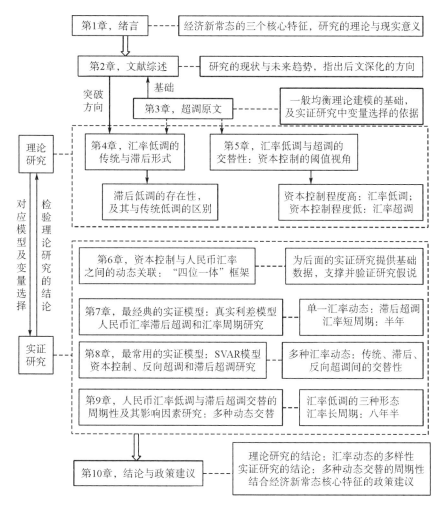

图 1-4 本书的逻辑结构

图 1-4 显示，本书结合中国经济新常态的现实，资本控制、国际收支与经济增长是贯穿全书的内在线索，把各个章节有机地串联起来。从总分结构来看，本书的主线清晰，各章既独立成篇，又按照一条内在的逻辑相互连接，有点有面，点面结合，层层递进，相互呼应，形成一个紧密联系、不可或缺的整体。

在本书的结构中，理论研究主要有 2 章（第 4 章~第 5 章），实证研究主要有 4 章（第 6 章~第 9 章）。各章可能涉及单一动态（如汇率低调、滞后超调），也可能涉及两个及多个动态之间的交替或转化的条件。

本书先做理论研究，后做实证研究，从多个侧面分析了汇率超调、低调的各种传统及衍化的形态。在实证方面，我们选择了最早做汇率超调实证的、最经典的真实利差（RID）模型、最常用的结构向量自回归（SVAR）模型。但这些模型都无法解决汇率变动的长周期问题，因此在第9章，我们尝试了用简约的结构化单方程，用直观的方式来研究人民币汇率低调与滞后超调的交替问题。

最后是市场化导向的、操作性强的政策建议，以提高宏观政策操作的有效性，为新常态背景下中国经济的顺利转型和可持续发展提供一个坚实的基础。

1.4　本书的创新与不足

我们在研究过程中坚持问题导向，努力讲好经济新常态背景下的中国故事。比如自1994年汇率制度市场化改革开始以来，中国资本控制程度的演变趋势及其与人民币汇率的直观联系是什么，现实经济发展能否解释资本控制程度的渐进变化与阶段性。再如，在人民币汇率波动的大趋势下，人民币汇率制度改革与调控的有效性怎么分析，人民币汇率制度改革的内在逻辑是什么，如何确定宏观政策的着力点，如何从国际比较中汲取经验与教训等。

1.4.1　本书的研究特点

在中国经济转型升级的新常态中，我们研究的特点是：

其一，忠实于 Dornbusch 超调原文，并与中国经济新常态紧密结合，深入探讨了人民币汇率动态的特征与周期性。

本书严格按照货币主义汇率理论的基本思想，涉及对 Dornbusch 汇率超调理论的正确评价与针对人民币汇率的计量检验等。在理论研究方面，我们的模型得当。在经验研究方面，我们以资本控制、国际收支结构和经济增长为切入点，选用适当的实证方法，全面分析了人民币名义汇率、真实汇率和两种有效汇率的演变路径，得出的结论基本都对应于中国的经济现实。

其二，理论与实证研究并重，且都指向、聚焦、对应于中国经济发展的主要特征，由此提出切实可行的政策操作建议。

本书理论及实证研究指出，汇率波动可分为超调和低调两大类，具体共涉及六种汇率动态形式。汇率超调，包括 Dornbusch 意义上的传统超调、滞后超调及反向超调三种形式；汇率低调，则包括传统低调、滞后低调和反向低调三种形式。本书实证研究的时间跨度从1994年1月到2017年12月，重点关注自

2005 年 7 月人民币回归有管理浮动汇率制度以来汇率及相关经济变量的变化情况。

其三，在内容上前后呼应，逻辑严密，结构紧凑。

本书先做理论研究，分析了低调的两种形态，根据资本控制程度的强弱探讨了汇率超调与低调的交替性。在其后的实证研究中，我们用多种计量方法研究了资本控制程度与汇率变化的动态关联、单一动态和多种动态之间的转换，区分了汇率变动的短周期和长周期。各章既独立成篇，又组合成一个整体，系统地探讨了在经济新常态背景下人民币汇率多种动态的交替性及规律性问题。本书也为人民币汇率超调研究指明了未来可能涉及的几个方向。

1.4.2 本书的创新点

本书为理解中国的资本账户开放、人民币汇率制度改革和宏观政策操作提供了一个新的视角。从中国经济新常态下人民币汇率波动的特征与规律入手，更能体现汇率制度的本质特征和国内外经济金融的核心联系，分析资本控制、国际收支及经济增长下人民币汇率及相关变量间联系的多样性，对正确理解中国资本账户开放和人民币汇率制度改革的方向与节奏很重要，这有助于理清货币政策传导的汇率渠道，提高宏观政策的有效性。具体的创新之处主要涉及以下三个方面：

第一，中国资本控制程度的定量测度及资本控制程度与汇率变化动态的非对称性分析。

我们使用修正的 Edwards-Khan 模型和状态空间模型，完整地度量了中国自 1994 年开始汇率制度市场化改革以来的资本控制程度的月度变化，并结合中国经济发展的现实和国际收支状况，给出了合理的解释。第 5 章的理论研究发现了资本控制程度的强弱变化对汇率动态的影响情况。当资本控制程度低于阈值时，货币冲击会导致人民币汇率出现超调，此时若当局强化资本控制，则汇率超调幅度会减小。相反，当资本控制程度高于阈值时，本国货币冲击会使汇率出现低调，而此时若强化资本控制，汇率低调的幅度会变大。第 6 章的实证研究发现资本控制程度与人民币汇率存在同向变动的关系，在以经济增长为导向的"四位一体"的逻辑结构中，两者之间相互作用的力度和主要渠道是不对称的，而且人民币汇率制度改革眼睛向内的成分还是要多一些。第 9 章的实证研究指出，资本控制的强弱程度对汇率变化动态的影响存在不对称性，若资本控制程度减弱，汇率低调幅度会变小，但资本控制程度的强弱不是影响汇率超调幅度的显著因素。

第二，深入进行了汇率低调的理论及实证研究。

在汇率低调的研究方面，本书区分了汇率低调的传统与滞后两种形式，并构建了滞后低调的理论模型，明确指出了汇率由超调转为低调的变化路径。此外，从汇率演变路径、强度与持续时间等方面比较了传统低调与滞后低调的异同，这些内容丰富和发展了汇率动态学研究，并为解释人民币汇率波动的特征提供了新的角度。第9章做了人民币汇率低调的实证研究，发现当外生的货币供给扩张时，人民币汇率在即期会发生传统低调，但接下来是持续几个月的反向低调，然后转为滞后低调，而且三种形式的低调在强度、持续时间及变化路径等方面都有明显的区别。

第三，精确地计算了人民币汇率低调、超调等动态的程度与演变路径，分析了人民币汇率的短周期与长周期问题。

现有文献多用 VAR（向量自回归）或 SVAR（结构向量自回归）模型研究短期内人民币汇率波动的影响因素，侧重于判断人民币汇率超调/滞后超调的存在性，对超调的幅度多为定性的描述。我们采用离散时间的简约方程，精确地计算出当外部货币冲击发生时，人民币汇率三种形式的汇率低调与滞后超调的演化路径，并进一步结合中国新常态的核心特征探讨了相关经济变量影响汇率超调/低调幅度的方向与力度。根据笔者搜索的结果，在现有文献中尚未见到同类研究。

在汇率变动的周期性方面，从短期来看，中国渐进式的汇率制度改革方法决定了人民币汇率有较强的路径依赖，即滞后的汇率值对当前的汇率水平有明显的影响。第7章在严格的理论基础之上，实证发现短期内人民币汇率升值与贬值压力交替的周期为半年。第9章从长周期的角度来探讨汇率动态的交替性，发现汇率低调与滞后超调转换的时间为八年半，而且两者间在变化方向、力度与影响因素方面都有较大的不同。

1.4.3　本书的不足之处

第一，分析视角可更深入，在政府主导的人民币汇率制度改革进程中，可以纳入央行沟通、市场微观结构等因素，深入挖掘市场信息，从政府与市场两者之间的相互作用角度来探讨人民币汇率多种动态之间转换、交替的周期性问题。

第二，美元一直是人民币传统钉住的对象。鉴于美元在国际金融市场交易和人民币货币篮子中所占比重的绝对优势，本书侧重于探讨人民币对美元汇率的波动特征与长短期周期问题，对其他货币未涉及，没有从多币种角度探讨人民币汇率波动的差异性，分析的全面性可能有所欠缺。

2 汇率超调、低调及其变形：
一个研究性评述

20 世纪 70 年代中期，在布雷顿森林体系崩溃之后，牙买加体系尚未正式建立，在旧已破、新未立之际，汇率的大幅波动引起了人们的困惑：怎样对浮动汇率制度下汇率的高波动性做出合理的解释？这是一个具有重大现实意义的理论课题。2001 年，美国经济协会的杰出会员、麻省理工学院的德裔美籍经济学教授鲁迪格·多恩布什（Rudiger Dornbusch）在 1976 年 12 月发表了名为《预期与汇率动态》的文章，鲜明地指出，在浮动汇率制度下，外部冲击将带来汇率更大幅度的波动，即相对于基础经济变量而言，汇率将出现超调（overshooting）。

汇率超调理论融合了货币主义、蒙代尔—弗莱明模型、凯恩斯主义、理性预期革命等诸多学术流派，以其学术综合性、理论严谨性和政策实用性为学术界、决策部门和社会大众所接受；并迅速扩展到社会学、经济学的其他领域，成为评论和分析市场行为和政策有效性等的一个最常用的词汇。这篇文章是一篇经济理论的杰作（masterpiece），使 Dornbusch 跻身最伟大的经济学家之列，而且可以不夸张地说，超调理论重塑（reinvent）了国际宏观经济学。

自从 Dornbusch 提出传统超调理论以来，后续的理论和实证研究发现了其他的形态，如滞后超调（delayed overshooting）、反向超调（reverse overshooting）等。另外，Dornbusch 的原文还提出了汇率低调（undershooting），但目前针对滞后低调（delayed undershooting）及反向低调（reverse undershooting）的研究还较少。那么，这不同形态的汇率超调与低调，它们之间的内在联系是什么，对其逻辑演变顺序与生成机制应怎样分析？本章将按时间顺序，有点有面，兼顾理论与实证，全面梳理、评价超调理论提出以来的发展脉络，剖析人民币汇率超调/低调研究的现状，并指出超调研究未来可能的几个重要的方向。

本章的结构如下：第一部分谈 Dornbusch 汇率超调理论的起源与本义，第二部分和第三部分分别理清理论和实证方面的发展与演进的脉络。第四部分剖析人民币汇率超调/低调研究的现状，第五部分从政策含义看超调在其他领域的应用。第六部分展望未来研究的方向。

2.1 超调的缘起：世移时宜的经典之作

2.1.1 时代环境的更替呼唤汇率理论的创新

从时代背景来看，二战结束以后的国际货币体系是布雷顿森林体系，从1944 年到 1973 年，布雷顿森林体系运行了 30 年。布雷顿森林协议规定了双挂钩（美元与黄金挂钩、其他货币与美元挂钩）的基本原则，各国有维护这种固定汇率制度的义务。但由于"特里芬悖论"等内在的原因，布雷顿森林体系不可避免地崩溃了。没有了实施固定汇率的国际义务，各国的汇率水平是否真像自由主义学者在布雷顿森林体系后期所鼓吹的那样，汇率波动平缓且自动趋于均衡值呢？

从国际金融的发展线索来看，不同年代的理论在前人的基础之上不断推陈出新，推动着汇率理论向前发展。比如，20 世纪二三十年代，资本主义的大危机促进了凯恩斯主义的大发展，强调需求不足和政府干预的"凯恩斯革命"极大地改变了人们的宏观经济学思维。随后，劳埃德·梅茨勒（Lloyd Metzler）用凯恩斯的收入决定理论，把金本位制度下的物价—金币流动机制改造成为现代版的汇率和国际收支自动调节机制。20 世纪 50 年代密集出现的"丁伯根法则""斯旺模型"和"米德冲突"，则是学者们结合经济现实对宏观调控目标、经济政策工具和内外均衡冲突等问题进行积极思考的产物。20 世纪 60 年代蒙代尔在"米德冲突"的基础上进一步提出了政策指派原则，即一种政策工具应被用在它最有影响力的目标之上。而蒙代尔—弗莱明模型采用小国假设，把米德的政策搭配思想和凯恩斯的宏观收支模型结合在一起，具体分析了在不同的汇率制度下宏观货币与财政政策的相对有效性。在汇率制度转变的大背景下，前人的学术观点为 20 世纪 70 年代新出现的汇率超调理论提供了坚实的理论支撑。

蒙代尔—弗莱明模型为超调理论提供了一个理论基石，但后者创新性地进行了发展，这主要体现在三个方面：首先，蒙代尔—弗莱明模型假定价格不变；超调模型则假设价格黏性，且需求决定产出，这具有明显的凯恩斯主义的短期特征。其次，前者是静态预期，后者引入了理性预期。最后，前者假定价格水平不变，分析的是经济系统的短期调整；后者除了关注短期，还研究了长期均衡状态，同时探讨了货币冲击引起的长短期经济影响。

2.1.2 应运而生的汇率超调模型

在牙买加体系诞生之初，固定汇率制度与浮动汇率制度的优劣之争是一个非常热门的话题。1976 年 12 月，Dornbusch 在《政治经济学》杂志上发表了一篇文章《预期与汇率动态》，他回避了两种汇率制度孰优孰劣这一争执不休的话题，转而从汇率波动着手，尝试对浮动汇率制度下汇率的高波动性做出解释。

简单地说，这篇文章其实是讲述了一个故事：假定在浮动汇率制度下，货币当局突然地扩大了货币供给，由于货币中性和理性预期，人们能够正确判断出汇率、物价的长期变化幅度与货币扩张程度是一致的，即货币扩张会将带来本币贬值。当货币需求稳定时，货币扩张的结果是利率下降。由于本国货币扩张，本币资产在利差和汇差方面将双重受损。但理性的经济人愿意继续持有本币资产，是因为他们相信本币会升值，给他们带来补偿。但利差损失和汇差损失带来的是本币的贬值。怎样才会有升值的空间呢？那只有初始的贬值幅度足够大，超过了长期均衡所要求的贬值范围，本币才能在过度贬值之后有恢复性的升值阶段。换言之，浮动汇率制度下，汇率的波动幅度相对于基础经济变量而言会更大，会发生超调。

用经济学的术语来讲，汇率超调模型的基本框架包括以下几个方面：首先是资本的高流动性保证了国内外投资收益的均等，市场主体采取的是理性预期形式。特别是商品价格调整存在黏性，而金融市场的调整却可以在瞬间完成。在一般均衡的视角下，货币供给突然地、一次性地发生改变，各个市场会经历或长或短的由失衡走向均衡的调整过程。在外汇市场上，由货币扩张引起的汇率短期贬值幅度将超过长期均衡水平，即汇率将发生超调。而且汇率超调并非来自羊群效应等非理性因素，它是经济主体理性行动的结果。

Dornbusch 采用这一严谨、清晰的理论模型，率先把凯恩斯主义的黏性价格引入货币主义的汇率模型之中，为浮动汇率制度下汇率相对于基础变量而言的高波动性提供了一个货币主义的解释。这一理论模型虽然很简练，但其思想却闪耀着天才的光辉（姚枝仲，2002）[①]。下面用图形来展示 Dornbusch 汇率超调理论的核心思想。

在汇率超调的图 2-1 中，物价与汇率构成一个二维向量空间，45°线代表购买力平价条件在长期内是成立的，QQ 线表示商品市场的均衡条件，汇率是

[①] 姚枝仲. 多恩布施：巨星陨落 [J]. 国际经济评论，2002（9 - 10）：62 - 63. 注意："Dornbush" 有多种译名，本书主要采用"多恩布什"。

直接标价法，经济系统最开始处于 A 点。假定本国货币当局未预期地扩张了货币供给，经过足够长的时间之后，最终经济体会达到长期均衡点 C，从 A 到 C 代表着汇率从初始均衡到新的均衡的长期调整过程。

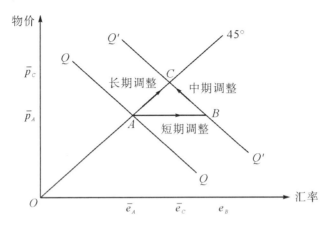

图 2-1　货币扩张引起的汇率短、中、长期变化动态

但由于商品市场上的价格黏性，短期内价格是不变的，QQ 线向右平移到 Q'Q'，B 点是短期均衡点。相对于汇率的长期均衡水平 $\bar{e}_c$，短期的均衡汇率 e_B 明显更大，即本国货币供给突然扩张带来的本币短期贬值幅度会大于长期均衡值，本币汇率发生了超调。

由 B 到 C 则表示经济系统的中期调整过程。购买力平价在长期内是成立的，且汇率的预期形成机制是理性方式。随着时间的推移，所有阻碍经济体系调整的因素最终都会消失，故金融市场会正确地预计到各个变量的长期均衡值，汇率最终会回到长期均衡水平 $\bar{e}_c$，本经济系统在 C 点达到长期均衡状态。注意，在从 B 到 C 的中期调整过程中，本国的物价水平在不断上涨，但本币对外币仍在不断升值，即本币存在着"内贬外升"，这与购买力平价理论所描述的物价—汇率关系相背，根本的原因是商品价格黏性在中期会逐渐减弱，而本币汇率则会在短期大幅贬值后恢复性回调。

在原文的后半部分，Dornusch 放松了产出固定不变的约束条件，假定产出可以调整，此时结果则不仅仅是超调，汇率也有可能会发生低调，即汇率变动的幅度小于初始的货币扩张幅度。但与学者们后来对超调开展的持续而广泛的研究相比，汇率低调受到的关注明显较少。

2.2 理论深化与拓展

在这里，理论深化是指 Dornbusch 原文中提到的方面，或使用与 Dornbusch 模型中相近或类似的变量。理论外延是从 Dornbusch 的模型中向外延伸，或探讨 Dornbusch 未提到的因素等。

2.2.1 理论内涵的深化

（1）在蒙代尔—弗莱明模型的框架内

盛斌（2001）将非预期的政策冲击引入蒙代尔—弗莱明模型，当短期内价格与产出固定时，政府货币政策和财政政策的变化引起宏观经济变量的变动，对资本完全流动条件下的汇率超调原因及机制做出了分析[1]。梁立俊（2003）引入价格和真实汇率因素，结合资本不完全流动和固定汇率制度，探讨了蒙代尔—弗莱明模型在中国的适用性[2]。吕祥勋和兰京（2005）比较了在浮动汇率制度、固定汇率制度及有管理的浮动汇率下汇率超调的可能性和超调幅度的大小，并谈到了汇率超调理论在我国的适用性[3]。Wang（2017）采用动态的 IS-LM-X 分析框架来探讨货币政策变化带来的汇率效应，发现美国的货币供给扩张带来美元贬值，但没有发生汇率超调[4]。

（2）国际资本自由流动→存在资本控制

在现实世界中，各国尤其是发展中国家出于各种考虑，会限制资本流进或流出。Frenkel 和 Rodriquez（1982）在不同的资产市场调整速度的框架中检验了汇率超调假说，发现如果资本自由流动，汇率会发生超调；若资本流动性低，则会产生汇率低调[5]。采用相同的分析框架，Akiba（1996）考察货币需求的汇率敏感性所产生的再平衡效应，发现在不同的资本流动性下再平衡效应

---

[1] 盛斌. 汇率超调、预期冲击和蒙代尔—弗莱明模型 [J]. 经济科学, 2001 (2)：68-72.

[2] 梁立俊. 引入价格因素的蒙代尔—弗莱明模型及其在中国的适用性 [J]. 国际经贸探索, 2003 (5)：8-11.

[3] 吕祥勋, 兰京. 汇率超调模型分析及其对我国的启示 [J]. 理论探索, 2005 (1)：76-79.

[4] WANG P. A dynamic IS-LM-X model of exchange rate adjustments and Movements [J]. International Economics, 2017, 149：74-86.

[5] FRENKEL J A, RODORIGUEZ C A. Exchange Rate Dynamics and the Overshooting Hypothesis [J]. IMF Staff Papers, 1982, 29 (1)：1-30.

都明显地降低了汇率的波动性，超调的幅度也因此下降①。

Gazioglou（1984）用存量的视角分析资本流动，允许产出波动，发现汇率的立即超调是因为资本流动性足够大，但相对低的资本流动性会带来汇率低调②。郭建泉和周茂荣（2003）用修正的 Dornbusch 汇率超调模型探讨资本控制所产生的经济效益，并结合经济系统的稳定性条件分析了国际汇率制度的演变方向③。王蕊（2014）对汇率超调模型进行了扩展，汇率在一般均衡框架中可能发生超调或低调，这取决于资本控制的程度④。

（3）未预期冲击→预期冲击

Dornbusch 假定货币政策突然地、一次性地改变，汇率短期超调，在长期内会回归到均衡汇率水平。Wilson（1979）则分析政府政策在真正实施之前已经被公众预期到的情形，政府扩张性的货币政策的宣布也会使汇率水平发生超调，汇率超调的幅度取决于货币供给增加的数量及政策宣布与实施之间的时间间隔，即在政策实施之前就已经产生了扩张的经济效应⑤。

（4）中性冲击→非中性冲击

Dornbusch 谈到了中性冲击对经济体系的影响，Bhandari（1981）则分析了能够改变均衡的真实汇率的最终结果是非中性的扰动，这一非中性扰动可以通过外部利率的上升来表示，并且可以内嵌于传统的超调模型之中，要准确预见均衡汇率水平不再是一件容易的事⑥。当对价格的预期出现偏差的时候，汇率超调或低调的幅度还要更大一些。

（5）黏性价格→弹性价格

Bhandari（1983）构建了一个开放的宏观经济模型，认为价格黏性的来源

① AKIBA H. Exchange-Rate Sensitive Demand for Money and Overshooting [J]. International Economic Journal, 1996, 10（2）: 119-129.

② GAZIOGLOU S. Exchange Rate Overshooting: Clarification and Extensions [J]. The Manchester School, 1984, 52（3）: 314-21.

③ 郭建泉，周茂荣. 弹性汇率制度下资本控制的经济效应：一个基于修正 Dornbusch 超调模型的动态学分析 [J]. 经济研究，2003（5）: 48-56.

④ 王蕊. 资本控制下人民币汇率决定的实证检验：基于 Dornbusch 超调模型的扩展 [J]. 国际经贸探索，2014（5）: 62-75.

⑤ WILSON C A. Anticipated Shocks and Exchange Rate Dynamics [J]. Journal of Political Economy, 1979, 87（3）: 639-647.

⑥ BHANDARI J S. Expectations, Exchange Rate Volatility and Non-Neutral Disturbances [J]. International Economic Review, 1981, 22（3）: 535-540.

是商品市场价格的长期与短期的需求弹性不同①。而 Engel 和 Flood（1985）认为在弹性价格之间也可能会发生汇率超调。这是由于公开市场操作导致货币供给扩张，名义财富和货币需求函数下降，为恢复货币市场均衡，则物价上升的幅度必须大于货币扩张的幅度以使得真实货币供给下降，最终汇率贬值的幅度超过货币扩张的幅度②。

（6）货币冲击→货币冲击+真实冲击

Bhandari（1983）比较了货币扩张与财政扩张所带来的长短期效应，认为货币冲击不会引起超调，但真实冲击会带来汇率超调。Mussa（1982）同时考虑了真实因素和货币因素，当存在价格黏性时，通过均衡的相对及绝对价格的变化，真实冲击不会引起汇率超调，但货币扰动会产生超调③。Papell（1985）则认为，汇率低调产生的原因可能与不完全资本流动、产出可变及积极的货币政策等相关④。

（7）产出可变时可能产生汇率低调

Levin（1999）认为，货币扩张会提高长期均衡价格水平，这将通过外需和货币市场平衡条件带来产出的增长，但产出也可能受供给过剩的影响而下降，产出最终的变化情况取决于这两方面的对比⑤。如果产出变动的净效果是增长，则利率会降低，汇率低调；反之，则发生汇率超调。Niehans（1977）探讨了浮动汇率下的汇率动态，贸易账户盈余（顺差）对应着国外资产的积累，这只有在预期本币在将来会进一步贬值的情况下才会发生，因此汇率在初期的超调被排除，但随后汇率波动的路径是非单调的⑥。

① BHANDARI J S. An Alternative Theory of Exchange Rate Dynamics ［J］. The Quarterly Journal of Economics, 1983, 98（2）: 337-348.

② ENGEL C M, FLOOD R P. Exchange Rate Dynamics, Sticky Prices and the Current Account ［J］. Journal of Money, Credit and Banking, 1985, 17（3）: 312-327.

③ MUSSA M. A Model of Exchange Rate Dynamics ［J］. Journal of Political Economy, 1982, 90（1）: 74-104.

④ PAPELL D H. Activist Monetary Policy, Imperfect Capital Mobility, and the Overshooting Hypothesis ［J］. Journal of International Economics, 1985（18）: 219-240.

⑤ LEVIN J H. Exchange Rate Undershooting ［J］. International Journal of Finance and Economics, 1999（4）: 325-333.

⑥ NIEHANS J. Exchange Rate Dynamics with Stock/Flow Interaction ［J］. Journal of Political Economy, 1977, 85（6）: 1245-1257.

2.2.2 理论外延的拓展

（1）市场范围的扩展

①加入劳动市场。Karakitsos（1989）构建了一个价格和财富积累缓慢调整的模型，未预期的货币紧缩导致真实汇率出现升值→贬值→升值的周期性循环，这与 Dornbusch 所描述的单调路径形成了强烈的对比，劳动市场的调整越快，真实汇率的波动越大，循环周期越短[①]。郭其友和焦娜（2010）引入了劳动力跨国流动，在生产要素（资本、劳动）能自由流动的开放经济条件下，此时汇率仍然会超调，且超调幅度大于 Dornbusch 的结果[②]。

②加入股票市场。孙烽和贺晟（2000）引入股票市场来讨论货币冲击下的股价等资产价格变化和汇率动态。引入股市之后，扩展性货币冲击会使汇率出现先升值后贬值的"反向超调"，这与 Dornbusch 认为的先贬值后升值路径刚好相反[③]。

（2）虚拟经济

王立荣和刘立臻（2009）用金融资产存量修正了货币需求函数，发现虚拟经济的专业化及其发达程度将影响名义汇率的波动方向及其变化幅度，虚拟经济的规模使汇率超调具有不确定性[④]。王爱俭等（2009）提出虚（拟经济）实（体经济）二分法模式：实体经济与虚拟经济之间若相互协调，将促进汇率调控与经济发展；若二者失调，则将引发经济金融危机[⑤]。王爱俭和林楠（2010）将宏观总供求跟实体经济与虚拟经济双轮驱动结合起来，并以这一扩展的汇率动态模型分析了中、美经济联动条件下中国可操作的政策空间[⑥]。林楠（2010）采用非线性宏观金融理论，对中国如何协调这两者之间的关系提

---

① KARAKITSOS E. Monetary Policy Exchange Rate Dynamics and the Labour Market [J]. Oxford Economic Papers, 1989, 41（2）: 408-433.

② 郭其友, 焦娜. 国际劳动力流动下的汇率动态: 汇率超调模型的一种扩展 [J]. 厦门大学学报（哲学社会科学版）, 2010（3）: 43-50.

③ 孙烽, 贺晟. 货币冲击下的股市运行和汇率动态 [J]. 上海经济研究, 2000（8）: 74-79.

④ 王立荣, 刘立臻. 虚拟经济膨胀视角下的汇率短期波动研究: 对 Dornbusch 超调模型的扩展 [J]. 国际金融研究, 2009（7）: 73-79.

⑤ 王爱俭, 兰莉, 林楠, 何燕. 虚拟经济与实体经济发展性汇率调控 [J]. 经济学动态, 2009（6）: 27-33.

⑥ 王爱俭, 林楠. 虚拟经济与实体经济视角下的人民币汇率研究 [J]. 金融研究, 2010（3）98-111.

出建议，以推动经济的整体发展①。

（3）外汇市场干预有效性

张在美等（2011）用自适应混沌控制方法，在 Dornbusch 汇率超调模型的基础之上，加入官方干预外汇市场的程度，将预期分为技术分析和基本分析两部分，发现自适应能够寻找合理的干预程度，央行可以较成功地抑制汇率的混沌行为，外汇干预有效②。

（4）外汇市场噪声与无效率

Pierdzioch（2005）建立了动态最优的两国新开放宏观经济学模型，发现外汇市场上存在的噪声交易有助于说明滞后超调之谜，并探讨了货币政策影响汇率的作用机制及过程③。沿着这一方向，卞学字和范爱军（2015）考虑看市定价、金融和贸易开放，发现外汇市场上的噪声交易会使得无抵补利率平价与理性预期的条件发生偏离，名义汇率则会发生滞后超调。数值分析和敏感性分析表明，汇率滞后超调是一个稳健的短期特征④。

Li 和 Miller（2015）发现外汇市场上未被利用的盈利机会将使得法玛的贝塔系数为负。随着利差逐渐消失，贝塔系数将为正。外汇市场无效率的存在将导致滞后超调的产生，市场无效率的程度与法玛的贝塔系数符号存在着一定的关联性⑤。

Aslam et al.（2020）采用多元去势波动分析方法（MF-DFA）探讨了新冠肺炎 COVID-19 的爆发对全球外汇市场的冲击，认为重大突发事件等外部冲击会影响到外汇市场的效率，外汇市场上的失衡代表了价格对信息的一种相对快速的调整渠道，有可能会造成汇率超调⑥。

① 林楠.基于超调模型和虚拟经济视角的汇率动态分析 [J].华东经济管理，2010（9）：74-78.

② 张在美，谢赤，孙柏，韩峰.基于自适应混沌控制的外汇干预有效性研究 [J].运筹与管理，2011（5）：128-134.

③ PIERDZIOCH C. Noise Ttrading and Delayed Exchange Rate Overshooting [J]. Journal of Economic Behavior and Organization，2005（58）：133-156.

④ 卞学字，范爱军.噪声交易、贸易开放与滞后汇率超调：基于 PTM-NOEM 模型的理论研究 [J].南开经济研究，2015（4）：23-43.

⑤ LI J，MILLER N C. Foreign exchange market inefficiency and exchange rate anomalies [J]. Journal of International Financial Markets，Institutions & Money，2015（34）：311-320.

⑥ ASLAM F，AZIZ S，NGUYEN D K，MUGHAL K S，KHAN M. On the Efficiency of Foreign Exchange Markets in Times of the COVID-19 pandemic [J]. Technological Forecasting & Social Change，2020（161）：1-12.

（5）外汇风险

Honohan（1984）提出，如果货币扩张速度突然下降，在风险中性的假定条件下，名义利率会下降，但汇率不一定会出现超调；若假定风险厌恶，汇率会发生超调，但超调的可能性会减小，同时利率下降的进程会放缓①。Isaac（1998）把汇率超调理论扩展为离散形式的理性预期模型，讨论了针对风险溢价的永久冲击和暂时冲击，认为外汇风险是汇率超调的一个可能的来源②。Engel（2016）探讨了风险溢价与汇率及利率的现实和理论关联，认为汇率作为开放条件下的资产价格具有可变性，从风险的角度分析了汇率滞后超调的原因③。

（6）考虑经常账户

Engel 和 Flood（1985）考虑了经常账户的财富效应，发现货币当局的公开市场操作是非中性的，货币扩张会带来本币贬值，最初的贬值增加了外国债券的本币价值，也会带来经常账户顺差④。财富的积累会增加本币的价值，财富调整的速度决定着经济系统演进的方向。当价格调整完成之后，名义汇率会位于新的长期均衡水平之下，而真实汇率发生升值，即经常账户的财富效应抑制了汇率超调的程度。

（7）货币替代

Frenkel 和 Rodriquez（1982）分析了货币替代程度对汇率动态的影响，发现资产选择偏好及资产抗通货膨胀（套期保值）性能的大小决定了汇率对均衡水平偏离的范围，汇率会发生超调，也可能会发生低调。Zervoyianni（1988）分析了货币替代对汇率决定及汇率变动的影响，他假定预期形成机制内生，货币政策态势的变化将通过收入效应和预期效应影响到汇率，国内外资产之间的高替代性会降低汇率超调的幅度⑤。Delbecque（1989）构建了一个国际收支模型，发现资本流动性和资产替代性之间的不同组合会导致汇率在短期

① HONOHAN P. Montary Restraint and the Exchange Rate［J］. Economica, 1984（51）：163-176.

② ISAAC A G. Risk Premia and Overshooting［J］. Economics Letters, 1998（61）：359-364.

③ ENGEL C. Exchange Rates, Interest Rates, and the Risk Premium［J］. American Economic Review, 2016, 106（2）：436-474.

④ ENGEL C M, FLOOD R P. Exchange Rate Dynamics, Sticky Prices and the Current Account［J］. Journal of Money, Credit and Banking, 1985, 17（3）：312-327.

⑤ ZERVOYIANNI A. Exchange Rate Overshooting, Currency Substitution and Monetary Policy［J］. The Manchester School, 1988（3）：247-267.

内发生或不发生超调或低调①。

（8）货币国际化

徐奇渊和刘力臻（2009）以美元、日元等货币为例，发现这些货币在国际化进程中，汇率的短期波动较小，但长期皆表现出升值趋势②。在新开放宏观经济学之上，王晓燕等（2012）探讨了国内宏观经济受货币国际化影响的程度，发现本币汇率在短期和长期都将升值，但货币国际化并不会引起汇率超调③。

（9）考虑外汇储备

Lee（2016）把外汇储备纳入货币供给方程，针对两种国内外的货币冲击，比较了传统的超调模型和修正后的超调模型中汇率变动的方向和程度，发现受制于金融脆弱性的影响，外汇储备有可能会放大或缩小货币冲击对汇率的影响④。

此外，陈占强和周明海（1998）将 Dornbusch 汇率超调模型中的相关宏观经济变量，如货币供给、工资率等内生化，建立了一个开放经济条件下的宏观非均衡模型，针对商品总供给的三个不同阶段分析了模型的稳定性条件⑤。

2.2.3　理论分析的视角更加广阔

经过 40 多年的发展，汇率超调理论分析的视角更加广阔，不局限于 Dornbusch 的分析边界，进一步地由内而外地拓展分析，赋予汇率超调新的含义。具体而言，理论研究在以下方面不断延展：

（1）判断汇率超调的标准由静态变为动态

在 Dornbusch 之后的研究丰富了参照的对象，外部冲击不再局限于货币冲击。比如 Bhandari（1981）分析了国外利率变动的情况，如果由此引起的汇率变动幅度大于（或小于）国外利率的变化幅度，即期汇率就发生了超调（或

①　DELBECQUE B. Exchange-rate dynamics in a model with imperfect capital mobility and asset substitutability [J]. European Economic Review, 1989 (33): 1161-1173.

②　徐奇渊，刘力臻. 人民币国际化进程中的汇率变化研究 [M]. 北京：中国金融出版社，2009.

③　王晓燕，雷钦礼，李美洲. 货币国际化对国内宏观经济的影响 [J]. 统计研究，2012 (5)：23-33.

④　LEE J-E. Exchange Rate Dynamics with Foreign Reserves: Revisiting the Dornbusch Overshooting Model [J]. Review of Development Economics，2016，20 (2)：406-414.

⑤　陈占强，周明海. 开放经济：汇率的非均衡宏观模型及其稳定性 [J]. 系统工程理论与实践，1998 (3)：90-93.

低调）。一般地讲，以 e 代表汇率，$\bar{e}$ 代表长期均衡汇率，只要 $\dfrac{de}{dx} > 1$，且会回归到 $\bar{e}$，就是超调，x 代表外部冲击。

Mussa（1982）的研究进一步指出，$\bar{e}$ 不一定是常数，可以是变动的。当未预期的货币供给扩张时，均衡物价及汇率水平不是常数，当前汇率 e 及长期均衡汇率 $\bar{e}$ 都会变化，而且两者的变化幅度都大于货币扩张幅度，换言之，当前汇率和长期均衡汇率都发生了超调。此时判断当前即期汇率超调的标准，是当前汇率的变化幅度大于长期均衡汇率的变动幅度，即 $\Delta e > \Delta \bar{e}$。

（2）分析超调的视角由宏观向微观延伸

除了资本控制、经常账户、虚拟经济、外汇储备、货币国际化等宏观角度以外，一个发展趋势是重视家庭、企业、央行、金融中介等经济主体的决策约束与市场的微观结构，研究对象由即期汇率扩展到了远期汇率，外部冲击的形式由货币冲击扩张为包括真实冲击和货币冲击在内的各种外部扰动，由外汇市场的宏观均衡假定延伸为包含主体不同风险偏好和投资者情绪在内的微观结构因素。

Hairault 等（2004）构建了小型开放经济体中的一个有限参与理论模型，考虑无抵补利率平价条件，货币冲击引起流动性变化，流动性效应弱，则超调幅度较小[1]。Burnside（2011）在考察外汇远期溢价之谜时，发现过度自信的经济主体会对关于未来通货膨胀的预期做出过度反应，远期溢价上升，即投资者的过度自信使得远期汇率比即期汇率发生更大幅度的超调[2]。Pierdzioch（2007）研究对家庭偏好的冲击如何影响汇率动态，发现由于国际金融市场是不完全一体化的，对家庭偏好的外生冲击将会产生汇率超调[3]。

（3）对超调机理的分析多样化

Frenkel 和 Rodriquez（1982）则强调不同市场的调整速度上的差异并不必然会产生汇率超调，这取决于一系列的设定条件，特别是资本流动性的高低会决定短期内汇率出现超调或低调。Isaac（1998）则认为国内外资产不可能完全替代，外汇风险溢价上升会产生汇率超调。Honohan（1984）认为经济主体的风险厌恶会降低汇率超调的可能性。通过经常账户的财富效应，汇率也可能

---

[1] HAIRAULT J-O, PATUREAU L, SOPRASEUTH T. Overshooting and the Exchange Rate Disconnect Puzzle: A Reappraisal [J]. Journal of International Money and Finance, 2004（23）: 615-643.

[2] BURNSIDE C, HAN B, HIRSHLEIFER D, WANG T Y. Investor Overconfidence and the Forward Premium Puzzle [J]. Review of Economic Studies, 2011（78）: 523-558.

[3] PIERDZIOCH C. Households' Preferences and Exchange Rate Overshooting [J]. International Economic Journal, 2007, 21（2）: 297-316.

发生超调，如 Mussa（1982）。Driskill 和 McCafferty（1985）在 Dornbusch 的模型中引入财富效应和储蓄函数中的相对价格效应，发现若财富效应起主导作用，汇率将发生超调；反之，若相对价格效应更大，则将出现汇率低调[①]。Calvo（1987）建立了一个交错定价模型来考察结构变化对汇率动态的影响，发现财富效应在贸易品需求中越小，汇率超调更有可能发生[②]。

Caballero（2014）则认为超调来自出口部门不能完全吸收非贸易部门收缩所释放出来的资源（比如劳动力），这导致了真实工资的大幅下降。在货币持续升值阶段，由于汇率超调幅度与出口部门收缩存在着理论关联，宏观当局会视外部性的大小采取事前或事后的干预措施[③]。Cooke（2010）指出，消费的本国偏好和对外资产状况会影响到货币冲击所产生的汇率动态，流动性效应是决定汇率超调程度的重要因素。如果一个国家的对外资产净头寸为正，汇率超调幅度就较小[④]。

自 1976 年汇率超调理论被提出以来，理论方面的发展逻辑可用图 2-2 来展示。

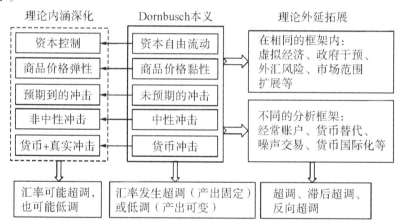

图 2-2　汇率超调/低调理论研究发展的主要逻辑方向

①　DRISKILL R, MCCAFFERTY S. Exchange Rate Dynamics with Wealth Effects：Some Theoretical Ambiguities ［J］. Journal of International Economics，1985（19）：329-340.

②　CALVO G A. Real Exchange Rate Dynamics with Nominal Parities：Structural Change and Overshooting ［J］. Journal of International Economics，1987（22）：141-155.

③　CABALLERO R J, LORENZONI G. Persistent Appreciations and Overshooting：A Normative Analysis ［J］. IMF Economic Review，2014，62（1）：1-47.

④　COOKE D. Consumption home bias and exchange rate behavior ［J］. Journal of Macroeconomics，2010（32）：415-425.

2.3　实证分析与经验研究

前面的理论研究不分币种，是普适性的，结论肯定是有超调（滞后超调、反向超调）或低调。而且在理论研究中，除开噪声交易之外，超调/低调是立即发生的。现实中是否如此呢？这需要实证研究的支撑材料。一种说法是，对于超调模型很难进行计量检验。这是因为在现实生活中影响汇率变动的因素很多，很多因素是叠加在一起的，难以判断汇率出现的波动具体是对哪一种冲击做出的反应。而且，对汇率的趋势性波动与周期性波动需要进行界定。若对汇率超调做实证研究，需要涉及外部冲击的识别与分离，进而才能度量超调的幅度。针对这些难点，学者们做了不同的尝试。按照研究方法，主要有以下两大类别：

2.3.1　VAR 与 SVAR 模型族

在这一类别中，学者们研究的方向有很多，主要的研究方向如下：

（1）货币（政策）冲击

Eichenbaum 和 Evans（1995）考察美国货币政策冲击对汇率的影响，递归的 VAR 模型发现，美国货币政策冲击导致了美元的真实汇率及名义汇率持续而显著的升值，而美元汇率的最大变化不是同期出现的，即发生了滞后超调[①]。Heinlein 和 Krolzig（2012）构建了一个小型对称性的宏观经济模型，采用 5 个变量的 VAR 模型及其他形式的回归模型如 SVECM（结构向量误差修正模型）、PSVECM（简约型结构向量误差修正模型）等，回归结果均对滞后超调提供了较强的支持[②]。

相对于 VAR 回归模型而言，SVAR 回归模型具有更多的优势，如能区分货币需求冲击和货币供给冲击；能够在不同方程中进行结构化的同期约束，而不仅仅是通过递归的结构等。Kim 和 Roubini（2000）研究了 G7（西方七国首脑会议）中除美国以外的 6 个国家，建立了 7 个变量的 SVAR 模型。与之前文

---

①　EICHENBAUM M, EVANS C L. Some Empirical Evidence on the Effects of Shocks to Monetary Policy on Exchange Rates [J]. The Quarterly Journal of Economics, 1995 (4)：975-1009.

②　HEINLEIN R, KROLZIG H-M. Effects of Monetary Policy on the US Dollar/UK Pound Exchange Rate: Is There a "Delayed Overshooting Puzzle"? [J]. Review of International Economics, 2012, 20 (3)：443-467.

献广泛提到的"流动性之谜""价格之谜""汇率之谜"和"远期贴水之谜"不同，根据他们的识别机制，在开放经济中存在的四大谜都得到了很好的解释[1]。在货币紧缩时，汇率没有出现滞后超调，是先升值然后很快贬值，这符合 Dornbusch 理论中的无抵补利率条件。

Kim（2003）同时考察了传统的货币政策与外汇干预政策对汇率的影响，在一个统一的框架内比较了这两者影响汇率的力度与作用机制的差异[2]，发现了滞后期为 6 个月的汇率超调。Kim（2005）以加元对美元的汇率为研究对象。货币政策对汇率的影响被随后的逆向干预的外汇政策削弱，汇率发生了滞后超调，最大的反应出现在第 20 个月前后[3]。Bjørnland（2009）研究了四个开放经济体货币的真实有效汇率，发现紧缩性货币政策对汇率有较强的效果，而汇率升值的最大效应出现在 2 个季度之后[4]。Barnett et al.（2016）用 SVAR 实证检验了印度货币政策的效应，发现名义政策变量与实体经济行为之间的联系较弱，印度卢比存在着滞后超调[5]。Kim 和 Lim（2018）采用带符号约束的 SVAR 模型，发现紧缩的货币政策会导致货币显著升值，汇率超调的滞后期最长为 6 个月[6]。Rüth（2020）采用加入外生工具变量的 SVAR（SVAR-IV）方法，结合符号约束，发现货币政策变化会使美元汇率出现 Dornbusch 意义上的传统超调[7]。

周欢欢和陈会林（2008）认为中国金融市场上的调整速度要更快一些，人民币汇率有可能会产生超调，货币供给正的冲击会导致汇率出现滞后超调，

① KIM S, ROUBINI N. Exchange Rate Anomalies in the Industrial Countries：A Solution with a Structural VAR Approach［J］. Journal of Monetary Economics, 2000（45）：561-586.

② KIM S. Monetary Policy, Foreign Exchange Intervention, and the Exchange Rate in a Unifying Framework［J］. Journal of International Economics, 2003（60）：355-386.

③ KIM S. Monetary Policy, Foreign Exchange Policy, and Delayed Overshooting［J］. Journal of Money, Credit and Banking, 2005, 37（4）：775-782.

④ BJØRNLAND HILDE C. Monetary Policy and Exchange Rate Overshooting：Dornbusch was Right After All［J］. Journal of International Economics, 2009（79）：64-77.

⑤ BARNETT W A, BHADURY S S, GHOSH T. An SVAR Approach to Evaluation of Monetary Policy in India：Solution to the Exchange Rate Puzzles in an Open Economy［J］. Open Economy Review, 2016（27）：871-893.

⑥ KIM S, LIM K. Effects of monetary policy shocks on exchange rate in small open Economies［J］. Journal of Macroeconomics, 2018（56）：324-339.

⑦ RÜTH S K. Shifts in Monetary Policy and Exchange Rate Dynamics：Is Dornbusch's Overshooting Hypothesis Intact, After All?［J］. Journal of International Economics, 2020（126）：1-18.

滞后期为 2 年①。喻梅（2011）用同时施加长短期约束的 SVAR 模型进行回归，结果发现，货币供给冲击会导致人民币汇率出现传统超调，而名义利率冲击则会使汇率出现滞后超调，滞后期 1 年②。林楠（2012）指出，货币供给扩张会导致人民币对美元的名义汇率出现滞后超调，最大的贬值压力在半年以后③。赵文胜和张屹山（2012）发现人民币对美元名义汇率没有发生汇率超调，但出现了"价格之谜"。随后他们采用符号约束方法来识别货币政策冲击，规避了"价格之谜"，其他结论基本不变④。

（2）危机

范言慧等（2010）研究次贷危机对人民币汇率制度的冲击及中国政府的反应，引入由三部分组成的政府损失函数，分析了两阶段的汇率超调过程，探讨在面对外部危机时中国的汇率制度为什么又转化为事实上钉住美元的固定汇率制度⑤。

（3）经常账户

王君斌和郭新强（2014）考虑加工贸易、投资调整成本等中国现实的国情，发现人民币实际有效汇率表现出传统的汇率超调，货币政策传导机制在于汇率预期和黏性价格下的资本流动。而人民币名义汇率表现为滞后超调，滞后期为 24 个月，货币政策冲击对汇率的传导机制主要在于风险溢价⑥。

（4）超额外汇储备

邹薇和郑浩（2011）认为，发展中国家通常会积累大量的外汇储备，这些外汇储备有很多是以外国债券的形式存在的。本国货币扩张→本币预期贬值→居民对外国债券的偏好使国内货币需求下降→本国利率进一步下降以使货币市场均衡→本币的贬值预期更为强烈，即对外国债券的偏好会引起汇率的超调⑦。汇率出现滞后超调，在约 2 年内贬值到最大幅度。

---

① 周欢欢，陈会林.基于 VAR 模型的人民币汇率的超调分析 [J].现代商贸工业，2008（2）：164-165.

② 喻梅.我国货币政策与人民币汇率的互动关系研究 [J].经济问题，2011（8）：99-103.

③ 林楠.开放经济货币政策动态下人民币汇率问题研究 [J].华东经济管理，2012（4）：73-78.

④ 赵文胜，张屹山.货币政策冲击与人民币汇率动态 [J].金融研究，2012（8）：1-15.

⑤ 范言慧，等.次贷危机冲击、政府反应和人民币汇率 [J].国际金融研究，2010（9）：38-46.

⑥ 王君斌、郭新强.经常账户失衡、人民币汇率波动与货币政策冲击 [J].世界经济，2014（8）：42-69.

⑦ 邹薇，郑浩.超额外汇储备和汇率超调：中国的证据 [J].中国地质大学学报（社科版），2011（6）：76-84.

（5）新闻情感分析

Feuerriegel 等（2016）把新闻情感（news sentiment）引入传统的 Dornbusch 汇率超调模型，构建了 7 个变量的 VECM 模型来分析信息的传播与扩散，发现新闻情感冲击会引起汇率超调，并且能解释 11% 左右的汇率变动①。VAR（SVAR）实证文献总结见表 2-1。

表 2-1　VAR（SVAR）实证文献总结

作者	研究对象	时间跨度	方法	研究发现	备注
Eichenbaum 和 Evans（1995）	日、德、意、法、英五种货币的 RER	1974—1990 年月度数据	VAR，5 个或 7 个变量	滞后超调，滞后期约 2 到 3 年	区分了远期升水偏误的条件和无条件两种形式
Heinlein 和 Krolzig（2012）	美元对英镑的 NER	1972—2009 年季度数据	VAR，5 个变量	滞后超调，滞后期约 5 个季度	同时做了 SVECM 和 PSVECM 回归，结论无大的差别
Kim 和 Roubini（2000）	除美国外的 G7 国家的 NER	1974—1992 年月度数据	SVAR，7 个变量	传统超调	加入了世界油价，货币政策能解释大部分的短期汇率波动
Kim（2003）	美元的 REER	1974—1996 年月度数据	SVAR，7 个变量	滞后超调，滞后期约 6 个月	外汇干预政策对汇率有显著影响，信号机制作用明显
Kim（2005）	加元对美元的 NER	1975—2002 年月度数据	SVAR，7 个变量非递归的同期约束	滞后超调，滞后期 20 个月	货币政策的作用时间更长，汇率政策减缓了货币政策的汇率效应
Bjørnland（2009）	澳大利亚、加拿大、新西兰、瑞典的 REER	1983—2004 年季度数据	SVAR，5 个变量同时施加短期及长期约束	滞后超调，滞后期 2 个季度	货币政策的汇率效应长期是中性的，但短期内有较强的影响
Feuerriegel 等（2016）	英镑对美元的 NER	2003—2012 年月度数据	VECM，7 个变量	滞后超调，滞后期约 3 个月	用新闻情感扩展了 Dornbusch 原模型
Barnett et al.（2016）	印度卢比对美元的 NER	1993—2006 年月度数据	SVAR，7 个变量	滞后超调，滞后期 3 个月左右	结论较稳健
Kim 和 Lim（2018）	英国、加拿大、瑞典和澳大利亚的 NER	1991—2014 年月度数据	SVAR，6 个变量	滞后超调，滞后期最长 6 个月	带符号约束

① FEUERRIEGEL S, WOLFF G, NEUMANN D. News Sentiment and Overshooting of Exchange Rates [J]. Applied Economics, 2016, 48（44）: 4238-4250.

表2-1（续）

作者	研究对象	时间跨度	方法	研究发现	备注
Rüth（2020）	美元的 NEER	1979—2008 年月度数据	SVAR-IV 7 个变量	传统超调	加入外生工具变量
喻梅（2011）	人民币的 RER	1996—2010 年季度数据	SVAR，5 个变量同时施加短期及长期约束	利率冲击导致滞后超调，滞后期1年	货币政策对人民币汇率变动的反应敏感且强烈，但汇率对货币政策调控的反应力度较弱
				货币供应量冲击导致传统超调	
林楠（2012）	人民币的 NER	1999—2009 年季度数据	SVAR，6 个变量只加了短期约束	货币供给扩张导致汇率出现滞后超调，滞后期半年	货币调控带来的升值预期和贬值预期不对称，NER 是慢变量
赵文胜、张屹山（2012）	人民币的 NER	2005—2011 年月度数据	SVAR，7 个变量只加了短期约束	NER 没有发生汇率超调	符号约束规避了"价格之谜"，但也未发现汇率超调
王君斌、郭新强（2014）	人民币的 NER，人民币的 REER	1994—2010 年月度数据	SVAR，4 个变量只加了短期约束	NER 发生滞后超调，滞后期 24 个月	传统超调和滞后超调的货币政策作用机制各不相同
				REER 发生传统超调	
周欢欢、陈会林（2008）	人民币的 RER	1990—2004 年年度数据	VAR，4 个变量	RER 发生滞后超调，滞后期 2 年	长期内汇率会缓慢地回到长期均衡水平
范言慧等（2010）	人民币的 NER	2005—2010 年月度数据	VAR，6 个变量	政府对损失函数的最优化使 NER 出现传统超调	外部危机中人民币汇率制度的转变，是政府的一种自我保护
邹薇、郑浩（2011）	人民币的 REER	1991—2009 年年度数据	VAR，2 个变量	发生滞后超调，滞后期 2 年	汇率超调对超额外汇储备的影响较小

注：名义汇率缩写为 NER，真实汇率缩写为 RER，实际有效汇率缩写为 REER，名义有效汇率缩写为 NEER。

2.3.2 单方程回归方法

（1）真实利差模型

货币主义汇率理论通常分为弹性论和黏性论两种。Frenkel（1979）提出了更具一般性的真实利差模型，强调资本市场的迅速调整和预期的作用，把弹性论和黏性论都直接作为特例来对待。Frenkel 指出汇率超调的幅度与两国之间的真实利差成比例。假定美国的相对货币供给未预期地扩张了1%，货币市场供求和经济系统的调整会使汇率最初的贬值幅度达到1.23%，即超调幅度为0.23%。若考虑到预期通货膨胀率的变化，超调幅度会更大①。

在真实利差理论的应用上，Bahmani－Oskooee（2000）以土耳其里拉在1987—1998 年的月度数据为样本，自回归分布滞后（ARDL）模型的实证结果指出，汇率超调不只是一个短期现象，土耳其里拉在长期也是超调的②。Nieh 和 Wang（2005）基于1986—2003 年新台币对美元的月度汇率数据，发现汇率与宏观经济基本面之间不存在长期均衡关系，未预期到的货币扩张将导致新台币汇率出现滞后超调，滞后期为 1 个月③。Bahmani－Oskooee 和 Nisit Panthamit（2006）采用1987—2000 年的月度数据，其实证研究的结论支持 Dornbusch 的超调结论，认为过度的货币供给是导致 1997 年东南亚金融危机爆发的原因之一④。Chiliba et al.（2016）用2000—2012 年赞比亚的经济基本面的月度数据，检验了赞比亚货币 kwacha（克瓦查）对美元汇率的波动情况，ARDL 模型没有发现超调现象，汇率与经济基本面也没有长期均衡关系⑤。

学者们也尝试了其他不同的计量方法。Fuhrer 和 Weiller（1991）基于1975—1985 年的月度数据，针对 Dornbusch/Frenkel 单方程汇率超调模型进行实证，使用多元后验概率检验方法更有效地提取了协方差中的信息，发现加拿大元和日元对美元的双边汇率的结果支持汇率超调模型⑥。

（2）连续时间→离散时间

在 Dornbusch 同一框架内，Driskill（1981）构建了一个简约型的离散时间

① FRENKEL J A. On the Mark: A Theory of Floating Exchange Rates Based on Real Interest Differentials [J]. The American Economic Review, 1979, 69 (4): 610–622.

② BAHMANI-OSKOOEE M, KARA O. Exchange Rate Overshooting in Turkey [J]. Economics Letters, 2000, 68 (1): 89–93.

③ NIEH C C, WANG Y S. ARDL Approach to the Exchange Rate Overshooting in Taiwan [J]. Review of Quantitative Finance and Accounting, 2005, 25 (1): 55–71.

④ BAHMANI-OSKOOEE M, PANTHAMIT N. Exchange Rate Overshooting in East Asian Countries [J]. Emerging Markets Finance and Trade, 2006, 42 (4): 5–18.

⑤ CHILIBA L, ALAGIDEDE P, SCHALING E. A Re-examination of the Exchange Rate Overshooting Hypothesis: Evidence from Zambia [J]. Southern African Business Review, 2016, 20 (1): 468–491.

⑥ FUHRER J C, WEILLER K J. A Multivariate Posterior Odds Approach to Assesing Competing Exchange Rate Models [J]. The Review of Economics and Statistics, 1991, 73 (1): 113–124.

的汇率决定方程来分析价格与汇率动态，发现在外部的货币冲击发生之后，价格路径是单调的。但汇率在短期是两倍的超调，经过中期调整之后，最终达到长期的均衡状态[①]。Park 和 Kim（2003）把名义刚性和基于消费的代际最优分析方法结合起来，发现英、德、日、加、瑞士五国货币的汇率对美国货币冲击的反应将出现超调，而对其他国家的货币冲击则易出现低调[②]。

（3）协整检验

从货币危机角度来看，邓仕杰和肖东生（2007）分析了危机国家的真实有效汇率波动和产出下降的因果关系，有高净外债率的国家→易发生货币危机→汇率超调非常严重→通过资产负债表效应→产出大幅紧缩。他们的超调方程是：汇率超调 = $\alpha_1 + \alpha_2 \times$ 净外债率，预期 $\alpha_2 > 0$，使用了 OLS、分位数回归、3SLS 和二元 probit 模型等方法，稳健性检验支持回归结果的稳定性[③]。

方兴（2008）构建了人民币均衡实际汇率的宏观经济模型，采用 1980—2007 年的年度数据，考虑货币需求和通货膨胀的变化，分析汇率预期的影响，结论是人民币汇率超调存在两年的滞后期[④]。

王蕊（2014）利用修正后的汇率决定的单方程对人民币名义有效汇率做了实证检验，发现中国货币政策态势、资本控制程度与人民币汇率之间存在着多方联动关系，且人民币名义有效汇率展现出了超调的特征[⑤]。

刘永泉和李萍（2020）使用 2005 年 7 月汇率制度改革之后的月度数据，针对货币主义汇率理论建立了单方程计量模型，认为虽然人民币汇率的波动性在 2005 年汇率制度改革后增强了，但人民币并未表现出汇率超调[⑥]。

2.3.3 实证小结

首先，做实证要明确研究的对象。Dornbusch 模型谈到的汇率超调，是指

---

① DRISKILL R A. Exchange-Rate Dynamics：An Empirical Investigation [J]. Journal of Political Economy，1981，89（2）：357-371.

② PARK G, KIM Y-Y. An Empirical Analysis of Nominal Rigidities and Exchange Rate Overshooting：An Intertemporal Approach [J]. International Journal of Finance and Economics，2003（8）：153-166.

③ 邓仕杰，肖东生.货币危机中汇率超调、资产负债表效应和产出紧缩的关系分析 [J]. 金融教学与研究，2007（1）：6-9+21.

④ 方兴.带预期的人民币汇率滞后超调动态模型研究 [J]. 经济学动态，2008（6）：53-57.

⑤ 王蕊.资本控制下人民币汇率决定的实证检验：基于 Dornbusch 超调模型的扩展 [J]. 国际经贸探索，2014（5）：62-75.

⑥ 刘永泉，李萍.人民币汇率波动存在汇率超调吗：基于汇改后月度数据的实证检验 [J]. 嘉兴学院学报，2020（2）：95-101.

名义汇率变动，后人的研究还谈到了真实汇率及有效汇率。总的来看，研究即期（名义）汇率的居多，对远期汇率、人民币离岸汇率、NDF（无本金交割远期外汇交易）汇率进行研究的较少。

其次，在计量方法上，单方程回归和 VAR（SVAR）模型族是最主流的两种方法，其中尤以 SVAR 和 ARDL 使用得最多。VAR（SVAR）模型族能判断宏观经济变量对另一个变量产生作用的方向，单方程计量则可以计算出外部冲击所导致的汇率超调的具体程度，两者的切入点及侧重面不同。

最后，分析角度及变量选择多样化。学者们通常选择货币冲击及货币政策态势发生变化后的时刻，收集相关数据，分析汇率变化的动态，但也会从经济危机、资本控制等角度来判断汇率超调的存在性及程度，最新的研究则探讨了在市场新闻报道中体现出来的正面或负面情感如何及在多大程度上会引起汇率超调。

2.4 从中外对比的角度看人民币汇率超调/低调研究现状及不足

2.4.1 国内研究起步较晚且研究的重点及逻辑顺序与国外不尽相同

国外学者对汇率超调的关注及跟进较早，在次年即有相关文献发表（Niehans，1977）。1979 年，Frenkel 率先定量计算出了德国马克对美元汇率超调的幅度。总的来讲，国外在理论研究方面是按照"由内（涵）而外（延）"的方向展开的，其实证研究文献是全面而深入的，主要侧重于从理论内涵方面出发做实证。

人民币汇率超调研究，最开始主要是介绍 Dornbusch 的理论。欧阳向军（1989）最先谈到汇率超调假说，认为 Dornbusch 的超调理论是对蒙代尔—弗莱明模型的运用和发展，并介绍了汇率超调的含义、生成机制及相关的影响因素[1]。王忠等（1996）认为对汇率的短期波动而言，汇率超调模型能提供较令人满意的解释，要预测汇率的短期波动须考虑国内外影响汇率的新信息的作用[2]。董佺（2001）讨论了超调理论对汇率短期波动的解释力，认为汇率的大

---

[1] 欧阳向军. 论汇率的超调假说 [J]. 世界经济文汇，1989（6）：8-13.
[2] 王忠，刘澄，钟剑. 汇率的射击过头与反弹理论评析 [J]. 辽宁大学学报，1996（1）：3-5.

幅波动会对实体经济的发展产生负面影响①。赵云辉（2007）在 Dornbusch 的超调模型框架内，对货币市场、外汇市场和商品市场的长短期变化进行了分析②。之后，国内学者逐渐由理论向实证扩展，国内最早做超调实证的是邓仕杰和肖东生（2007），也有同时做理论与实证研究的，如王君斌和郭新强（2014）。

概括起来讲，关于汇率超调/低调的外文文献通常以问题为导向，角度发散，缺少中心，主要从理论内涵出发来做实证研究。关于人民币汇率超调的中文文献，理论研究是按"由外（延）而内（涵）"的顺序展开的，由表及里，但一般来讲缺乏足够的深度；实证研究则主要是从超调的理论外延出发的。国内外汇率超调研究重点及逻辑方向的差异见图 2-3。

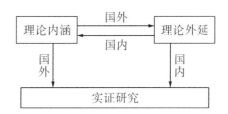

图 2-3　国内外汇率超调研究重点及逻辑方向的差异

2.4.2　汇率超调理论在中国的应用范围

（1）利率与汇率的联动

张萍（1996）在国内率先从利率平价理论的角度来探讨汇率超调模型，并以利率提高为例分析了汇率变化的路径，强调要正确看待利率在人民币汇率决定过程中的作用③。秦启岭（1999）建立了人民币汇率变化的理论模型，并对利率市场化及资本账户开放等提出了相应的政策建议④。何慧刚（2007）从 Dornbusch 汇率超调模型出发，分阶段谈了中国利率与汇率的联动关系，并提出了协调二者关系的政策方向⑤。

① 董伦. 对汇率超调的探讨 [J]. 湖北成人教育学院学报，2001（6）：43-44.
② 赵云辉. 对"超调模型"的重新表述 [J]. 当代经济，2007（3）：112-113.
③ 张萍. 利率平价理论及其在中国的表现 [J]. 经济研究，1996（10）：34-43.
④ 秦启岭. 人民币汇率与利率关系研究 [J]. 天津商学院学报，1999（5）：41-45.
⑤ 何慧刚. 我国利率—汇率联动协调机制研究：基于"汇率超调模型"视角的实证分析 [J]. 财经问题研究，2007（5）：58-63.

（2）中国汇率制度选择

郭春松和王晓（2005）从汇率超调模型中真实（与名义）汇率的调整公式与均衡汇率的形成机制出发，认为人民币汇率制度改革的长远目标是增强人民币汇率的弹性，逐步实现人民币自由兑换[①]。孙华妤（2004）把 Dornbusch 超调模型放在著名的三元悖论的左边，认为汇率超调可能会刺激外汇的过度投机，降低资源配置效率，货币当局也许将被迫放弃货币政策的独立性[②]。

（3）解释流动性过剩

刘明和贾怡琳（2009）认为人民币汇率超调和收入分配结构扭曲是导致中国经济出现流动性过剩的原因，而全球经济失衡则是外因。针对流动性问题，宏观当局应当进行财政与金融政策的深层次协调[③]。

（4）解释人民币内贬外升

郭冲远（2012）把汇率超调和巴拉萨—萨缪尔森效应联系起来，认为人民币的对内贬值和对外升值是一个整体，认为可能的原因是贸易与非贸易部门技术水平的差异以及早期人民币汇率过度贬值后的回调等[④]。王爱俭等（2009）则从实体经济与虚拟经济协调发展的角度出发，指出若虚拟经济的发展速度显著地超过实体经济，此时本币就会出现外升和内贬并存的现象。

（5）解释人民币汇率波动

李艳丰（2017）用 Dornbusch 汇率超调理论来解释人民币汇率的波动趋势，认为影响人民币汇率波动的因素包括美元利率升降、市场预期、离岸与在岸市场的分割等。人民币要实现动态稳定，宏观当局应当引导市场预期，推动资本账户审慎开放，进一步深化汇率形成机制的市场化改革等[⑤]。

2.4.3　现有人民币汇率超调研究的不足

人民币汇率超调/低调研究，一个典型的特征是取"形"忘"实"。具体来说，人民币汇率超调研究的不足表现为"三不"：

---

①　郭春松，王晓.汇率超调模型与人民币汇率制度选择 [J].山东财政学院学报，2005（1）：22-25.

②　孙华妤.不可能三角不能作为中国汇率制度选择的依据 [J].国际金融研究，2004（8）：11-16.

③　刘明，贾怡琳.汇率超调、流动性过剩与收益、资本结构优化 [J].理论导刊，2009（2）：104-106.

④　郭冲远.人民币"外升内贬"的原因：基于"巴萨效应"和"汇率超调"思想的解释 [J].石家庄经济学院学报，2012（3）：7-10.

⑤　李艳丰.人民币汇率波动影响因素分析：基于汇率超调模型视角 [J].理论月刊，2017（1）：122-128.

首先，对概念的把握不准确。国内关于人民币汇率超调的研究中，有些对超调的理解是有失偏颇的，不正确的，如把汇率的过度波动等同于超调，未界定汇率变动的特征，直接就加上"超调"字样。引用 Overshooting 模型，不能脱离 Dornbusch 当时由固定汇率转向浮动汇率的历史背景，也不能忽略波动与均衡的对比关系。汇率波动不一定是汇率超调，汇率大幅波动也未必能与超调画等号，最多是汇率失调的代名词。

其次，对超调的影响因素分析不全面。绝大多数研究集中在人民币对美元汇率上，或使用人民币有效汇率指数，现有文献没有充分考虑不同币种对人民币汇率波动的异质性。另外，现有研究对人民币汇率制度改革的阶段性（如 2015 年"811 汇改"、2017 年 5 月引入逆周期因子等重要的时点）涉及的不多，未细分政府反应函数。这对政府主导下的渐进式的人民币汇率制度改革是不合适的。

最后，对关键变量的变动路径的刻画不精细。现有关于人民币汇率超调的实证研究未涉及人民币汇率的波动幅度，没有详细刻画外部冲击发生后人民币汇率收敛的速度与路径，没有精确估计汇率超调幅度，更没有区分合意的超调幅度与低估、高估的关系。

针对现有研究的缺陷，笔者将从经济新常态的重要特征，如资本控制、国际收支及经济增长出发，构建理论模型，采取多种实证方法，深入研究在外部冲击下人民币多种汇率动态转换的条件及交替的周期性问题。

2.5　由汇率超调的政策含义引申出其他领域的超调研究

强调政策指派和宏观政策有效性的蒙代尔—弗莱明模型是汇率超调的理论来源，汇率超调理论自然具有鲜明的政策含义。超调理论指出，汇率渠道在货币政策影响实体经济发展的传导机制中发挥着重要作用，汇率变动的方向和幅度会影响宏观政策作为支出调整政策的有效性，政府的总需求管理政策必须充分考虑到汇率的短期及中期动态。但政府干预应以平抑汇率的大幅波动为边界，且应引导和调节市场预期，注重发挥市场机制的自动调节作用。

2.5.1　Overshooting 的政策含义

（1）冲销干预的有效性

既然宏观经济变量的变化将带来汇率更大幅度的波动，而浮动汇率制度下汇率的大幅波动有可能对经济发展产生不利的影响，那么为抑制汇率波动而进行的政府干预就具有了合理性。Engel 和 Flood（1985）认为，如果货币当局的冲销干预改变了财富持有量，那么无论是在弹性价格还是在黏性价格假定下，名义汇率和真实汇率都将发生改变，冲销操作有效。Kim（2003）发现了外汇干预对汇率的显著影响，且在汇率变动方面，外汇干预的解释力度比传统的改变利率的货币操作还要大，外汇干预对汇率变化的反应是持续而显著的，信号渠道是外汇干预影响汇率的重要机制之一。

（2）对政策未来走向的预期影响了汇率水平及波动

汇率作为一种资产价格，不仅反映当前的真实水平和货币因素，也取决于对外生因素的未来的预期。Mussa（1982）指出，即使当前观察到的政策变化小，政府实施的是力度温和的政策，对汇率水平的影响也有可能是深远的。

2.5.2 其他领域的超调研究

自 Dornbusch 在 1976 年提出超调理论之后，由于其直观、简洁和强烈的政策相关性，迅速扩散到社会学、经济学的其他领域，如金融市场、宏观调控等。"超调"几乎被用于分析任何能观察到的经济与社会现象。但现在被广泛使用的超调概念，其含义也与 Dornbusch 最初的本义不尽相同，更多的是指经济变量或社会现象的过度波动（反应），并没有那么强调在短期的大幅波动之后，系统会最终回归到长期均衡状态。

对非汇率的其他领域进行超调研究，涉及房产价格、农产品价格、贸易和货币政策操作等，应用范围很广。表 2-2 列出了有代表性的主要文献。

表 2-2　其他领域的超调研究

领域	作者	"超调"产生机理	备注
农产品价格超调	Frenkel（1986）[1]	由于商品价格黏性，名义货币供给下降时，真实商品价格降幅必须超过新的长期均衡水平，以产生未来价格上涨的预期	宏观经济政策是农产品价格波动的重要来源之一

---

① FRENKEL J A. Expectations and Commodity Price Dynamics：The Overshooting Model［J］. American Journal of Agricultural Economics，1986，68（2）：344-348.

2　汇率超调、低调及其变形：一个研究性评述 ┊ 41

表2-2（续）

领域	作者	"超调"产生机理	备注
股市信息超调	Zeira（1999）①	由于生产力水平提升，或由于新投资者的进入，股市在量和质方面会扩展到一个新的层次，但在经济扩张过程中信息缺失是内生的，此时可能会产生信息超调	为股市的涨跌提供了一个信息角度的解释
储蓄目标超调	Djajic 和 Vinogradova（2015）②	假定打工者计划在老家买房，根据效用最大化来选择返乡时间和消费路径。当外地的工资越高，老家的消费品价格越高时，储蓄目标超调越容易发生	分析打工者在某地的驻留时间和其储蓄目标之间的关系，强调产权投资和储蓄回流之间的关系
外汇市场干预超调	朱孟楠、刘林（2010）③	若政府干预使汇率变动的方向与在没有干预的情况下的汇率变动方向相反，则表明政府干预导致了超调现象	货币当局对外汇市场的干预是有效的，因为能缓解外汇市场的压力
货币政策超调	马草原、李成（2013）④	在保增长目标的硬性约束下，中央银行必然强化总量效应，以弥补结构效应的短板，故在现实国情下货币政策难免会出现超调	应淡化对国有经济渠道的依赖，追求内涵式增长，平衡结构升级和总量发展
贸易超调	王孝松等（2014）⑤	在面临外部负面冲击时，贸易的短期反应超过了其新的长期稳定的均衡值，表现为贸易额的波动幅度显著大于经济总量的波动幅度	中国要克服贸易超调，需要发挥比较优势，扩展贸易方向

① ZEIRA J. Informational Overshooting, Booms, and Crashes [J]. Journal of Monetary Economics, 1999（43）：237-257.

② DJAJIC S, VINOGRADOVA A. Overshooting the Savings Target：Temporary Migration, Investment in Housing and Development [J]. World Development, 2015（65）：110-121.

③ 朱孟楠，刘林. 中国外汇市场干预有效性的实证研究 [J]. 国际金融研究，2010（1）：52-59.

④ 马草原，李成. 国有经济效率、增长目标硬约束与货币政策超调 [J]. 经济研究，2013（7）：76-89，160.

⑤ 王孝松，翟光宇，谢申祥. 中国贸易超调：表现、成因与对策 [J]. 管理世界，2014（1）：27-39.

2.6 有待进一步研究的课题

经过国内外学者40多年的研究，汇率超调、低调及其多种变形在理论及实证方面都得到了长足的发展，人们对浮动汇率时代汇率的高波动性及其规律性的认识进一步得到深化。在前人研究的基础上，本书结合中国新常态的核心特征，对多种人民币汇率动态做了理论和实证研究的尝试，具体见表2-3。

表2-3 汇率超调、低调的传统形式及其变形

大类	小类	理论研究	实证研究
超调	传统超调	Dornbsch（1976）、Mussa（1982）、Frenkel 和 Rodriquez（1982）、Honohan（1984）、Isaac（1998）、Gazioglou（1984）、Wilson（1979）、Bhandari（1981、1983）、Engel 和 Flood（1985）、Zervoyianni（1988）、Aslam et al.（2020）、郭其友等（2010）、王立荣等（2009）、王爱俭等（2010）、王晓燕等（2012）	Fuhrer 和 Weiller（1991）、Frenkel（1979）、Driskill（1981）、Park 和 Kim（2003）、Kim 和 Roubini（2000）、Bahmani - Oskooee（2000）、Bahmani-Oskooee 和 Nisit Panthamit（2006）、Chiliba et al.（2016）、Rüth（2020）、邓仕杰等（2007）、王蕊（2014）、范言慧等（2010）、赵文胜等（2012）（本书第8章）
	滞后超调	Pierdzioch（2005）、Hoffmann et al.（2011）、Li 和 Miller（2015）、Engel（2016）、卞学字和范爱军（2015）	Eichenbaum 和 Evans（1995）、Kim（2003、2005）、Nieh 和 Wang（2005）、Bjørnland（2009）、Heinlein 和 Krolzig（2012）、Barnett et al.（2016）、Kim & Lim（2018）、方兴（2008）、周欢欢等（2008）、喻梅（2011）、林楠（2012）、邹薇等（2011）、王君斌等（2014）（本书第8章、第9章）
	反向超调	孙烽和贺晟（2000）、Wang（2013）	（本书第8章）

表2-3(续)

大类	小类	理论研究	实证研究
低调	传统低调	Dornbusch(1976),Niehans(1977),Frenkel 和 Rodriguez（1982），Papell（1985），Engel 和 Flood（1985），Levin（1999）	（本书第9章）
	滞后低调	（本书第4章）	（本书第9章）
	反向低调	暂无	（本书第9章）

站在当前回望过去，立足现在展望未来，关于汇率超调、低调或其变形的研究，以下几个方面是需关注的重点：

2.6.1 超调/低调持续的时间有可能不只是一个短期现象

在 Dornbusch 的原文中，超调/低调是立即发生的，没有时滞。但有许多理论及实证研究发现，汇率针对外部冲击做出的反应并不是立即就达到最大值的，而是逐渐回到长期均衡水平，滞后超调的时间从几个月到几年不等。

Goodhart（1988）以伦敦外汇市场上英镑对美元的汇率变动为例，认为汇率超调理论夸大了短期汇率跳跃的幅度和汇率回归到长期（真实）均衡的调整速度，事实上汇率失衡长期存在，因为经济均衡条件推动汇率及经济系统趋向稳态的力量明显地比大多数人所希望的要小得多[1]。

Adler 和 Lehmann（1983）的实证研究表明，即使是年度真实汇率数据，也不能显著区别于鞅过程，很难把鞅与一阶自回归系数达 0.9 的时间序列数据区分开，在最初的冲击发生之后，真实汇率典型地会花 20 年左右时间回到 PPP（购买力平价）水平的 90%[2]。Bahmani-Oskooee 和 Kara（2000）以土耳其里拉的大幅持续贬值为例，指出汇率超调可能是一个长期现象。Engel（2016）确认了浮动汇率制度中汇率波动的持续性，发现由于风险或国际投资组合的调整，汇率水平的失调在国际外汇市场上并不是一个异常现象[3]。在本书的第9章，关于人民币汇率的多种动态间的交替性研究也确认了这一观点。

① GOODHART C. The Foreign Exchange Market: A Random Walk with a Dragging Anchor [J]. Economica, 1988 (55): 437-460.

② ADLER M, LEHMANN B. Deviations from PPP in the Long Run [J]. Journal of Finance, 1983 (38): 1471-87.

③ ENGEL C. Exchange Rates, Interest Rates, and the Risk Premium [J]. American Economic Review, 2016, 106 (2): 436-474.

2.6.2　关于汇率低调的研究特别是实证研究是突破的方向

与热闹的汇率超调研究相比，研究汇率低调的文献较少。在理论上，超调有传统超调、滞后超调和反向超调三种形态，从对应的角度来看，除了传统的汇率低调之外，应该还有滞后低调（Delayed Undershooting）和反向低调（Reverse Undershooting），那么滞后低调及反向低调的条件及后果是什么呢？此外，关于低调时物价、汇率的变化路径，Dornbusch 的原文语焉不详，对低调状态下汇率路径的正确刻画，是一个值得期待的话题。在本书第 4 章中，我们构建了汇率低调的理论模型，将汇率低调分为传统低调与滞后低调两种形式，分别探讨了这两种形态所产生的条件及演化的路径。第 9 章基于一般均衡理论模型的汇率路径的模拟计算发现，当外部冲击发生时，人民币汇率会依次发生传统低调、反向低调和滞后低调，三种形式的低调在持续时间、反应强度等方面都有所不同。

2.6.3　由单一动态（超调或低调）转向多种动态之间的转换

Dornbusch 认为汇率超调的幅度与持续时间取决于经济系统的结构参数，即货币需求的利率弹性与汇率预期系数。但在实际分析汇率波动时，我们会发现，影响汇率超调幅度及持续时间的因素要复杂得多。事实上，汇率超调与低调或许并不能被截然分开，各种调（shooting）之间在一定的条件下有可能相互转化。

Wang（2013）构建了一个理论模型，发现若货币当局扩张货币供给，货币贬值之后出现反向超调现象更加符合现实。根据汇率预期调整系数 θ 的大小，汇率波动会经历超调、低调及反向超调等不同阶段，但这仅限于理论模拟[1]。Kuck et al.（2015）采用分位数自回归模型，发现美元大幅升值带来与过去收益的正向联系，而美元大幅贬值则带来负的相依关系，超调和低调动态是非对称、非线性的[2]。探讨在外部冲击下，汇率变动各种调之间的转换与交替，探寻汇率变动的周期性，对理解汇率变动规律、增强汇率预测和调控的有效性都有重大意义。这是一个重大的理论课题。本书第 8 章用 SVAR 做了实证研究，发现在货币冲击下不同汇率动态之间会相互转换。第 9 章则从一个长周期的角度，在简约型的存量流量模型之上，研究了多种形式的低调与滞后超调

---

① WANG P. Reverse shooting of exchange rates [J]. Economic Modelling, 2013 (33): 71-76.
② KUCK K, MADERITSCH R, SCHWEIKERT K. Asymmetric over- and undershooting of major exchange rates: Evidence from quantile regressions [J]. Economics Letters, 2015 (126): 114-118.

之间的交替性问题。

综上所述，Dornbusch 超调/低调理论正确解析了浮动汇率制度下汇率的高波动性，探寻了货币冲击和实体经济发展之间的理论关联和作用机制，对宏观政策操作及其有效性有重要的借鉴意义。对人民币汇率来说，尤其是应关注中国汇率制度选择和汇率形成机制的本土化特征，明确汇率制度改革的市场化方向，深化对汇率波动周期的认识，应在深化供给侧结构性改革的过程中强化汇率在总需求管理政策中的重要作用，精准把握宏观政策调控的着力点，为新常态背景下中国经济的可持续发展提供一个稳定且良好的货币环境。

3 超调的起源——Dornbusch 原文深解

3.1 Dornbusch 提出的传统超调模型

1973 年 3 月，运行了 30 年的布雷顿森林体系崩溃，世界转向了浮动汇率时代。汇率脱离了固定汇率体制的约束，其波动的幅度和持续时间都大大超过了以往任何时候，人们迫切需要理论来对汇率的剧烈波动做出理论解释。Rudiger Dornbusch 于 1976 年 12 月在《政治经济学》（*The Journal of Political Economy*）上发表了《预期与汇率动态》（"Expectations and Exchange Rate Dynamics"）一文。在文中，他以简练的语言和清晰的架构指出，在浮动汇率时代，外部冲击将带来汇率超过基础经济变量更大的变动幅度即超调。

3.1.1 超调模型的基本结构

Dornbusch 这篇论文建立了一个宏观经济框架，对所观察到的汇率的大幅波动做出了解释，强调汇率波动与理性预期是一致的。他认为货币扩张调整过程的特点可以分为三个方面：一是在短期，货币扩张会引起本币的迅速贬值；二是在调整过程中，价格的不断上升伴随着本币的不断升值；三是调整过程也是汇率对国内通货膨胀的影响过程。

在这篇论文中，汇率被认为是货币政策作用于总需求与总产出的一个传导途径，货币政策对汇率、利率的影响取决于真实产出的变化。如果真实产出是固定的，则在短期，货币扩张会引起汇率超调，从长期来看，汇率的贬值幅度与货币扩张程度相同，但是汇率的短期贬值幅度会大大超过长期的均衡值。如果真实产出会随着对总需求的变化而变化，那么汇率及利率的变动幅度会有所抵减。尽管本币仍然会贬值，但是可能不会超调。

Dornbusch 在文章的第二部分建立了一个模型，可以求解出变量的时间路径。第三部分讲预期的一致性,第四部分谈货币扩张的影响,第五部分探讨产出可变的情况。

(1) 资本流动与预期

在等式(1)$r = r^* + x$中,r为国内的利率水平,r^*为世界利率水平,x为预期的国内货币的贬值率。等式(2)$x = \theta(\bar{e} - e)$表明即期汇率的预期贬值率跟长期均衡汇率与即期汇率之间的差额成比例关系。长期均衡汇率是已知的,θ为调整系数。

(2) 货币市场

国内利率水平是由国内货币市场的均衡条件决定的。对货币的需求取决于国内利率水平、真实收入,并在达到均衡时等于货币供给。如货币需求的等式(3)$-\lambda r + \varphi y = m - p$所示,$m$为对货币的需求数量,$p$为价格水平,$y$为真实收入。

在货币市场出清、国内外净资产收益相等时,结合等式(1)、等式(2)、等式(3)得到等式(4)$p - m = -\varphi y + \lambda r^* + \lambda\theta(\bar{e} - e)$。当达到长期均衡时,预期与即期汇率相等,得到等式(5)$\bar{p} = m + (\lambda r^* - \varphi y)$,将等式(5)带入等式(4)中,得到等式(6),即$e = \bar{e} - (1/\lambda\theta)(p - \bar{p})$。等式(6)是Dornbusch传统超调模型中的一个关键等式。它说明给定长期均衡的汇率与价格水平,即期汇率水平是即期价格水平的函数。

(3) 商品市场

Dornbusch认为,对国内商品的需求取决于国内商品的相对价格、利率水平和真实收入的高低。等式(7)$\ln D = u + \delta(e - p) + \gamma y - \sigma r$,表明了商品的需求函数,国内商品的相对价格下降、收入增加或利率降低会增加对国内商品的需求。等式(8)表明国内商品价格的变动与其需求的变动成比例关系,即$\dot{p} = \pi\ln(D/Y) = \pi[u + \delta(e - p) + (\gamma - 1)y - \sigma r]$。

在等式(8)中,令$\dot{p} = 0$以及$r = r^*$,可以得到等式(9)$\bar{e} = \bar{p} + (1/\delta)[\sigma r^* + (1 - \gamma)y - u]$。利用等式(9)以及$r - r^* = \theta(\bar{e} - e)$,得到等式(10),即$\dot{p} = -\pi[(\delta + \sigma\theta)/\theta\lambda + \delta](p - \bar{p}) = -v(p - \bar{p})$。从等式(10)中可以解出价格的时间路径即等式(12)$p(t) = \bar{p} + (p_0 - \bar{p})\exp(-vt)$。从等式(12)中可以看到国内产出的价格会趋于其长期均衡水平,调整的速度取决于等式(11)$v = \pi[(\delta + \sigma\theta)/\theta\pi + \delta]$。

将等式(12)带入等式(6)中可得等式(13),即$e(t) = \bar{e} + (e_0 - \bar{e})\exp(-vt)$。从等式(13)可以看出汇率会趋于其长期水平。当初始价格水平低于其长期水平时,即期汇率会上升。

（4）均衡汇率

经济的调整过程可以从图 3-1 中看出。QQ 曲线表明的是等式（6）中，汇率与价格水平之间的关系。$\dot{p}=0$ 这条线表明的是商品市场与资本市场均衡时价格与汇率水平之间的关系。$\dot{p}=0$ 这条线的左上方表明商品供给过多、价格下降。

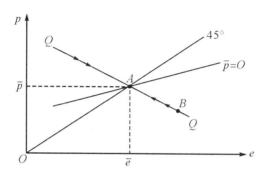

图 3-1　经典超调模型的基本架构

相反，右下方的点表明需求过多。$\dot{p}=0$ 这条线比 45°线更平缓是因为汇率的上升，会降低国内商品的相对价格水平从而造成对国内商品的过度需求。为保持均衡，国内商品的价格水平必须上升，尽管上升的幅度会小于汇率上升的幅度，因为国内价格水平的上升会通过相对价格以及利率的上升来影响总需求。

对于任何给定的价格水平，汇率都会迅速调整使资本市场出清。QQ 曲线上代表货币市场的均衡，而商品市场只有在长期才会达到均衡。举例来说，假若经济最初在 B 点，此时价格水平低于长期的均衡水平，汇率值大于长期均衡水平，这表明存在对商品的过度需求。因此价格会上升，从而会引起过度需求减少。价格上升的过程也伴随着本币的升值。随着利率的不断上升，即期汇率会趋向于长期均衡水平。一旦经济达到长期均衡 A 点，国内利率就等于国际利率，商品市场则会出清，价格稳定，预期的汇率变动率为零。

（5）一致预期

等式（2）中预期的形成过程若能正确地预测汇率的变动路径，则必有 $\theta = v$. 因此可得到等式（14）$\theta = v \equiv \pi[(\delta + \sigma\theta)/\theta\lambda + \delta]$，从等式（14）中可以解出一致预期系数 $\tilde{\theta}$，得到等式（15），即：

$$\tilde{\theta}(\lambda,\ \delta,\ \sigma,\ \pi) = \pi(\sigma/\lambda + \delta)/2 + [\pi^2\ (\sigma/\lambda + \delta)^2/4 + \pi\delta/\lambda]^{1/2}$$

从等式（15）可以看出，货币需求的利率敏感系数 λ 越低，商品需求的利率敏感系数 σ 越高，对国内商品的需求价格弹性 δ 越高，经济趋于长期均衡的速度越快。原因是较低的利率敏感系数会引起利率的较大变化。由于商品需求的利率敏感系数较高，会引起较大的过度需求，从而引起通货膨胀，而较高的价格弹性会将汇率变动转为较大的过度需求，因此会加快调整过程。

3.1.2　货币扩张的影响

在这一部分，我们将研究对货币扩张的调整过程，探讨经济预期影响即期汇率的方式。这种联系也体现在一致预期上，并使得货币扩张的影响取决于整个经济结构。

在图 3-2 中，经济的初始均衡点在 A 点，长期的均衡价格水平为 $\bar{p}$，由等式（5）决定。长期均衡的汇率水平为 $\bar{e}$，由等式（9）决定。QQ 曲线仍表明货币市场的均衡。

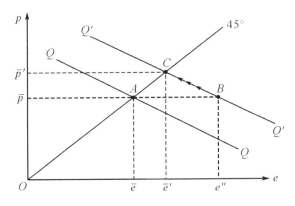

图 3-2　货币扩张产生的影响

名义货币供给量的增加会引起初始汇率、价格水平的不均衡。为保持资本市场的均衡，货币供给数量的上升会带来更高的价格水平或者是本币的贬值。资本市场的均衡曲线会移至 $Q'Q'$，移动的幅度与货币供给数量的增加幅度成比例关系。从图 3-2 中可以看出新的均衡点在 C 点，商品市场与资产市场均出清，汇率与价格的变动准确地反映了货币供给的增加。

在初始的价格水平上，货币扩张降低了利率水平并导致了长期中对本国货币贬值的预期。这两个因素使得国内资产的吸引力下降，引起初始资本外流，并引起本国货币贬值。一国货币扩张的影响是使本币短期内的贬值幅度超过长期的贬值幅度。这种冲击表现在图 3-2 中就是由 A 点移动到短期均衡的 B 点。

等式（16）是货币扩张对即期汇率影响的公式 $de/dm = 1 + 1/\lambda\theta$。等式（16）表明，汇率在短期会超调，超调的幅度取决于货币需求的利率敏感系数以及预期的调整系数。较高的货币需求的利率敏感系数会减小超调的幅度。因为较高的利率敏感系数表明既定的货币供给增加只能引起利率较小幅度的下降，而这又会要求较小的本币贬值预期来抵消这种影响。因此，给定预期的调整系数与长期汇率水平，即期本币的较小幅度贬值便会产生这种预期。

可以看出，货币扩张的短期影响是由资本市场决定的，更确切地说，是由资本的流动性决定的。在等式（16）中引入理性预期的限制，得到等式（17） $de/dm = 1 + 1/\lambda\tilde{\theta}$。

等式（17）有两种含义是不能从等式（16）中得到的：其一，当货币需求的利率弹性系数 λ 趋于零时，$de/dm = 1 + 1/\pi\sigma$，对于利率的大幅波动，价格、汇率的随后变化路径是由利率对总需求的影响来决定的。其二，汇率的短期超调与经济体系的调整速度 $\tilde{\theta}$ 相关。当价格的调整速度趋于无限大时，经济能够立刻调整到长期均衡状态 C 点。能够加速调整过程的因素，尤其是货币需求的利率敏感系数、较高的价格弹性，会抵消货币扩张对汇率的影响。

下面考察从短期均衡 B 点到长期均衡 C 点的调整过程。我们从图 3-2 中可以看出，在 B 点对商品有过多的需求，因为国内利率的下降，国内商品相对价格也出现下降。资本市场变化导致即期汇率变动，国内商品的相对价格下降，总需求及通货膨胀压力增加。需求的价格弹性相对于利率对总支出的敏感系数越大，这一渠道就越重要。这一影响的特点是利率下降、国内商品的相对价格水平下降，而这会导致对国内商品的需求增加，在供给不变的情况下，又会引起价格水平的上升以及对本币升值的预期。价格水平上升的调整过程又会使经济回到均衡。可以看到，在短期，货币扩张对利率水平、贸易条件、总需求的确有影响，调整过程取决于经济结构。经济的调整速度越慢，贸易条件的变化越大、越持久。

3.1.3 产出的调整

现在，我们将模型扩展为在短期，产出会随着总需求的变化而调整。等式（18）$y = \ln D \equiv u + \delta(e-p) + \gamma y - \sigma r$ 是商品市场的均衡条件。产出水平的对数 y 在短期是由需求决定的。等式（19）$\dot{p} = \pi(y - \bar{y})$ 表明了价格的调整，通货膨胀率跟实际产出与充分就业产出的差额成比例。

货币扩张对利率及汇率的影响与前面的分析不一样。在短期，产出的增加可能会使本币贬值的幅度小于货币增加的幅度。这是因为收入增加会扩大货币需求，从而使利率上升，因此本币的贬值幅度会小于长期均衡时的贬值幅度，但长期均衡时本货的贬值幅度与货币数量扩张的幅度相等。

等式（20）$1 - \varphi\delta/(1 - \gamma) < 0$ 中，$\delta/(1 - \gamma)$ 是均衡产出相对于汇率的弹性，它乘以需求的收入弹性代表本币贬值引起的货币需求的增加。汇率及利率变动的时间路径取决于收入、价格的弹性，短期汇率超调不再是调整过程的一个必然特征。

这部分再一次证实了蒙代尔—弗莱明模型的结论，即如果一个小国允许资本自由流动，在汇率浮动的情况下，它在短期可以保证货币政策的有效性。但长期来看，货币扩张的影响只是暂时的，因为产出增加而导致的通货膨胀会使利率、相对价格水平以及真实收入回到它们最初的水平。

3.2 四个方面的设定

下面我们将对宏观总供求模型的设定、经济冲击的类型及影响、货币政策扩张/收缩与汇率变动、汇率预期形成机制这四个方面的研究与 Dornbusch 的传统超调模型的研究分析进行比较。

3.2.1 宏观总供求模型的设定

在《预期与汇率动态》这篇文章中，Dornbusch 对于总需求的理解是在文章第二部分即模型部分的第三个模型即商品市场中提出来的。Dornbusch 将总需求函数定义为：

$$\ln D = u + \delta(e - p) + \gamma y - \sigma r$$

对于这个式子，Dornbusch 认为总需求应该取决于相对价格水平、真实汇率 $e - p$、利率以及实际收入。

在宏观经济研究中，总需求（aggregate demand）通常是指经济体对于商品和劳务需求的总和，或经济主体购买商品和劳务的支出的总和。这种宏观经济学中的总需求更多的从本国经济出发，从需求发生的基本途径来定义总需求。

这里选取的比较文献是林楠（2013）发表在《金融评论》上的《汇率动态与总供求视角下人民币均衡实际汇率》一文，他在 AS-AD 基础上分析总需求与总供给冲击，然后探讨汇率变动[①]。

国内总供给曲线 AS：$y = -\beta_1 q + \beta_2 (\Delta p)^e + \varepsilon$

国外总供给曲线 AS：$y^* = -\beta_1 q + \beta_2 (\Delta p^*)^e + \varepsilon^*$

---

① 林楠. 汇率动态与总供求视角下人民币均衡实际汇率 [J]. 金融评论，2013（6）：70-83.

国内总需求曲线 IS：$y = \alpha_1 q - \alpha_2 r + \alpha_3 y^* + \mu$

国外总需求曲线 IS：$y^* = \alpha_1 q - \alpha_2 r^* + \alpha_3 y + \mu^*$

我们可以看到，在单一的宏观供求的研究中，采用的就是 AD（总需求）=C（消费）+I（投资）+G（政府支出）+［X（出口）-M（进口）］；但在与汇率相关的供求模型的研究中，要进一步考虑利率、相对价格水平以及实际收入等引发的对于需求的冲击，进而引发汇率的波动。

3.2.2 经济冲击的类型与影响

一般来说，由于存在消费者反应时滞、生产者反应时滞、市场结构调整、菜单成本等因素，商品市场上价格调整的时间会有一个过程，通常会滞后于初始的经济冲击发生的时间。但金融市场上一般没有阻碍，利率、汇率等变量会被很迅速地调整到位。当货币供给出现突然的一次性扩张时，这一冲击只能反映在货币市场和外汇市场上。利率会下降，加上本币长期贬值的预期存在，利差和汇差的双重影响会使短期内汇率的贬值幅度大于长期的均衡水平，汇率超调由此产生。

这里选择的是车维汉和贾利军（2008）发表在《世界经济》上的《国际贸易冲击效应与中国宏观经济波动：1978—2005》这篇文章。该文将国际贸易对我国宏观经济波动的影响分解为三个方面，即供给冲击、国外需求冲击和名义冲击，并具体考察了各种冲击对中国经济波动的动态效应①。

在车维汉和贾利军（2008）看来，国际贸易大致从三个方面影响国内宏观经济发展。第一，需求冲击（主要是指来自国外的需求冲击）。外国的产出水平、消费偏好等会对中国的出口产生直接的冲击。第二，贸易条件效应。贸易条件反映的是出口和进口的量、价对比情况，汇率、GDP 等宏观变量通常与贸易条件存在相互作用的关系。第三，供给冲击。这主要是指技术进步和生产率变化、技术溢出或技术扩散等。车维汉和贾利军（2008）发现，三种结构性冲击在预测期内的表现各不相同，贸易条件对中国宏观经济波动的冲击效应不显著。国外需求冲击与供给冲击能够解释中国的经济波动，但它们的作用方向相反；而供给冲击为负效应，但长期内效果比较明显。

Dornbusch（1976）没有对经济冲击进行过多的分析，只是分析了在经济冲击下商品市场与资本市场调整的速度不同，因而汇率对冲击的快速反应与商

---

① 车维汉，贾利军.国际贸易冲击效应与中国宏观经济波动：1978—2005［J］.世界经济，2008（4）：25-36.

品市场调整速度较慢形成对比，这就形成了汇率超调。

3.2.3　货币政策扩张/收缩与汇率变动的关系

Dornbusch 认为理解汇率超调很关键的一点是，商品市场相对于资本市场较为迟滞缓慢的调整速度，即商品市场上价格的调整速度较慢。由于不同市场的调整速度存在差异，汇率变化就表现出短期的过度波动性。

这里选择的是喻梅（2011）的《我国货币政策与人民币汇率的互动关系研究》一文。喻梅主要基于 SVAR 模型研究我国货币政策与人民币汇率的相互作用关系，发现人民币汇率升值时，往往会出台货币扩张政策；而货币扩张政策则导致了人民币汇率贬值。如把货币供给作为货币政策变量，人民币汇率表现出传统的汇率超调；而若把名义利率当成货币政策变量，人民币汇率则表现出滞后超调[①]。

Dornbusch（1976）主要讨论货币扩张在汇率上引起的变动，在资本市场与商品市场调整速度不同的条件下，提出了汇率超调理论。而喻梅主要分析货币政策与汇率的变动的互动关系，即货币政策容易引发汇率变动，还是汇率变动容易引发货币政策变动，发现两者之间反应强度不对称，中国的货币政策对人民币的汇率变动反应非常敏感，但人民币汇率水平对货币政策紧缩或扩张的反应较为迟钝。

3.2.4　汇率预期形成机制

这里我们选用李天栋和薛斐（2004）发表在《世界经济》上的《制度安排、预期形成与固定汇率制度选择》[②] 一文。他们提出了三个研究假说。假说1：在资本能够自由流动时，汇率预期对于固定汇率制度的维持来说至关重要。假说2：固定汇率制的制度安排决定了预期形成的方式。假说3：在固定汇率制度下，资本的自由流动使汇率预期的变动通过利率波动表现出来。他们提出这三个假说的目的是将固定汇率制度与其自身的稳定性联系起来，即固定汇率制度的稳定性在一定程度上是内生于制度安排的。在这三个假说的基础上，他们认为 2002 年以来人民币汇率升值的压力在一定程度上凸显了人民币汇率制度改革的困境。

在《预期与汇率动态》一文中，Dornbusch（1976）主要通过完全预期路

---

① 喻梅. 我国货币政策与人民币汇率的互动关系研究 [J]. 经济问题，2011（8）：99-103.
② 李天栋，薛斐. 制度安排、预期形成与固定汇率制度选择 [J]. 世界经济，2004（9）：33-42.

径来描绘汇率预期的形成机制，经济收敛的速度更快、较大的价格弹性将会使汇率变化演变成超额需求，同样也会加快调整过程。李天栋和薛斐（2004）更多地在固定汇率制度下讨论我国的汇率预期形成机制，而 Dornbusch 在《预期与汇率动态》一文中更多地讨论了关于汇率预期的完美预期路径。

3.3 深挖原文的含义

与原文的逻辑一致，我们来总结当本国货币当局实施扩张性货币政策，突然地、一次性扩张货币供给（假定扩张了 10%）时，本国汇率所发生的短期、中期与长期调整动态，具体见图 3-3。

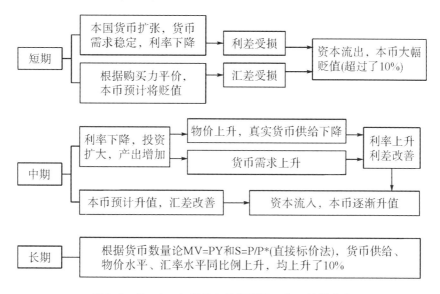

图 3-3 Dornbusch 意义上的汇率短、中、长期动态

具体来讲，理解 Dornbusch 超调模型的关键是在货币供给突然扩张（假如为 10%）时，本币汇率在短期的贬值幅度为什么会超过长期均衡的贬值幅度。直观的原因是本币扩张使得本国利率下降，并且购买力平价预示着本币长期内将贬值，利差、汇差双重受损，导致本币资产的收益率快速走低。

借助无抵补利率平价的公式 $i - i* = \dfrac{S^e - S}{S}$，$S$ 表示即期汇率，S^e 表示预计的未来的汇率水平。由于资本市场上无抵补利率平价一直成立，当不考虑其他因素，只分析单因单果时，本国利率 i 下降，S 将变大，本币贬值；当 S^e 变大时，S 也将变大。在短期内，当本国的利差、汇差都处于劣势时，双重因素会使得 S 的上升幅度大于 S^e 的上升幅度（10%）。表现出来就是，本国汇率在短期内大幅贬值。

第一，一般均衡的两分法模型结构，PPP 的 e 由物价到汇率的逻辑。

首先，货币市场决定了长期均衡价格 $\bar{p}$，$e = f(p)$，以货币数量论为基础，在货币流通速度和产出短期不变时，货币数量决定了物价高低，进而决定了汇率水平。其次，商品市场决定了长期均衡汇率，$p = f(t)$，$e = f(t)$。

第二，分析问题的线索：Ms、Md→p→i→e，$\Delta i \rightarrow \Delta e$。

在货币主义的框架内，购买力平价（PPP）的分析逻辑 $p \xrightarrow{i} e$，起点是物价 P 的变化，P 变动的效应会直接或间接地影响到总需求 AD。

第三，无抵补利率平价条件（UIP）始终成立是关键假设。

这可以保证国际资本流动达到稳定均衡，国内外资产净收益均等。

第四，Dornbusch 原文的主旨是解释汇率的短期波动。

Dornbusch 原文的逻辑是资本流动→货币市场→汇率短期波动，货币供求的失衡→利率的升降→汇率的升贬，$\Delta i \rightarrow \Delta e$。货币市场出清时，$P$ 稳定，$dp = de = dm$。根据资产市场的均衡条件，可以得到货币扩张对即期汇率影响效果的正式表达式 $\dfrac{de}{dm} = 1 + \dfrac{1}{\lambda \theta}$。

第五，分析经济系统中均衡状态的实现、条件与改变，强调实体经济中总需求的变化。

Dornbusch 在分析经济收敛速度时，强调过度需求的影响。因为货币市场始终是均衡的，在经济系统由失衡向均衡调整的过程中，经济体主要是看商品市场的调整情况，又侧重于看过度需求。过度需求将影响经济调整的方向、速度与节奏。

第六，长期均衡状态的含义。

长期均衡状态下，各经济指标严格按照公式来推导。$i = i* + x$，$i = i*$，国内外利率相等。$x = 0$，$e = \bar{e}$，汇率不变。$p = \bar{p}$，汇率不变。而且，$y = \bar{y}$，产出最大化。

第七，经济结构参数强调利率的作用，涉及两种利率弹性 λ 和 σ。

利率变化影响到投资，进一步冲击总需求，也会冲击商品需求，对经济收敛到均衡状态的速度产生影响。

第八，调整过程中会出现内贬外升。

在图3-1和图3-2中，B点代表过度需求。总需求 AD↑→P↑→M/P↓→i↑→e↓（直接标价法，本币升值）。图3-2解释了货币内贬外升出现的原因，即货币政策影响总需求，导致物价上涨与本币升值共存。

第九，与蒙代尔—弗莱明（M-F）模型的关系：

其一，在浮动汇率制下，货币政策的有效性不同。M-F模型：货币扩张的效果是永久的。Dornbusch：货币供给扩张的效果是暂时的，因为物价会上涨。

其二，货币政策影响总需求与总供给的渠道不同，涉及汇率渠道的作用。

M-F模型强调汇率是货币政策影响总需求的重要渠道。假定价格、利率固定，贬值带来贸易条件恶化，总需求扩张，带来收入增长，货币需求变大，才能实现货币供求平衡。

Dornbusch 认为，即期汇率贬值，降低了本国商品的相对价格，扩张了总需求，在充分就业时，会产生通货膨胀压力。若 $\delta > \sigma$，汇率渠道的作用更大。所以，短期货币扩张对总需求、贸易条件、利率产生了真实效果。

3.4　总结性评价

汇率超调理论描绘的是汇率的短期→中期→长期的动态调整过程，Dornbusch的贡献就在于，当现实需要对浮动汇率时代的大幅、持续的汇率波动做出解释的时候，他适时地对此进行了简洁、严谨、合理的解释。汇率在短期内不仅会偏离绝对购买力平价，而且偏离的幅度有可能较大。甚至还会出现一个特殊的时期，即本国的物价水平在上升，但本币汇率并没有像购买力平价预测的那样贬值，反而会升值。

3.4.1　超调模型开创了汇率动态学

超调理论建立在货币主义的基础上，但又加入了凯恩斯主义的特征。在汇率理论演进的进程中，超调模型开创了一个重要分支，即汇率动态学（exchange rate dynamics）。其他的汇率理论一般只谈到了汇率的短期波动或长期决定，超调模型全面地分析了汇率的短期→中期→长期的变化过程，分析面更广。

在Dornbusch提出超调模型之后，各个国家的学者又进一步地深化了超调模型的内涵和外延，如分析导致超调出现的多种原因；探讨在短期内汇率也可能调整不足，即出现低调（Undershooting）现象；由于现实条件的制约，汇率波动缓慢地变化到最大值，即可能出现滞后超调（Delayed Overshooting）。这些都使汇率动态学的内容非常丰富，引起了人们的极大兴趣。

3.4.2　超调模型的可取之处

超调模型的基本思想是，汇率是由金融市场上的存量决定的一种资产价格，它主要受到货币市场上货币供求均衡或失衡的影响。如果本国货币供给发生突然的一次性的扩张，假定货币需求稳定，利率将立即下降。而商品市场上的价格在短期内保持不变，货币冲击的效果就只在货币市场上反映出来。假定国外利率保持不变，本国利率下降会造成套利资本流出。根据购买力平价，本国货币在长期内必将贬值。本币在利差和汇差两方面都受损，这将刺激资本大量流出本国，引起本币在短期内超过长期均衡水平的大幅贬值，即汇率出现超调，利率、物价、汇率水平会渐进地回归到长期均衡值。

超调模型得出的一个重要结论就是，汇率水平对购买力平价的偏离以及汇率的高度波动性都能够由理性的投机来解释，汇率超调并非从市场上的短视或从众行为中产生的。超调理论指出，货币政策的不稳定将导致汇率更大幅度的波动。宏观经济均衡是由经济政策的当期表现与未来的预期表现两个方面共同决定的。2004 年诺贝尔经济学奖得主 Kydland 和 Prescott 在动态宏观经济学领域的贡献之一，就在于揭示了对未来经济政策的预期可能会导致动态不一致性。如果经济政策制定者缺乏有预见性的贯彻既定政策的能力，他们通常不能取得最优的政策效果。解决问题可以从三个方面入手：可信度、声誉和制度改革，其关键在于改变未来的收益分配，从而牺牲一部分效率收益。

超调模型有助于人们理解汇率波动和国际货币政策，还能够帮助人们思考缓慢调整的商品市场价格和快速变动的资产市场价格之间的互动关系。当货币需求稳定时，一个国家更快的货币扩张会使名义汇率贬值；反之则反是。货币冲击会带来汇率的初始超调，随着时间的推移，本币多贬（值）的部分会升（值）回来，外币多升（值）的部分会贬（值）回来，在两种货币一升（值）一贬（值）的过程中，汇率的波动幅度明显放大。

3.4.3　超调模型的局限性

汇率超调模型是建立在严格的假设前提下的，所以它不可避免地有其不足之处，主要表现为以下两点：

首先，超调模型的假设条件在现实中不能完全实现。这又表现为以下五点：

第一，所有的货币主义汇率模型都建立在购买力平价的基础上。弹性价格模型假定购买力平价在短期和长期都持续成立，汇率主要由货币市场上的货币供求变动来决定。在黏性价格模型中，商品市场和资产市场的非对称调整速度会导致汇率在短期内偏离购买力平价，但购买力平价在长期内将恢复。

第二，假定国内外金融资产是完全替代品。货币分析法假定两国各自发行的有价证券可以完全相互替代，这是为了保证无抵补利率平价（UIP）的成立，而 UIP 是金融市场上资本套利均衡的重要条件。

第三，作为存量理论，它忽略了对国际收支流量的分析。和弹性价格货币模型一样，超调模型没有考虑国际收支结构对汇率的影响。

第四，黏性价格模型中另一个重要关系就是理性预期和完全预见，即没有不确定性。

第五，该模型假设支出方程给定，但在现实经济中，货币扩张对汇率动态变化的影响，特别是超调与否与支出方程密切相关。

其次，就实际解释力来看，超调模型的分析面可以更广一些。在 Dornbusch 意义上，汇率超调的影响因素是不涉及实体经济的冲击的。货币供求只是影响汇率的众多因素之一，单纯用其解释汇率变动有些片面。

刘纪显等（2004）对超调模型应用效果欠佳做出了如下的解释：一是该模型没有提出确定价格黏性程度的方法。其次，缺少汇率决定的微观经济基础。三是没有考虑经常项目对长期均衡汇率的决定作用。四是没有涉及财政政策等相关的宏观经济变量①。

3.4.4　超调模型具有鲜明的政策含义

在政策含义方面，超调模型指出货币扩张（或紧缩）的最终结果是导致物价和汇率的同比例上升（或下降），但在短期内，扩张（或紧缩）的货币会影响到利率水平、贸易条件和总需求的大小。当国内外的经济形势发生变化，需要宏观当局采取调控措施时，政府在采取货币政策时要格外注意，扩张性（或紧缩性）的货币政策会影响到很多宏观经济变量，这其中汇率有可能会发生超调（或低调），对由此产生的经济后果要全面、综合考虑。

---

① 刘纪显，眭爱华，张宗益. 货币主义现代汇率理论评述 [J]. 国际经贸探索，2004（5）：27-30.

再从汇率制度的选择来看。固定汇率制度和浮动汇率制度之争由来已久，孰优孰劣，一直争论不休。从汇率超调的角度来看，在自由浮动汇率制度下，货币冲击加上资本自由流动将带来汇率的短期超调，给经济发展造成较大的冲击。从维护宏观经济稳定来说，浮动汇率制度并非最优的，而且政府对经济的干预在一定程度上也是合理的。

超调模型强调缓慢调整的商品市场与高度活跃的资产市场的相互作用，它能够分析货币政策如何影响汇率，指出货币政策的不稳定会导致汇率以更大的幅度变化，为探讨汇率理论的现代思想提供了核心的要素，也为进一步思考国际货币政策合作提供了框架。

从超调模型在我国的实用性来看，我国目前尚未实现利率自由化，我国的资本市场价格调整也缺乏自由度和灵活性。我国实行的是以市场供求为基础、参考一篮子货币进行调节、有管理的浮动汇率制度，政府主导着人民币汇率制度改革的进程和节奏，与发达国家实行的浮动汇率制度有相当大的区别。

以上现实情况说明 Dornbusch 经典的汇率超调模型的条件在我国并不完全成立，汇率超调理论并不完全适用于我国的具体国情。然而汇率超调模型对我国的宏观经济运行和人民币汇率制度改革仍然有着十分重要的借鉴意义。后文将以资本控制为切入点，结合中国的国际收支结构演变的趋势和经济增长的导向性，从理论和实证两个方面进行深入的阐释。

4 汇率低调：传统形式与滞后形式研究

相对于汇率超调（overshooting）研究而言，学术界对汇率低调（undershooting）的关注较少。所谓的汇率低调，是与汇率超调相对应的一个概念。汇率低调是指汇率变动的幅度小于外生冲击变量（如货币供给、国外利率等）的变化。关于汇率低调，目前国外只有理论研究，国内尚无相关的理论文献。目前关于汇率低调问题的文献不多，但汇率低调是 Dornbusch 经典超调理论中可能出现的一个重要的结论，与传统超调一起构成了宏观货币政策冲击所产生的汇率效应。

在浮动汇率制度下，当汇率低调时，货币扩张对汇率和利率的影响与传统的超调分析有较大的不同，汇率波动呈现出多样化特征，汇率的剧烈波动和相对平缓时有发生，相互交织。很多学者，如 Bhandari（1981）[1]、Driskill（1981）[2]、Engel 和 Flood（1985）[3]、Levin（1999）[4] 等指出，面对外部冲击时，汇率超调不是一个必然的结果，汇率低调也可能会发生。而且，汇率低调或超调的发生与不同市场调整速度的差异性没有必然的联系（Frenkel、Rodriguez，1982）[5]。

本章在传统低调的基础之上，将进一步提出滞后低调的理论模型，深入探讨汇率低调的丰富内涵。具体的结构如下：第一部分是低调模型的起源，第二部分是 Dornbusch 之后的传统低调理论的发展演变，第三部分从传统低调过渡

---

① BHANDARI J S. Expectations, Exchange Rate Volatility and Non-Neutral Disturbances [J]. International Economic Review, 1981, 22 (3): 535-540.

② DRISKILL R A. Exchange-Rate Dynamics: An Empirical Investigation [J]. Journal of Political Economy, 1981, 89 (2): 357-371.

③ ENGEL C M, FLOOD. R P. Exchange Rate Dynamics, Sticky Prices and the Current Account [J]. Journal of Money, Credit and Banking, 1985, 17 (3): 312-327.

④ LEVIN J H. Exchange Rate Undershooting [J]. International Journal of Finance and Economics, 1999, 4: 325-333.

⑤ FRENKEL J A, RODORIGUEZ, C A. Exchange Rate Dynamics and the Overshooting Hypothesis [J]. IMF Staff Papers, 1982, 29 (1): 1-30.

到滞后低调模型的构建，第四部分是传统低调、滞后低调的对比分析，第五部分是这一章的简要总结。

4.1 传统低调的起源：经典的 Dornbusch 汇率模型

Dornbusch（1976）在著名的《预期与汇率动态》一文中，前半部分探讨了汇率超调，后半部分则分析了汇率低调。假如短期内产出可变，货币供给扩张会导致利率上升，利率上升对本币汇率贬值起到抑制作用，因此汇率可能不会超调，甚至会产生低调。

4.1.1 资本流动和预期形成机制

假定资本自由流动，无抵补利率平价成立，则有 $r = r^* + x$，r 表示国内利率，r^* 表示国外利率，x 表示汇率的预期变动率。

汇率的预期形成机制可表述为 $x = \theta(\bar{e} - e)$，$\bar{e}$ 和 e 分别表示长期均衡汇率和当前汇率的对数值，θ 是预期系数。

4.1.2 商品市场

假设外部条件给定，短期内价格呈现黏性。当考虑短期供给反应时，总需求决定产出，在短期内产出会随着总需求的变化而相应变动，则 $y = \ln D = u + \delta(e - p) + \gamma y - \sigma r$，其中 y 是由需求决定的短期产出水平的对数值。整理可得

$$y = \mu[u + \delta(e - p)] - \sigma r, \mu = \frac{1}{1 - \gamma} \tag{4.1}$$

价格调整方程为 $\dot{p} = \pi(y - \bar{y})$，$\bar{y}$ 是充分就业时的产出，π 是价格调整速度。从经济含义来看，式（4.1）以失业情况为中介，把菲力普斯曲线（探讨通货膨胀和失业之间的关系）和奥肯定律（分析失业和产出缺口）联系起来，得出通货膨胀率与产出缺口（当前产出水平与潜在产出之间的差值）成比例的结论。

4.1.3 货币市场

货币市场的均衡条件为 $p - m = -\varphi y + \lambda r$，以上公式整合在一起，得到：$p - m + \varphi y = \lambda r^* + \theta(\bar{e} - e)$。在长期均衡时，$y = \bar{y}$，$r = r^*$，商品市场的长期关系则为：$\bar{y} = \mu[u + \delta(e - \bar{p}) - \sigma r^*]$。

用产出缺口来表示商品市场的均衡条件

$$y - \bar{y} = \mu(\delta + \sigma\theta)(e - \bar{e}) + \mu\delta(\bar{p} - p) \qquad (4.2)$$

货币市场的均衡条件为

$$\varphi(y - \bar{y}) + (p - \bar{p}) = \lambda\theta(\bar{e} - e) \qquad (4.3)$$

两个均衡条件联立求解，即期汇率和产出水平的表达式为

$$e - \bar{e} = -\frac{1 - \varphi\mu\delta}{\Delta}(p - \bar{p}) \qquad (4.4)$$

$$y - \bar{y} = -\omega(p - \bar{p}) \qquad (4.5)$$

货币扩张对产出的冲击是正向的，其中，$\omega = \dfrac{\mu(\delta + \theta\sigma) + \mu\delta\theta\lambda}{\Delta}$，$\Delta = \varphi\mu(\delta + \theta\sigma) + \theta\lambda$。均衡的通货膨胀率则为：$\dot{p} = -\pi\omega(p - \bar{p})$。理性预期要求预期系数 θ 与实际的变动情况相等，即 $\theta = \pi\omega$，由此可解出理性预期条件下的预期值 $\tilde{\theta}$。

在长期内，物价、汇率与货币扩张的幅度相同，即 $d\bar{e} = d\bar{p} = dm$。货币扩张对汇率的短期影响为：

$$\frac{de}{dm} = 1 + \frac{1 - \varphi\mu\delta}{\Delta} > 0 \qquad (4.6)$$

式（4.6）表明，本币汇率短期内对货币扩张的反应是数值变大（直接标价法），即本币还是贬值趋势。但本币贬值的幅度则取决于 $1 - \varphi\mu\delta >$ 或 < 0。若 $1 - \varphi\mu\delta > 0$，汇率超调；若 $1 - \varphi\mu\delta < 0$，汇率低调。

4.1.4 汇率低调产生的原因

根据第（4.6）式，汇率低调的条件是 $\dfrac{\varphi\delta}{1 - \gamma} > 1$，其中的逻辑顺序是：货币扩张→本币贬值→产出增大→货币需求变大→产生超额的货币需求→利率上升→汇率低调。

具体来讲，由于短期内产出的可变性，货币扩张导致的本币贬值幅度有可能会小于货币扩张的幅度，原因是货币刺激带来产出增加，货币需求因此变大，在货币市场上有可能出现超额的货币需求，利率不降反升。根据购买力平价，长期均衡的价格、汇率与货币供给成等比例变化。假定无抵补利率平价一直成立，国内外的投资净收益均等，本币利率上升会带来本币在将来贬值的预期，则即期汇率当前的贬值幅度会小于长期的贬值幅度，即产生汇率低调。

Dornbusch（1976）指出，汇率低调时，价格与汇率的路径取决于收入与价格弹性。本国货币扩张导致物价上升，本币贬值，贸易条件变化相对较小。

当汇率低调时，物价的路径依然是指数形式衰减，价格调整的速度则取决于商品需求对产出的弹性和货币需求的收入弹性。但汇率的变动路径已经不是指数形式了，具体的形式没有明确表示出来。

4.2　Dornbusch 之后的传统低调研究

Dornbusch（1976）认为，在经济的调整过程中，通货膨胀率会单向地收敛于长期均衡水平，而汇率则可能超调，也可能低调。后续的研究也延续了这一方向。

4.2.1　Driskill（1981）存量—流量模型

Driskill（1981）的存量—流量模型分析了由相对价格变化引起的贸易余额变动，探讨了汇率动态的多样性，特别是汇率低调存在的可能性[①]。具体来看，Driskill（1981）构建了一般均衡条件下离散时间的汇率动态模型，假定无抵补利率平价成立，假定国内外的货币需求方程的结构参数一致，相对货币供给遵循随机游走。假定资本不完全流动，对国外资产的净需求被设定为预期净收益的线性函数[②]：

$$B_t = \eta(x_t - r_t)，\eta > 0 \tag{4.7}$$

贸易余额被设定为相对价格（真实汇率）和相对真实收入的线性函数：

$$T_t = \alpha(e_t - p_t) - \beta y_t + u_t，\alpha，\beta \geqslant 0 \tag{4.8}$$

式中，u_t 是零均值，有限方差，序列不相关的随机变量。

外汇市场的均衡条件是净的资本流动等于净的贸易流量加上其他所有自主性流量（假定为常数）的和，得到：

$$\Delta B_t = T_t + A_t \tag{4.9}$$

式中，A_t 是一个常数。整合一下，可得如下简化的汇率方程：

$$e_t = \pi_0 + \pi_1 e_{t-1} + \pi_2 m_t + \pi_3 m_{t-1} + \pi_4 p_{t-1} + \pi_5 y_t + \pi_6 y_{t-1} + \pi_7 z_t \tag{4.10}$$

式中，$\pi_1 < 1，\pi_2 > 0，\pi_3$ 或 $< 0，\pi_4 > 0，\pi_5$ 或 $< 0，\pi_6$ 或 $< 0。\pi_2 =$

[①]　DRISKILL R A. Exchange-Rate Dynamics：An Empirical Investigation ［J］. Journal of Political Economy，1981，89（2）：357-371.

[②]　这里 x、r 的含义与 Dornbusch（1976）相同。在下文中，若出现的符号形式与含义跟 Dornbusch（1976）一致，则不再单独介绍。

$\dfrac{\eta\theta + \dfrac{\eta}{\lambda}}{\eta\theta + \alpha} > 0$，若 $\pi_2 < 1$，则汇率发生低调。换言之，汇率低调的条件是 $\dfrac{\eta}{\lambda} < \alpha$。

可以由以上模型推导出来的符号正负与系数大小来判断汇率是否出现超调或低调，并分析汇率与相关宏观变量之间的关联。Driskill（1981）研究发现，汇率回到长期均衡水平的路径是非单调的，但价格的变化路径是单调的。

4.2.2 Frenkel 和 Rodriguez（1982）：考虑了有限的资本流动性

Frenkel 和 Rodriguez（1982）指出，汇率超调不是外汇市场的一个内在特征，超调的结论取决于一些特定的假设。完全预见和不同市场的调整速度有别都不一定会导致超调，只要不同的市场上的调整速度是有限的，决定货币扩张的短期效果的因素是资本流动的程度。当资本自由流动时，汇率超调；当资本流动受限时，汇率会低调[①]。

Frenkel 和 Rodriguez（1982）的建模逻辑还是一般均衡的分析框架，但增加了资本账户和国际收支平衡条件。假定预期是理性形成的，个体掌握了完全的信息，没有系统性的预期偏误。他们的图形分析还是在物价—汇率的空间内进行的，商品市场均衡线的斜率等于 1，但资本市场（包括国内货币市场和国际收支均衡）均衡线 QQ 的斜率为 $\dfrac{1}{\varepsilon}$，$\varepsilon = \dfrac{\delta - \beta b}{\delta + \beta\theta} >$ 或 < 0，b 表示货币需求的利率弹性的倒数，β 是资本控制程度（τ）的倒数。货币扩张对汇率的短期影响为

$$\frac{de}{dm} = 1 - \varepsilon \tag{4.11}$$

若 $\varepsilon < 0$，QQ 线斜率为负，$\dfrac{de}{dm} > 1$，$\delta < \beta b$，$\beta > \dfrac{\delta}{b}$，即 $\tau < \dfrac{1}{\delta\lambda}$，汇率超调。若 $\varepsilon > 0$，QQ 线斜率为正，$\dfrac{de}{dm} < 1$，$\delta > \beta b$，$\beta < \dfrac{\delta}{b}$，即 $\tau > \dfrac{1}{\delta\lambda}$，汇率低调。这里是资本流动程度 β 决定了汇率是否发生超调或低调，且超调、低调的程度都是 ε。

汇率发生超调或低调的资本控制程度临界值为 $\varepsilon = 0$，即 $\delta = \beta b$，QQ 线是垂直于 e 的。之后，Frenkel 和 Rodriguez（1982）推导并解释了理性预期下 θ 的变化。在这里，决定汇率出现超调或低调的是资产市场上的调整速度（资

---

① FRENKEL J A, RODORIGUEZ C A. Exchange Rate Dynamics and the Overshooting Hypothesis [J]. IMF Staff Papers, 1982, 29（1）：1-30.

本控制程度）、货币需求的利率弹性、贸易余额的汇率弹性，而商品市场的调整速度差异不再是一个基本的决定因素。

4.2.3 Engel 和 Flood（1985）：离散时间的黏性价格货币汇率模型

Engel 和 Flood（1985）把黏性价格模型和经常账户的财富效应结合起来，分析了理性预期下黏性价格、经常账户和汇率动态之间的相互关联，涉及货币部门、商品市场及资产积累等①。

央行的公开市场操作，在弹性价格下会降低国内财富的真实价值，降低货币需求；在黏性价格下，则会提高真实财富，提高货币需求。在弹性价格下，货币供给的增加，伴随着货币需求的降低，货币供求差额进一步扩大。在黏性价格下，货币供给的增加，伴随着货币需求的提高，货币供求差额会缩小。

就黏性价格下的汇率动态而言，假定货币需求方程中无真实财富效应，在 t 期，公开市场操作所导致的货币供给扩张会产生汇率升值的预期。因为在 $t+1$ 期，物价和真实财富都已调整到位，故汇率和物价都会上升。为了产生升值预期，在 t 期汇率的上升幅度必须大于货币增长的幅度，即发生汇率超调，这就是 Dornbusch（1976）汇率超调理论的实质。在这种情况下，汇率超调的幅度为

$$\lim_{\alpha_2,\ \beta_2\to 0} \lambda_{14} = \frac{1+\alpha_1}{\alpha_1} > 1 \qquad\qquad (4.12)$$

若用 Dornbusch（1976）的记号来表示，则为：$\frac{1+\lambda}{\lambda} = 1 + \frac{1}{\lambda} > 1$，即汇率超调，超调的幅度为 $\frac{1}{\lambda}$。Engel 和 Flood（1985）认为，汇率变动的幅度通常是 $\lambda_{14} < \frac{1+\alpha_1}{\alpha_1}$，即财富效应抑制了汇率超调。这是由于即期汇率贬值，当期货币市场出清时，需要产生的预期的升值幅度相应较小。

进一步地，本币贬值会使真实财富变大，如果真实财富预计在下一期恢复到目标水平，则汇率水平就应低于其长期均衡值，商品市场才能出清，这将使预期的下一期的即期汇率低于其长期均衡值。更加直接的冲击来自真实财富变化对货币需求的影响，公开市场操作本身对真实财富的持有量无影响，但由此产生的贬值提高了真实财富，货币需求会因此变大，导致本币的升值预期变小。因此，当前汇率不需要贬值太多，甚至不会产生超调，而产生汇率低调。

---

① ENGEL C M, FLOOD R P. Exchange Rate Dynamics, Sticky Prices and the Current Account [J]. Journal of Money, Credit and Banking, 1985, 17 (3)：312-327.

并且汇率在最初的跳跃式的变动之后，它的路径是非单调的。

4.2.4 Levin（1999）的预期形成机制更复杂

Dornbusch（1976）指出当产出调整有时滞时，利率最初会上升，汇率可能会低调。但 Levin（1999）认为当货币冲击发生后，产出的立即调整和利率的立即上升都是不现实的，现实中的情况是，经济不一定总是处于充分就业状态，产出是缓慢可变的①。故 Levin（1999）采用了更符合现实的预期形成机制，汇率预期方程含有两个变量，可以写作：

$$\dot{e} = \theta_1(\bar{e} - e) + \theta_2(y - \bar{y}) \tag{4.13}$$

与 Dornbusch（1976）的需求方程使用名义利率不同，Levin（1999）把生产时滞引入商品市场中，使用真实利率，得到缓慢调整的产出方程，结合不同市场的均衡条件来构建模型。由于产出和价格都是缓慢调整的，货币扩张必定带来利率的下降。货币扩张对汇率的初始效应是：

$$\frac{de_0}{dm} = 1 + \frac{1}{\beta\theta_1} \tag{4.14}$$

上式表明，汇率出现超调或低调，取决于 θ_1 的符号。若 $\theta_1 > 0$，超调；如果 $\theta_1 < 0$，低调。由于存在着完全预见的预期机制，本币预计的或实际的升值一定会出现，以抵消本国利率下降的影响，维持利率平价。本国汇率超调时，本币先贬值后升值。本国汇率低调后，本币仍是先贬值后升值，随后相对于其长期均衡水平暂时升值。

总的来说，货币扩张带来的汇率低调，是由于负的价格缺口导致了利率上升和本币升值的预期。如果后者的效应比利率立即下降的效应更大，为维持利率平价，本币必须低调。尽管发生了汇率低调，但利率的立即下降要求产生升值预期以维持利率平价。因此，低调发生后，相对于新的长期均衡水平，本币会升值，但这一升值是暂时的，因为最终本币必将回归到其新的长期均衡水平之上。

4.2.5 Bhandari（1981）非中性扰动模型

与以上四个建立在 Dornbusch（1976）之上的模型不同，Bhandari（1981）分析了非中性扰动对即期汇率的影响。在 Dornbusch（1976）的研究中，货币冲击是中性的，市场主体能够立即和正确地预测到新的汇率均衡水平。这里的

---

① LEVIN J H. Exchange Rate Undershooting [J]. International Journal of Finance and Economics，1999（4）：325-333.

"非中性"是指发生未预期到的外生变化时，冲击的结果会改变均衡的真实汇率水平，可以用国外利率的变化来代表[①]。

i^* 上升会降低均衡的总需求，$\bar{p}$ 变动会进一步降低总需求。由于均衡的总需求固定在 $\bar{y}$，$\bar{e}$ 必须贬值以抵消前面两种不利影响。未预期到的国外利率的变化可分解为：$i_1^* = i_0^* + \Delta i^*$，与此相对应，市场主体对均衡汇率的最初的预测水平为：$\tilde{e}_0(i_1^*) = \bar{e}(i_0^*) + \alpha_0(\lambda + \frac{\sigma}{\lambda})\Delta i^*$，其中 $\alpha_0 > 0$。

即期汇率是否相对于真实的均衡汇率水平超调，则取决于等式 $\dfrac{e_0 - \bar{e}}{\Delta i^*} = (\alpha_0 - 1)(\lambda + \frac{\sigma}{\delta}) + \frac{1}{\theta}$。当等式右边小于 1 时，发生低调，即 $\alpha_0 < 1 - \dfrac{\delta}{\theta(\delta\lambda + \sigma)}$，并且 $\alpha_0 > 0$，故低调的条件为

$$\frac{\delta}{\theta(\delta\lambda + \sigma)} < 1 \tag{4.15}$$

参数 α_0 的取值决定了即期汇率发生超调或低调，发生低调的可能性与 θ、λ、σ 成正比，与 δ 成反比。

进一步地，上述分析假定即使 $\bar{e}$ 未知，$\bar{p}$ 也要正确地推断。对 $\bar{p}$ 的预测要相对容易些。对物价最初的预测是 $\tilde{p}_0 = \bar{p}(i_0^*) + \beta_0\lambda\Delta i^*$，物价与汇率的关系是 $(e_0 - \tilde{e}_0) = -\dfrac{1}{\lambda\theta}(p_0 - \tilde{p}_0)$，即期汇率变动的关系式为：$\dfrac{e_0 - \bar{e}}{\Delta i^*} = \dfrac{\beta_0}{\theta} + (\alpha_0 - 1)(\lambda + \dfrac{\sigma}{\delta})$。若 α_0 和 β_0 都小于 1，则低调的幅度更大。相反，若 α_0 和 β_0 都大于 1，则超调的幅度更大。

国内对低调的研究较少，从目前已有的文献来看，仅有王蕊（2014）从资本控制的角度分析了中国货币扩张对汇率的影响，人民币汇率产生超调的条件是：$b_2c_1 < c_2$；人民币汇率产生低调的条件是：$b_2c_1 > c_2$。这里 b_2 代表货币需求的利率弹性，c_1 代表经常账户的真实汇率弹性，c_2 代表资本流动性（资本控制程度 τ 的倒数）[②]。

---

① BHANDARI J S. Expectations, Exchange Rate Volatility and Non-Neutral Disturbances [J]. International Economic Review, 1981, 22（3）：535-540.

② 王蕊. 资本控制下人民币汇率决定的实证检验：基于 Dornbusch 超调模型的扩展 [J]. 国际经贸探索，2014（5）：62-75.

4.3 从传统低调到滞后低调

4.3.1 传统低调发展的方向与存在的不足

以上国内外传统低调的研究视角可以用表4-1来总结。

表4-1 传统 undershooting（低调）代表性文献梳理①

作者	产生低调的条件	原因	作用机制
Dornbusch（1976）连续时间	$\dfrac{\varphi\delta}{1-\gamma}>1$	货币需求 Md 增加	产出 Y 可变，货币需求 Md 增加，$\Delta Md>\Delta Ms$
Bhandari（1981）非中性扰动连续时间	$\dfrac{\delta}{\theta(\delta\lambda+\sigma)}<1$	未来均衡汇率的预测较困难	产出 Y 固定不变，市场主体对均衡汇率的预期偏误
Driskill（1981）存量—流量模型离散时间	$\dfrac{\eta}{\lambda}<\alpha$，即 $\tau>\dfrac{1}{\delta\lambda}$	资本控制	国际收支均衡
Frenkel 和 Rodriguez（1982）连续时间	$\beta<\dfrac{\delta}{b}$，即 $\tau>\dfrac{1}{\delta\lambda}$	资本控制	国际收支均衡
Engel 和 Flood（1985）离散时间	超调幅度是 $1+\dfrac{1}{\lambda}$	货币需求与商品需求增加	黏性价格下，经常账户的财富效应导致货币需求上升
Levin（1999）连续时间	$\delta\varphi-(1-\gamma)+\pi\sigma>0$ $\alpha>\dfrac{\delta}{[\delta\varphi-(1-\gamma)+\pi\sigma](\beta\delta+\sigma)}$	预期机制更复杂 $\theta_1<0$	物价 P 降低，导致产出 Y 增大 产出 Y 变大会使利率上升，而货币扩张会使利率下降，但利率上升的幅度大于下降的幅度
王蕊（2014）连续时间	$b_2c_1>c_2$，即 $\tau>\dfrac{1}{\lambda\xi}$ ζ：经常账户的汇率弹性	资本控制	国际收支均衡

① 为方便对比，本书尽量使用 Dornbusch（1976）的记号。

简单总结一下现有的汇率低调研究：①研究框架相同，研究重点相似，都是在 Dornbusch（1976）开创的一般均衡框架内，涉及商品市场、资本市场和国际收支平衡条件等。②研究方向渐趋多样化。冲击不仅限于货币扰动，也包括非中性的国外利率的变动，预期形成机制更符合现实，考虑到产出和价格的调整都存在着时滞。③低调的原因有多种，如货币需求相对扩大、预期偏误等。很多研究都指出，当资本流动性低时，汇率会发生低调。

现有文献的不足如下：

（1）汇率变动的具体路径语焉不详。从 Dornbusch（1976）开始，学者们都认为随着货币供给的扩张，物价将呈现指数变动路径。虽然都指出汇率低调的路径是非单调不平滑的，但具体是怎样的变化路径，前人并没有明确地指出。

（2）未谈到真实汇率的变动，没有从名义汇率和真实汇率的互动关联来解释汇率的变化，缺乏对汇率动态的全面把握。

（3）结论单一，把汇率超调和低调对立起来，认为外部冲击对汇率的影响结果不是超调就是低调，二选一的两分法特征明显。但事实上，汇率的变动是多样化的，当面临外部冲击时，汇率有可能表现出复杂多变的演化路径。后面第 9 章的实证研究确认了这一点。

基于此，我们将在 Dornbusch（1976）一般均衡的框架内建模，从名义汇率和真实汇率的互动角度来探讨外部冲击对汇率动态的多样化影响。

4.3.2 滞后低调的理论分析

在此仍然沿用一般均衡的分析框架，货币市场的均衡条件、汇率预期形成机制和无抵补利率平价条件都采用 Dornbusch（1976）的形式。

（1）引入真实利率和真实汇率

沿着 Levin（1999）的思路，我们在商品需求方程中引入真实利率，同时还引入真实汇率。式（4.1）变为：$y = \mu(u + \delta q - \sigma r)$。由费雪效应，一国的真实利率通常独立于货币冲击，$r = i - E(\Delta p)$ [①]，上式变成：$y = \mu[u + \delta q - \sigma i + \sigma E(\Delta P)]$。在长期均衡时，一般情况下，$y = \bar{y}$，$E(\Delta p) = 0$，则 $\bar{y} = \mu(u + \delta \bar{q} - \sigma i *)$，由货币市场均衡条件式（4.3）可得

$$e - \bar{e} = -\frac{\varphi}{\lambda \theta}(y - \bar{y}) - \frac{1}{\lambda \theta}(p - \bar{p}) \tag{4.16}$$

---

① 这里用 i 表示名义利率，用 r 表示真实利率。

长期均衡真实汇率和既定的国外利率决定了本国充分就业下的产出水平：

$$y - \bar{y} = \mu[\delta(q - \bar{q}) - \sigma(i - i*) + \sigma E(\Delta p)] \tag{4.17}$$

结合汇率预期方程，得到 $y - \bar{y} = \mu[\delta(q - \bar{q}) - \sigma\theta(\bar{e} - e) + \sigma E(\Delta p)]$，若国内通货膨胀预期提高，名义汇率和真实汇率贬值，都会促进国内真实产出扩大。把式（4.16）代入，得到 $y - \bar{y} = \dfrac{\mu}{\alpha}[\delta(q - \bar{q}) - \dfrac{\sigma}{\lambda}(p - \bar{p}) + \sigma E(\Delta p)]$，其中 $\alpha = \dfrac{\sigma\varphi\mu}{\lambda} + 1 = \dfrac{\sigma\varphi\mu + \lambda}{\lambda}$。这表明，如果物价 p 上升，需求会下降，需求决定产出，产出由此也将下降。

若 PPP 成立，真实汇率 q 将是一个常数，至少在短期内不变。由 q = e-p 和式（4.16）可得：$q = \bar{e} - \dfrac{\varphi}{\lambda\theta}(y - \bar{y}) - (\dfrac{1}{\lambda\theta} +)p + \bar{p}$。由此可知，若国内产出的价格上涨，真实汇率将下降，即本币真实升值，外国商品相对于本国商品更加便宜。与式（4.16）比较，真实产出的调整对名义汇率和真实汇率的影响程度相同。若物价在短期内固定不变，名义汇率的变化就直接转化为真实汇率的变化，整理可得

$$q - \bar{q} = -\frac{\varphi}{\lambda\theta}(y - \bar{y}) - (1 + \frac{1}{\lambda\theta})(p - \bar{p}) \tag{4.18}$$

物价调整方程为 $\dot{p} = \pi(y - \bar{y})$，影响物价调整的因素包括产出、总需求、真实汇率、国内物价及通货膨胀率等。在商品市场达到均衡时，产出达到其长期均衡水平。若进一步考虑经济结构冲击、资源禀赋差异、技术进步、巴拉萨—萨缪尔森效应等因素，真实汇率有可能会偏离其长期均衡值。

由 $\dot{p} = \dfrac{\pi\mu}{\alpha}[\delta(q - \bar{q}) - \dfrac{\sigma}{\lambda}(p - \bar{p}) + \sigma E(\Delta p)]$ 和式（4.18），可得到 $E(\Delta P) = -\dfrac{1 + \lambda\theta}{1 + \theta + \lambda\theta}(q - \bar{q})$，预期通货膨胀率与真实汇率对其长期均衡值的偏离成比例。

（2）货币扩张的汇率效应

结合上面预期通货膨胀率与真实汇率偏差的关系，式（4.17）可以变成：

$$y - \bar{y} = -\frac{\mu\sigma}{\alpha\lambda}(p - \bar{p}) \tag{4.19}$$

进一步可以将式（4.16）和式（4.18）转化为：

$$e - \bar{e} = -\frac{1}{\theta\lambda^2}(\lambda - a\sigma\varphi)(p - \bar{p}) \tag{4.20}$$

$$q - \bar{q} = -\frac{1}{\theta\lambda^2}(\theta\lambda^2 + \lambda - a\sigma\varphi)(p - \bar{p}) \tag{4.21}$$

假定长期内存在货币中性，则 $d\bar{e} = d\bar{p} = dm$ ，且 $d\bar{q} = 0$ 。当货币扩张时，名义汇率和真实汇率的变动路径分别是：

$$\frac{dy}{dm} = \frac{a\sigma}{\lambda} \tag{4.22}$$

$$\frac{de}{dm} = 1 + \frac{1}{\theta\lambda^2}(1 - \frac{\varphi a\sigma}{\lambda}) \tag{4.23}$$

$$\frac{dq}{dm} = 1 + \frac{1}{\theta\lambda^2}(1 - \frac{\varphi a\sigma}{\lambda}) \tag{4.24}$$

根据上面的等式，货币扩张会促使真实产出暂时上升，货币冲击对名义汇率和真实汇率的影响程度是一样的，即 $\frac{de}{dm} = \frac{dq}{dm}$ 。

4.4 传统低调、滞后低调对比分析

根据式（4.23），名义汇率低调的条件是 $\lambda < \varphi a\sigma$ ，这与前面的传统低调分析是一样的，如图 4-1 所示。名义汇率超调的条件是 $\lambda > \varphi a\sigma$ ，这是传统超调，汇率在过度贬值后将沿着指数路径恢复到长期均衡水平。但若考虑真实汇率与名义汇率之间的相互作用，汇率将在超调之后再低调，即出现滞后低调，如图 4-2 所示。

沿着 Levin（1999）的分析，这里可以进一步解释汇率超调或低调产生的现实原因。若本国货币扩张，经济会在三个方面发生变化：第一，国内利率下降。第二，由于购买力平价的作用，长期均衡汇率上升，本币贬值，$(\bar{e} - e) > 0$ 。第三，长期均衡价格水平会上升，所以 $(p - \bar{p}) < 0$ 。当价格水平低于其长期均衡值时，较低的物价对真实产出有三种影响：首先，本国商品的价格相对于国外商品更低，这将促进扩大外需，刺激产出膨胀。其次，在给定的利率水平上，较低的物价水平提高了真实货币余额，为实现货币市场均衡，产出水平应提高，这将拉大真实产出和自然产出水平的差距，带来物价上升的压力。在名义利率给定的情况下，真实利率会降低，产出会由此扩大。最后，维持货币市场均衡所需的产出扩大会带来总需求的扩张，但总需求的扩张幅度通常情况下相对较小，商品市场上出现了超额供给，产出将逐渐下降。以中国为例，在中国经济发展的新常态中，产能过剩突出，"三去一降一补"和产业结构调整

将是一个长期的过程。在此情形下，货币扩张未必能带来产出的增加。

4.4.1 汇率演变路径

若物价渐升的第三个效应比前两个效应更强，则较低的物价将导致产出水平下降，且由产出缺口产生的物价上涨会降低真实货币余额。如果产出下降得足够迅速，货币需求下降的影响更大，货币市场上出现超额的货币供给，故利率下降。如果资产持有者预期到利率将下降，在给定的汇率水平上，市场将产生本币贬值的预期。为恢复利率平价，相对于长期均衡水平本币必须超调，以产生随后升值的预期，而且比由低价导致的预期贬值的幅度更大。简而言之，负的价格差异产生了较低的物价，导致利率降低，本币预期贬值。为恢复利率平价，本币必须超调，但若考虑到名义汇率与真实汇率之间的联动关系，本币在超调之后将出现低调。

如果较低的价格水平导致产出开始扩张，货币需求会由此增大。物价上升会降低真实货币余额，利率将上升，资产持有者由此会预计本币升值。与国内利率的立即下降相比，低价所带来的升值预期不一定影响更大。如果低价所带来的升值预期影响力更大，则本币仍然会贬值，出现低调，降低了预期的升值，并恢复利率平价。

现在来看汇率变化的具体路径，传统低调和滞后低调中汇率的路径如图 4-1、图 4-2 所示，s_0 为汇率初始值，s_1 为长期均衡值。

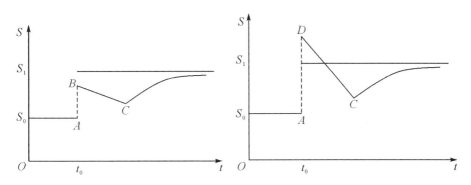

图 4-1　传统低调的汇率路径　　　图 4-2　滞后低调的汇率路径

在 t_0 时，货币供给出现了未预期到的扩张，初始均衡点在 A 点，C 点的汇率必须低于长期均衡水平，但从 A 到 C 的路径有两个选择。一个是货币扩张后汇率立即贬值，由 A 到 D，且贬值幅度超过了长期均衡水平，即立即超调了，然后是升值到 C 点，这是图 4-2 中的滞后低调。另一个是本币也贬值，但贬值幅度小于长期均衡水平，即立即低调，由 A 到 B，然后升值到 C 点，这是图 4-1 中的传统低调。汇率到了 C 点后，本币逐渐贬值到长期均衡水平。货币政策调整（扩张）的最终结果是，名义汇率会上升到其长期均衡水平，物价相应地逐渐上升，而真实汇率则会逐渐下调恢复到其初始均衡值。

4.4.2 低调持续的时间

随着国内物价开始上升，利率和汇率会随之变化。其一，在国内货币市场上，传统的流动性效应发生作用，物价上升带来真实货币的余额下降，国内利率上升。其二，物价上升会带来真实汇率贬值，进一步影响通货膨胀预期和名义利率的变动。在长期中，物价会上升到与货币扩张相同的幅度。

滞后低调的时间取决于经济主体对价格调整过程的预期，具体地说，取决于预期系数和货币需求的利率弹性及真实汇率 q 的反应。由于短期内国内物价固定，所以名义汇率的贬值必然带来真实汇率的贬值。即 e 变大，q 也将变大。当 $q > \bar{q}$ 时，$E(\Delta p) < 0$，预期的通货紧缩会降低名义利率，使汇率进一步贬值。伴随着利率的持续下降，汇率将缓慢贬值，然后是缓慢升值，即汇率呈现出滞后低调的特征。当 $q < \bar{q}$ 时，预期的通货膨胀会提高名义利率，这会增强流动性效应，产生的适度升值时间比 PPP 成立时更长。因此，传统超调和随后的低调过程在两个方向都延长了。

滞后低调的作用机制可从两个方面理解：首先，如果真实汇率的超调幅度足够大，就降低了名义利率，促使名义汇率进一步贬值。即期汇率的额外贬值会继续使真实汇率大于其长期均衡水平，延长了贬值的持续时间。其次，随着物价的上升，真实汇率 q 下降，真实汇率与其长期均衡水平的差距会变小，而流动性效应的影响则更大。因此，在适度贬值之后，汇率会最终上升，开始升值。换言之，真实汇率的变动使利率下降的幅度更大，这导致本币贬值的幅度更大，也使得随后的升值预期更强烈。

而对于传统低调而言，不会出现 $q > \bar{q}$ 的情形。当 $q < \bar{q}$ 时，$E(\Delta p) > 0$，预期的通货膨胀会提高名义利率，使本币升值的趋势得到强化。

此外还可以从 Engel 和 Flood（1985）真实财富的变化来理解。从汇率动态变化来看，货币扩张后，由于短期内价格黏性，名义汇率会超调，真实汇率会贬值。但货币扩张会提高国内居民的真实财富，因为贬值最初会提高国外债券的本币价值。但贬值会带来经常账户的顺差，这将提高财富量。由于商品价格逐渐调整，真实汇率会逐渐回到其初始水平上，而名义汇率也将达到其新的长期均衡水平。财富的积累会带来本币升值的压力，在商品价格调整之后，真实汇率会升值，名义汇率处于其长期均衡值之下。

4.5 本章小结

由于短期内商品价格是黏性的，因此名义货币扩张等同于真实货币余额扩张。货币扩张会提高短期内的产出水平，有通货膨胀的倾向，短期产出的可变性扭转了货币扩张的利率效应。Dornbusch（1976）认为，在非常短的时间内，产出固定（或产出对总需求的变化反应迟缓）是一个合适的假设，经济的调整主要通过资产市场来进行，利率下降，汇率超调。但在中期，总需求的增大会带来产出和物价的调整。长期来看，由于物价会上涨，真实货币余额会回到初始水平，物价的上涨幅度与货币扩张速度等同，产出将达到充分就业的水平，货币中性成立。

本章分析了人们关注较少的汇率低调现象，在系统梳理传统低调的理论脉络的基础上，构建了滞后低调的理论模型，比较了货币扰动下名义汇率和真实汇率变动的路径，分析了滞后低调的作用机理，并从不同方面比较了传统低调和滞后低调的异同。

从研究展望来看，国内外目前都无汇率低调的实证研究，一个重要的原因是难以量化、测度与追踪汇率变化的动态，分离出货币冲击的影响是做实证研究的前提与难点所在。在这方面，Driskill（1981）存量—流量模型做了一定的尝试，但他分析的是货币冲击造成的瑞士法郎对美元的汇率超调动态。接下来，我们将在第 9 章借鉴 Driskill（1981）和其他学者的做法，进行人民币汇率超调或低调的经验分析，实证检验在经济系统的调整过程中人民币价格和汇率具体的变化路径与经济含义。

5 人民币汇率超调与低调的动态变化：资本控制的阈值视角

资本账户自由化对于一个发展中国家来说，既是机遇，也是挑战。开放资本账户能够提高资源配置效率，促进一国的资本形成，但同时也蕴含着巨大的内生性风险（李巍、张志超，2008）[①]。为趋利避害，包括中国在内的大多数发展中国家对资本账户持谨慎开放的态度，资本控制将是一种持续存在的现象。在中国经济发展的新常态中，限制国内外资本的自由流动会影响到经济增长速度调整、经济结构优化和创新驱动战略的实施，尤其会对汇率这种开放经济中的相对价格形式产生直接的冲击。

从宏观决策参考（如人民币汇率制度改革的方向、中国资本账户开放的节奏、货币政策的效力等）和理论价值（人民币汇率动态研究、三元悖论的扩展等）两方面来讲，研究中国经济新常态中资本控制对人民币汇率动态的影响有着重要的现实意义。本章的结构安排如下：第一部分是文献综述，第二部分是结合我国经济特征构建的动态模型，第三部分探讨未预期到的货币供给扩张带来的人民币汇率超调或低调动态，第四部分简要地总结全章。

5.1 文献回顾

5.1.1 超调理论的提出与发展

超调模型为浮动汇率时代汇率的高波动性提供了一个理论解释，刻画了汇率从短期到中期再到长期的完整过程，也开创了汇率经济学中的一个重要分支——汇率动态学。超调理论提出来之后，国内外的学者从理论和实证两个方

---

① 李巍，张志超. 不同类型资本账户开放的效应 [J]. 世界经济，2008（10）：33-45.

向做了深化和拓展。在理论研究方面，学者们的研究方向包括深化其理论内涵和外延，包括：第一，对超调模型的假设前提适当放宽，如 Bhandari（1983）假设商品价格弹性在短期和长期内并不一致，则货币扩张不会导致汇率超调①。第二，考虑到货币政策冲击之外的因素的影响，如 Isaac（1998）做了离散时间分析，认为汇率超调的来源也可能是风险溢价冲击②；Akiba（1996）从货币需求的汇率敏感性出发，指出再平衡效应会降低超调的幅度，而这与资本流动性的大小没有必然的联系③。

国内学者尝试把虚拟经济引入超调模型中来，如王立荣和刘力臻（2009）发现虚拟经济的专业化程度是引起名义汇率超调的重要原因④。王爱俭和林楠（2010）⑤、林楠（2012）⑥考虑实体经济和虚拟经济的双驱动机制，从宏观总供求模型的互动角度分析了汇率动态问题。郭其友和焦娜（2010）引入了劳动力的国际流动，发现如果劳动力能够自由地跨国流动，汇率超调的幅度要大于 Dornbusch 最初的结论⑦。在实证方面，学者们发现当外部冲击发生时，现实中的汇率不是像 Dornbusch 描绘的那样立即做出反应，而是有一定的滞后，即发生滞后超调（Delayed Overshooting）。滞后超调被认为是一种广泛存在的现象。

5.1.2 资本控制与汇率的关联

很多研究是从汇率制度选择的角度展开分析的，如周茂荣和郭建泉（2004）分析包括资本控制在内的多种因素对经济均衡的影响，认为我国对资本账户实施适度的管理是必要的，这样才可以维持人民币汇率的稳定，降低风险，防范金融危机⑧。张纯威（2006）区分了针对投机性和投资性资本流动的控制政

① BHANDARI J S. An Alternative Theory of Exchange Rate Dynamics [J]. The Quarterly Journal of Economics, 1983, 98（2）: 337-348.

② ISAAC A G. Risk Premia and Overshooting [J]. Economics Letters, 1998（61）: 359-364.

③ AKIBA H. Exchange-Rate Sensitive Demand for Money and Overshooting [J]. International Economic Journal, 1996, 10（2）: 119-129.

④ 王立荣，刘立臻. 虚拟经济膨胀视角下的汇率短期波动研究：对 Dornbusch 超调模型的扩展 [J]. 国际金融研究，2009（7）: 73-79.

⑤ 王爱俭，林楠. 虚拟经济与实体经济视角下的人民币汇率研究 [J]. 金融研究，2010（3）: 98-111.

⑥ 林楠. 开放经济货币政策动态下人民币汇率问题研究 [J]. 华东经济管理，2012（4）: 73-78.

⑦ 郭其友，焦娜. 国际劳动力流动下的汇率动态：汇率超调模型的一种扩展 [J]. 厦门大学学报（哲学社会科学版），2010（3）: 43-50.

⑧ 周茂荣，郭建泉. 放弃成本、政府偏好与资本控制：一个审慎的机会主义汇率制度选择模型 [J]. 经济研究，2004（5）: 67-74.

策，建议中国的资本账户开放应该审慎推进[①]。白晓燕和王培杰（2008）认为中国近十年的资本管制（在本书中，资本管制＝资本控制）政策基本上是有效的，这使得在汇率制度改革上我国可以渐进地推进弹性化改革[②]。何慧刚（2008）认为汇率制度弹性增强是我国资本账户开放的前提，而资本账户的有序开放则会有力地促进汇率制度改革[③]。李凤城（2003）分析了引入和不引入资本控制这两种情况下发展中国家汇率制度选择的后果，认为发展中国家渐进地放开对资本账户的管制是合适的[④]。阙澄宇和马斌（2013）建立了带有随机冲击的开放经济模型，发现浮动汇率制度功能的发挥受到资本账户现实开放度偏离最优开放度及其本身变化量的影响[⑤]。

资本控制会影响到汇率水平。Wijnbergen（1990）指出，资本控制会影响国内外利差的大小，进而通过支出转换效应改变国内商品需求的构成，最终使汇率水平发生波动[⑥]。李巍和张志超（2008）认为资本账户开放会影响到一国的实际汇率和经济增长波动，并发现FDI（境外直接投资）不会引起实际汇率的波动，但会冲击国内经济增长的稳定。开放非FDI账户的效果相似，但二者的影响力度并不相同。

从汇率波动的方向来分析，学者们的结论并不一致。一派是升值论。Edwards（1989）分析了均衡真实汇率的代际决定过程，讨论了进口关税和资本控制对汇率的影响方向，发现资本账户自由化会导致均衡真实汇率升值[⑦]。Michaud和Rothert（2014）研究中国的资本控制与经济增长和汇率之间的关系，他们通过构建跨期理论模型发现，资本控制通过"干中学"影响外部性，促进了经济增长率的提高，并导致真实汇率的缓慢升值[⑧]。另一派则是贬值论。Edwards和Rigobon（2009）发现强化对资本流入的控制会使名义汇率贬

① 张纯威. 弹性汇率制度下的国际资本流动调控策略 [J]. 世界经济研究，2006（2）：36-40.

② 白晓燕，王培杰. 资本管制有效性与中国汇率制度改革 [J]. 数量经济技术经济研究，2008（9）：65-76.

③ 何慧刚. 中国资本账户开放与汇率制度选择 [J]. 社会科学战线，2008（5）：37-42.

④ 李凤城. 汇率制度选择中的资本控制决策 [J]. 南开经济研究，2003（2）：75-79.

⑤ 阙澄宇，马斌. 资本账户开放对浮动汇率制度福利的非线性效应：以新兴市场经济体为例 [J]. 数学的实践与认识，2013（5）：77-88.

⑥ WIJNBERGEN S VAN. Capital Controls and the Real Exchange Rate [J]. Economica, 1990（2）：15-28.

⑦ EDWARDS S. Tariffs, Capital Controls, and Equilibrium Real Exchange Rates [J]. The Canadian Journal of Economics, 1989（1）：79-92.

⑧ MICHAUD A, ROTHERT JACEK. Optimal Borrowing Constraint and Growth in A Small Economy [J]. Journal of International Economics, 2014（94）：326-340.

值，提高了汇率的无条件波动性，但降低了汇率对外部冲击的敏感性①。

5.1.3 资本控制与汇率超调

超调理论的条件很严格，包括国内外资本自由流动以维持无抵补利率平价持续成立，商品市场存在价格黏性，购买力平价长期成立等。Bhandari et al.（1984）引入国际收支结构，确认了资本自由流动会带来汇率超调②。Frenkel et al.（2002）从资本控制影响国际资产交易成本的角度，发现在货币扰动发生后，资本控制可以降低汇率的波动性，但资本控制也会对实体部门的均衡产出水平造成冲击③。在超调框架内谈资本控制与人民币汇率动态的文献，代表性的研究有郭建泉和周茂荣（2003），但这篇文章侧重在国际汇率制度演变的过程中分析浮动汇率制度的稳定性，与人民币汇率的动态并无大的关联④。王爱俭和林楠（2010）谈到了资本控制的影响，但没有对资本控制对人民币汇率变化的作用机制做深入的分析。

从资本控制角度来谈汇率超调与低调动态，目前直接相关的仅有 Frenkel和 Rodoriguez（1982）⑤以及王蕊（2014）⑥。但前者对贸易账户的设定较为简单，且没有谈到资本控制程度的变化对汇率超调和低调动态可能存在的非对称性影响。而后者仅仅提到了资本控制程度的变化有可能会引起汇率超调或低调，没有详细分析不同期限的汇率动态转换的理论条件，更没有涉及非对称性。

5.1.4 文献评述

关于国际资本流动有大量的研究，涉及面很广。就研究现状来看，学者们在资本控制程度和汇率变动两个领域分别进行了较深入的研究。但现有关于资

---

① EDWARDS S, RIGOBON R. Capital Controls on Inflows, Exchange Rate Volatility and External Vulnerability [J]. Journal of International Economics 2009（78）：256-267.

② BHANDARI J S, DRISKILL R, FRENKEL J A. Capital mobility and exchange rate overshooting [J]. European Economic Review, 1984（24）：309-320.

③ FRENKEL M, SHIMIDT G, STADTMANN G, NICKLE C. The Effects of Capital Controls on Exchange Rate Volatility and Output [J]. International Economic Journal, 2002, 16（4）：27-51.

④ 郭建泉，周茂荣.弹性汇率制度下资本控制的经济效应：一个基于修正 Dornbusch 超调模型的动态学分析 [J]. 经济研究，2003（5）：48-56.

⑤ FRENKEL J A, RODORIGUEZ C A. Exchange Rate Dynamics and the Overshooting Hypothesis [J]. IMF Staff Papers, 1982, 29（1）：1-30.

⑥ 王蕊.资本控制下人民币汇率决定的实证检验：基于 Dornbusch 超调模型的扩展 [J]. 国际经贸探索，2014（5）：62-75.

本控制程度与汇率变化动态联系的文献，存在的不足主要有两点：第一，现有文献虽然对资本控制程度强弱导致汇率变动的方向并未达成一致，但升值论和贬值论两派都未指出汇率变动的参照系。判断汇率变动的基准应该是均衡汇率，在这方面，Dornbusch 的汇率超调模型为解释汇率相对于均衡水平的偏离方向与幅度提供了一个合理的根据。第二，结论单一，尤其缺乏不同动态之间的交替与转换。现有研究得出的结论认为，人民币汇率存在着经典超调或滞后超调。现有的中文文献中，没有专门研究人民币汇率低调的，目前尚无探讨人民币汇率超调与低调转换的文献。但汇率动态研究涉及汇率的短期、中期、长期的波动情况和相互转换，特别是在我国汇率双向波动弹性进一步增强的趋势下，单一的波动形态势必难以全面描述汇率的变化幅度与方向。

鉴于此，我们将结合现实的经济运行特征对 Dornbusch 超调模型做出修正，较全面地探讨资本控制程度对汇率变化动态及预期形成机制的经济效应，并具体分析资本控制程度对人民币汇率超调或低调动态转换的阈值和作用机制。

本章通过构建一般均衡理论模型，在一个统一的框架内来分析资本控制程度跟汇率超调与低调动态变化的内在关联，并探讨了不同动态之间转化的理论依据与现实基础，分析问题的角度更加精准，而前面两派的结论都可以作为本章的特例。

5.2　开放条件下的人民币汇率动态模型

我们仍然假定价格短期内是黏性的，经济主体能理性预期，货币需求稳定，货币供给外生，国内外商品不能完全替代，由此来探讨未预计到的货币供给扩张对人民币汇率变动的影响。

5.2.1　资本流动性与预期

假定利率平价成立，国内外以不同货币计价的资产预期收益相等，则有

$$r = r^* + x \tag{5.1}$$

式中，国内利率为 r，国外利率为 r^*，x 为预期的汇率变动幅度。

汇率预期的形成机制可表示为：

$$x = \theta(\bar{e} - e) \tag{5.2}$$

式中 $\bar{e}$ 和 e 分别是长期均衡汇率和即期汇率的对数值，θ 为预期系数。式（5.2）

指出，即期汇率与长期均衡汇率的差决定了汇率的预期的变动率。在这里先把 θ 作为一个常数，后文将进一步分析预期形成机制变化对 θ 的影响。

5.2.2 货币市场

假定货币供给由外生决定，货币市场上的均衡条件决定了国内利率水平的高低。货币市场的均衡条件为：

$$m - p = \varphi y - \lambda r, \ \lambda > 0, \ \varphi > 0 \tag{5.3}$$

式中，m、p、y 分别表示国内货币供给、物价和产出水平的对数值，同时假定产出是既定的。

在均衡状态时，$r = r^*$，则有长期均衡价格 $\bar{p}$ 的表达式：

$$\bar{p} = m - \varphi y + \lambda r^* \tag{5.4}$$

5.2.3 商品市场

假定国内商品市场上需求 D 的公式如下：

$$\ln D = u + \delta(e - p) + \gamma y - \sigma r, \ \delta, \ \gamma, \ \sigma > 0 \tag{5.5}$$

式中，u 代表自主性需求。商品需求与相对价格和产出呈正相关，与利率呈负相关。国内物价调整由商品市场上的超额需求决定，即产出缺口决定了物价变动情况，于是有

$$\dot{p} = \pi \ln\left(\frac{D}{Y}\right) = \pi[u + \delta(e - p) + (\gamma - 1)y - \sigma r] \tag{5.6}$$

这里，π 为物价调整系数。在均衡状态时，$r = r^*$，$\dot{p} = 0$，则有长期均衡汇率的表达式：

$$\bar{e} = \bar{p} + \frac{1}{\delta}[\sigma r^* + (1 - \gamma)y - u] \tag{5.7}$$

从式（5.4）和式（5.6）可以看出，决定长期均衡价格和长期均衡汇率的除了货币因素之外，还有真实因素。

商品市场的均衡条件为 $\dot{p} = 0$，化简可得

$$p = \frac{\delta\lambda}{\delta\lambda + \sigma}e + \frac{\sigma m}{\delta\lambda + \sigma} + \frac{\lambda}{\delta\lambda + \sigma}\left[u - (1 - \gamma)y - \frac{\varphi\sigma y}{\lambda}\right] \tag{5.8}$$

可以看出，商品市场的均衡线的斜率为正，但小于1。

在图 5-1 和图 5-2 中，在 $\dot{p} = 0$ 线的右方，商品需求大于商品供给，商品市场上存在着超额需求；在左方，则存在着商品的超额供给。

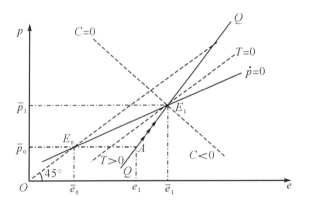

图 5-1 汇率低调动态

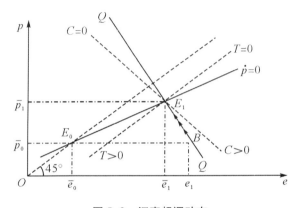

图 5-2 汇率超调动态

5.2.4 国际收支

一国的国际收支包括经常账户和资本与金融账户（又称"资本账户"）两部分。经常账户的主体是国内外贸易，因此可假设经常账户的表达式为：

$$T = k[(e-p) - (\bar{e} - \bar{p})], \, k > 0 \qquad (5.9)$$

当 $T = 0$ 时，经常账户达到均衡，可得图 5-1 和图 5-2 中的 T 线，即 $p = e - (\bar{e} - \bar{p})$，T 线的斜率为 1。在 T 线的右方，存在着贸易的盈余（顺差）；在 T 线的左方，则存在着贸易的赤字（逆差）。

资本与金融账户的表达式为：

$$C = \frac{\theta}{\tau}[r - r^* - \theta(\bar{e} - e)] \qquad (5.10)$$

式中，τ 为资本控制程度。当 $C = 0$ 时，资本账户达到均衡，得到图 5-1 和图 5

-2 中的 C 线，C 线的斜率为 $-\lambda\theta$。在 C 线的右方，资本净流入，存在着资本账户的盈余（顺差）；在 C 线的左方，资本净流出，则资本账户存在着赤字（逆差）。

国际收支的均衡条件是 T+C=0，结合国内货币市场的均衡状况，可以得到物价和汇率的短期关系式：

$$e = \bar{e} + \frac{k - \dfrac{\theta}{\lambda\tau}}{k + \dfrac{\theta^2}{\tau}}(p - \bar{p}) \tag{5-11}$$

这是一个重要的表达式，用 QQ 线来表示，反映了在国际收支和货币市场均衡的约束下物价和汇率之间的相互关系。若 $k - \dfrac{\theta}{\lambda\tau} > 0$，即 $\tau > \dfrac{\theta}{\lambda k}$，QQ 线的斜率为正，物价和汇率正相关；若 $k - \dfrac{\theta}{\lambda\tau} < 0$，即 $\tau < \dfrac{\theta}{\lambda k}$，QQ 线的斜率为负，物价和汇率负相关。

5.3　货币扩张的汇率效应

在本模型中，长期均衡是在商品市场和货币部门同时实现的，而短期均衡是由货币部门和国际经济交往（国际收支）来决定的。当货币供给出现未预计到的扩张时，汇率变化的路径随 QQ 线斜率的不同而有所差异。

假定在图 5-1 和图 5-2 中，初始均衡点在 E_0 点，如果货币当局未预计到地扩张了货币供给，货币冲击在 E_0 点会带来货币部门和商品市场的失衡。在长期中，由于购买力平价的作用，新的均衡点会移动到 E_1 点，此时各个市场都出清，物价与汇率的变动幅度与货币供给扩张的幅度相同。

5.3.1　汇率低调的产生

在图 5-1 中，当 QQ 线斜率为正时，汇率表现出低调动态，三角形 E_0AE_1 的三条边分别表示汇率的长期、短期与中期均衡，其中，E_0E_1 表示长期均衡，E_0A 表示短期均衡，AE_1 表示中期均衡。

当货币供给扩张时，在 E_0 点的初始物价水平上，利率水平会降低；而且长期来看，本币预计将贬值。相对于外币而言，本币资产在利差和汇差上都处于劣势，因此资本会外流，资本账户出现赤字（逆差），本币贬值，所以经济系统会移动到短期均衡点 A。短期内价格是黏性的，本币贬值会带来经常账户的盈余（顺差）。由于当局实施资本管制，资本外流的规模是有限的。为达到国际收支均衡，经常账户的盈余（顺差）也不需要太大，所以本币贬值的幅度可以小于长期均衡状态所要求的幅度。

所以，当物价与汇率呈正相关关系时，汇率发生低调。三条均衡线的斜率均为正，斜率按从小到大的顺序依次是商品市场均衡线、贸易均衡线和国际收支均衡线。也即，由 $k - \dfrac{\theta}{\lambda\tau} > 0$，QQ 线的斜率 $\dfrac{k + \dfrac{\theta^2}{\tau}}{k - \dfrac{\theta}{\lambda\tau}} > 1$，化简可得 $\dfrac{\theta}{\tau}(\theta + \dfrac{1}{\lambda}) > 0$，在 θ、λ、τ 为正数时，这一条件必然满足。进一步地讲，由 T+C=0，要实现国际收支均衡，经常账户与资本账户必须一正一负，即 QQ 线要穿过 T、C 异号的区域，所以当 QQ 线的斜率为正时，QQ 线的斜率必须大于 1，即 $\dfrac{k + \dfrac{\theta^2}{\tau}}{k - \dfrac{\theta}{\lambda\tau}} > 1$，相当于是 $\dfrac{\theta}{\tau}(\theta + \dfrac{1}{\lambda}) > 0$。

由于短期内贬值幅度有限，所以经济到达 A 点后，汇率会继续贬值。在 A 点，利率下降和本币的实际贬值会带来商品的超额需求，而且商品价格会逐渐地具有弹性，所以在中期内超额需求会带来通货膨胀压力，价格会逐渐上涨。也就是说，从 A 点到 E_1 点，中期调整过程表现出来的特征是物价上涨和本币贬值。物价上涨会导致真实货币余额下降，利率会一定程度上升。由于 QQ 线的斜率大于 1，物价上涨的幅度会大于汇率贬值的幅度，所以经常账户的盈余（顺差）会逐渐下降。另外，由资本账户的公式（5.10）可以看出，资本账户的赤字（逆差）也会逐渐改善。到 E_1 点时，各个经济变量都达到了新的长期均衡值。

5.3.2 汇率超调的产生

在图 5-2 中，当 QQ 线斜率为负时，三角形 E_0BE_1 中，E_0B 表示短期均衡，BE_1 表示中期均衡。

从 E_0 点到 B 点代表本国货币扩张带来的短期调整过程，利率下降，而且本币长期内存在贬值预期，本币资产的预期收益率处于劣势，资本外流，资本账户出现赤字（逆差），本币将贬值。与图 5-1 不同的是，在短期均衡点 B

时，本币的贬值幅度大于长期均衡所要求的贬值幅度，即汇率发生了超调。从国际收支的角度来看，短期内物价保持不变，本币的超调会带来经常账户更大的盈余（顺差）。为维护国际收支均衡，资本账户出现的赤字（逆差）也将更大。

中期调整过程是从 B 点到 E_1 点，经济体系表现出的现象是物价上涨和本币升值并存。在 B 点，由于利率下降和汇率超调，商品市场会带来更大的超额需求，推动物价逐渐上涨。与低调过程不同的是，与本币升值相伴随的是价格更大幅度的上涨，所以经常账户赤字（逆差）减小的速度会更快。由于利率上升和本币升值的预期，资本流入，所以原先的资本账户赤字（逆差）下降的速度会更慢。经济系统新的长期均衡点在 E_1 点达到。

换言之，当汇率与物价呈负相关关系时，QQ 线的斜率的绝对值要大于资本账户均衡线的斜率的绝对值，即 $k - \dfrac{\theta}{\lambda\tau} < 0$，$\dfrac{\dfrac{\theta^2}{\tau} + k}{\dfrac{\theta}{\lambda\tau} - k} > \lambda\theta$，化简可得 $(1 + \lambda\theta)k > 0$，只要 λ、θ、k 为正数，这个条件必定满足。

5.3.3 汇率、物价的变动路径

由物价变动方程式（5.6），结合物价和汇率的短期关系式（5.11），可以得到

$$\dot{p} = -\pi\left[\frac{(\theta\sigma + \delta)\left(\dfrac{\theta}{\lambda\tau} - k\right)}{\dfrac{\theta^2}{\tau} + k} + \delta\right](p - \bar{p}) = -v(p - \bar{p}) \tag{5.13}$$

其中，$v = \pi\left[\dfrac{(\theta\sigma + \delta)\left(\dfrac{\theta}{\lambda\tau} - k\right)}{\dfrac{\theta^2}{\tau} + k} + \delta\right]$。

求解价格调整方程，可得

$$p(t) = \bar{p} + (p_0 - \bar{p})\exp(-vt) \tag{5.14}$$

同理可得汇率调整方程

$$e(t) = \bar{e} + (e_0 - \bar{e})\exp(-vt) \tag{5.15}$$

可以看出，价格和汇率都是按照指数路径收敛于长期均衡值的。

5.3.4 汇率超调/低调的幅度

由价格与汇率的短期关系式（5.11），结合 $d\bar{p} = de = dm$ 当货币供给未预期地扩张时，汇率变动的幅度为

$$\frac{de}{dm} = 1 - \frac{k - \dfrac{\theta}{\lambda\tau}}{k + \dfrac{\theta^2}{\tau}} \tag{5.16}$$

式（5.16）等同于 $\dfrac{de}{dm} = 1 - \dfrac{k\lambda\tau - \theta}{k\lambda\tau + \lambda\theta^2}$。若 $k - \dfrac{\theta}{\lambda\tau} > 0$，$\dfrac{de}{dm} < 1$，即当 $\tau > \dfrac{\theta}{\lambda k}$ 时，汇率低调。若 $k - \dfrac{\theta}{\lambda\tau} < 0$，$\dfrac{de}{dm} > 1$，即当 $\tau < \dfrac{\theta}{\lambda k}$ 时，汇率超调。这两个条件与前面的图 5-1、图 5-2 是一致的。当 $\tau = \dfrac{\theta}{\lambda k}$ 时，QQ 线垂直于横轴，$\dfrac{de}{dm} = 1$，货币主义汇率决定的弹性分析法成立。

超调或低调的幅度均为 $\dfrac{\left| k - \dfrac{\theta}{\lambda\tau} \right|}{k + \dfrac{\theta^2}{\tau}}$。下面来看影响汇率超调（低调）幅度的因素：

（1）当 $\tau = \infty$ 时，$\dfrac{de}{dm} = 0$。当资本完全不流动时，汇率是完全的固定汇率。

（2）当 $\tau = 0$ 时，$\dfrac{de}{dm} = 1 + \dfrac{1}{\lambda\theta}$。当资本完全流动时，汇率会出现超调。超调的幅度与预期系数和货币需求的利率弹性呈负相关关系。这个结论即是 Dornbush 原文中著名的条件式（16）。

（3）资本控制程度对汇率动态的效应的非对称性。当汇率超调时，若资本控制程度加强，分母变大，分子变小，汇率超调的幅度 $\dfrac{\theta - k\lambda\tau}{\lambda\theta^2 + \kappa\lambda\tau}$ 会变小。这是资本控制的正面作用，即当汇率变动超过经济基本面的变化幅度时，宏观当局强化资本控制会使人民币汇率趋向长期均衡水平的速度加快，缩小汇率失衡的幅度，引导市场供求机制发挥收敛作用。

但当汇率低调时，若当局加强资本控制，τ 变大时，汇率低调的幅度 $\dfrac{k\lambda\tau - \theta}{\lambda\theta^2 + \kappa\lambda\tau}$ 会变大。这是资本控制的负面作用，即当汇率变动幅度小于初始的

经济变量的变化幅度时，此时若行政当局加强资本控制，会使当前汇率水平进一步远离均衡值，经济失衡的幅度和时间都将进一步恶化。

（4）其他因素。当 $k=0$ 时，$\dfrac{de}{dm}=1+\dfrac{1}{\lambda\theta}$。当贸易项对汇率变动不敏感时，汇率会超调。所以，Dornbusch 原文中得出的结论，可以看成本章的一个特例。

（5）理性预期下的新含义。

在理性预期的汇率形成机制之下，$\theta=v$，即 $\theta=v\equiv\pi\left[\dfrac{(\theta\sigma+\delta)\left(\dfrac{\theta}{\lambda\tau}-k\right)}{\dfrac{\theta^2}{\tau}+k}+\delta\right]$，

求解可得到理性预期下的汇率预期系数 $\tilde{\theta}$①：

$$\tilde{\theta}=\frac{\pi}{2}\left(\frac{\sigma}{\lambda}+\pi\delta\right)+\sqrt{\frac{\pi^2}{4}\left(\frac{\sigma}{\lambda}+\delta\right)^2+\pi\frac{\delta}{\lambda}-(1+\pi\sigma)k\tau} \qquad (5.17)$$

由式（5.17）可知，经济系统将沿着 $\tilde{\theta}$ 收敛于长期均衡水平，而且 $\tilde{\theta}$ 是经济结构参数的函数，λ 越小，δ 越大，$\tilde{\theta}$ 越大，经济系统收敛的速度越快。因为在给定货币供给变化时，货币需求的利率弹性越小，利率变化的幅度就越大；而如果商品需求的利率弹性越大，则此时产生的超额需求也越大，由此会产生物价上涨的压力，推动经济系统恢复到均衡状态。

把 $\tilde{\theta}$ 代入前面汇率低调（超调）幅度的公式，得到 $\dfrac{de}{dm}=1-\dfrac{k-\dfrac{\lambda\tau}{}}{k+\dfrac{\tilde{\theta}^2}{\tau}}$。使 $\tilde{\theta}$

变大的因素，都会加快经济系统的调整速度。并且可以发现影响超调、低调幅度的新因素是物价调整系数，此时若 $\pi=\infty$ 时，$\dfrac{de}{dm}=1$。

对未来的预期决定了货币扩张对汇率的影响效果，而不是商品市场与货币市场之前的当前互动关系。

5.3.5　与 Dornbusch 超调模型的比较

本章与 Dornbusch 超调理论在建模与结论上的区别主要在于：

（1）Dornbusch 假定资本自由流动，本章加入了资本控制因素。目前资本不能完全自由地进出中国，资本流动除了考虑国内外投资收益差之外，还会受

---

① 借鉴 Dornbusch 的做法，出于对稳定性的考虑，此处取正根。

到资本控制的约束。

（2）引入了 Dornbusch 没有考虑的国际收支。在经济全球化程度不断深化的进程中，各国通过实体和货币交往紧密地联系在一起，所以我们加入了经常账户和资本账户的相互关联与动态平衡关系。

（3）因为在 Dornbusch 模型中，代表资产市场初始均衡的 QQ 线斜率为负，即短期内物价和汇率呈反向变动关系。而本模型中，以货币市场和国际收支均衡为条件，QQ 线斜率可正可负，价格和汇率之间可能是同向变动关系，也可能是反向变动关系。所以当发生未预计到的货币冲击时，Dornbusch 认为汇率会超调，而本章发现人民币汇率可能会超调，也可能会低调。

（4）外部冲击导致汇率短期调整之后，在商品市场的超额需求作用下，各个经济变量会沿着不同的路径趋于长期均衡。在汇率超调之后，本币升值和物价上涨同时发生。而在汇率低调之后，伴随着物价上涨的是本币逐渐贬值到长期均衡水平。

（5）在汇率预期方面，在经典的超调模型中，Dornbusch 很强调预期的作用，因为国内外投资收益的异同引导着预期形成机制，进一步将影响到汇率水平、变动的方向与持续时间。但中国实施的资本控制将限制国际资本流入与流出的规模，通过国际收支结构的结构关联对经济系统的均衡状态产生影响。

根据式（5.17），资本控制程度加强，会降低 $\bar{\theta}$，即经济回调到长期均衡的速度会减缓，经济系统失衡的时间更长。可能的作用机制是，行政当局强化资本控制，τ 变大，这将增加套利资本流动的成本，降低国际资本流动的规模和速度，影响外汇市场上的供求情况，由此资产市场和商品市场失衡的时间将延长，资源配置的效率降低。

所以，在对 Dornbusch 超调模型做出了修正之后，Dornbusch 所得出的结论可以作为本章分析的一个特例。

5.4　本章小结

资本控制是中国经济发展中的一个典型事实，研究在中国经济新常态中资本控制程度与汇率变化动态之间的关联，具有重要的理论价值和现实意义。本章选择资本控制程度为分析人民币汇率多种动态的视角，在货币主义的框架内根据内外均衡互动建立了汇率动态行为模型。一般均衡下的理论研究指出，当资本控制程度高于阈值时，未预计到的国内货币冲击将导致人民币汇率出现低调；当资本控制程度低于阈值时，人民币汇率会出现超调。当资本控制程度为临界值时，汇率的变动幅度与货币扩张的幅度一致，没有超调也没有低调。当汇率发生超调时，资本控制程度加强，超调幅度会变小。但当汇率发生低调时，若资本控制程度加强，低调幅度会变大。

6 "四位一体"框架下资本控制
与人民币汇率的动态关联研究

世界各国的经济发展实践经验表明，作为一种关键性的生产要素，资本的自由流动对促进资本形成和积累、推动技术进步有着重要的意义。开放资本账户能够提高资源配置效率，但同时也蕴含着巨大的内生性风险。现在对中国资本项目开放和人民币汇率制度的市场化改革已是基本事实，但在市场导向的改革方向的总体趋势下，资本开放（或控制）与人民币汇率动态的关联在新常态下的表现怎样？2018 年 5 月 29 日，中国人民银行行长易纲在出席博鳌亚洲论坛"2018 金融街论坛年会"时表示，在开放过程中，一定要处理好金融对内对外开放和汇率形成机制，以及资本项目可兑换"三驾马车"之间的关系①。仔细梳理新中国经济发展的改革进程可以发现，在经济开放、资本自由流动和人民币汇率制度改革这"三驾马车"中，经济开放是基础（"马车"），资本流动和汇率制度改革是"两翼"，两翼配合得好，马车才能跑得又稳又快。

本章的主旨关乎两个问题：其一，自 1994 年汇率制度市场化改革开始以来，中国资本控制程度的演变趋势及其与人民币汇率的直观联系是什么，现实经济发展能否解释资本控制程度的渐进变化与阶段性。其二，如何分析资本控制程度与人民币汇率变动的双向作用机制，能否在一个统一的框架内对此提供深层次的理论逻辑。

本章的结构如下：第一部分是文献回顾；第二部分测量了 1994 年以来中国资本控制程度的变化趋势及其表现出来的阶段性；第三部分扩展了三元悖论，在"四位一体"的框架下探讨资本控制、汇率、利差与经济增长这四者之间的动态关系；第四部分是简要的总结和建议。

---

① 易纲：协调好金融开放的三驾马车 [EB/OL]. 新浪财经综合报道，2018-05-30，07：46. http：//finance. sina. com. cn/money/bank/yhpl/2018-05-30/doc-ihcffhsv3839023. shtml.

6.1 文献回顾

针对国际资本流动有大量的研究，涉及资本账户自由化的意义、条件、利弊、历程、展望等，并谈到了资本账户开放对金融发展、通货膨胀、银行业脆弱性、国际收支、经济危机等多方面的影响。关于资本流动性与汇率波动之间的关系，可以从以下几个方向来梳理：

6.1.1 关于资本控制对汇率的影响

资本控制发挥作用的直接渠道是提高经济交易的成本，改变资产收益率，比如实施交易额度限制、征收托宾税等，对资本交易征税，"在飞速旋转的轮子下撒沙子"。如果把汇率作为一项政策目标，资本控制的目标之一就是改变汇率影响因素的随机特征（均值、方差、脆弱性等），而且资本控制的力度和范围会影响到当局的货币政策反应函数（Edwards、Rigobon，2009）[①]。Wijn-bergen（1990）认为资本控制的实质是对国际贸易的干预，国内外支出模式的差异通过支出转换效应改变了国内商品需求的构成，进而会导致真实汇率水平发生变化[②]。从汇率动态的角度来看，如果资本控制有助于降低外部冲击对汇率的影响，那么资本控制就是有效的（Edwards、Rigobon，2009）。

此外是改变预期渠道，这与资本控制的冲击效果有关。在世界经济平稳发展时期，生产要素的自由流动会提高资源在全球各地的配置效率，但在金融危机期间放任国际资本流动自由流动会进一步恶化各国的金融生态，使金融危机在世界各地迅速蔓延。在金融危机期间，IMF认可和接受审慎的管制政策，明确支持新兴国家实施资本管制（刘莉亚 等，2013）[③]。这种情况改变了金融市场上外汇的供求对比，人们会理性地预期到现实汇率会暂时或在较长一段时间内持续地偏离均衡汇率水平。

从资本控制的角度来理解汇率波动的方向，现有研究的结论并不一致。有的文献认为，资本控制会导致本币升值。Edwards（1989）发现资本账户自由

---

① EDWARDS S, RIGOBON R. Capital Controls on Inflows, Exchange Rate Volatility and External Vulnerability [J]. Journal of International Economics, 2009 (78)：256-267.

② WIJNBERGEN S VAN. Capital Controls and the Real Exchange Rate [J]. Economica, 1990 (2)：15-28.

③ 刘莉亚，等. 资本管制能够影响国际资本流动吗？[J]. 经济研究，2013 (5)：33-46.

化会导致均衡真实汇率升值①。Michaud 和 Rothert（2014）研究中国的资本控制程度与经济增长和汇率之间的关系，发现资本控制程度加强导致真实汇率缓慢升值②。Edwards 和 Rigobon（2009）则发现强化对资本流入的控制会使名义汇率贬值，Fratzscher（2012）也得出了汇率贬值的结论③。

6.1.2　关于汇率对资本控制的影响

首先，汇率会影响到资本流动性及其度量。具体到中国的情况来看，王琦（2006）分析了中国的国际资本流动情况，计量检验表明汇率是影响国际资本流动性的重要因素④。范爱军和卞学字（2013）以跨期消费平滑理论为基础，发现中国的资本账户开放的步伐正在加快，人民币汇率对正确度量中国的资本流动性有重要的影响⑤。

其次，汇率影响资本控制的渠道也分为实际渠道和预期渠道。从实际渠道来看，汇率的变动将影响汇差，冲击国内外的投资收益，进而影响到一国资本控制政策的决策和强度。当一国货币大幅贬值时，国际资本和国内资本出于避险的需求会大量流出。Korinek 和 Sandri（2016）则指出，本币汇率贬值会降低本国抵押物的价值，会强化国外放款人的约束条件，进一步导致资本外流⑥。为阻止资本外逃，当局可能会限制交易主体资格或交易价格，通过定性或定量的手段来控制资本流动。当一国货币的币值走强时，国际套利资本会通过各种合法或非法的渠道流入该国。在这种情况下，当局会强化对流入资本的控制（刘莉亚 等，2013），以降低资本流入规模，缓解本币的升值压力。

6.1.3　双向作用机制梳理

很多研究从国际比较的角度指出了资本控制在中国当前的发展阶段有其存

①　EDWARDS S. Tariffs, Capital Controls, and Equilibrium Real Exchange Rates [J]. The Canadian Journal of Economics, 1989（1）：79-92.

②　MICHAUD A, ROTHERT JACEK. Optimal Borrowing Constraint and Growth in A Small Economy [J]. Journal of International Economics, 2014（94）：326-340.

③　FRATZSCHER M. Capital Flows, Push versus Pull Factors and the Global Financial Crisis [J]. Journal of International Economics, 2012（88）：341-356.

④　王琦. 关于我国国际资本流动影响因素计量模型的构建和分析 [J]. 国际金融研究，2006（6）：64-69.

⑤　范爱军，卞学字. 跨期消费平滑模型与中国国际资本流动性度量：兼析汇率因素的影响 [J]. 国际金融研究，2013（3）：68-78.

⑥　KORINEK ANTON, SANDRI DAMIANO. Capital controls or macroprudential regulation? [J]. Journal of International Economics, 2016（99）：27-42.

在的合理性。如李凤城（2003）注意到新兴市场经济体发生的金融危机都与跨国资本流动密切相关，分析了引入和不引入资本控制这两种情况下发展中国家汇率制度选择的后果，认为发展中国家渐进地放开对资本账户的管制是合适的[1]。游宇和黄宗晔（2016）指出，资本控制是防控金融风险的有效工具[2]。

从本质上来说，资本控制影响着开放条件下国内外经济联系的数量关系，汇率则影响着国际经济交往的价格关系，它们其实是经济开放过程中联系非常紧密的两个部分。在中国渐进式的汇率制度改革进程中，资本控制的客观存在必将通过多种渠道对人民币汇率产生影响，且资本账户自由化与人民币汇率制度改革的很多措施是交织在一起的，两者之间相互促进，共同深化。资本控制与汇率的双向作用机制可用图 6-1 来表示。

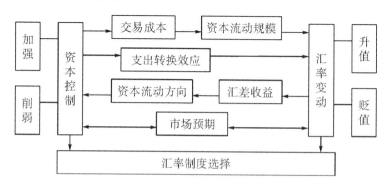

图 6-1　资本控制与汇率的双向作用机制

图 6-1 显示，汇率与资本控制相互间影响的渠道包括真实渠道和预期渠道，这两者之间的相互作用关系，在一国汇率制度选择上表现较为充分，这也是学者们讨论二者关系时最常用的一个角度。周茂荣和郭建泉（2004）通过构建一个机会主义的汇率制度选择模型，分析包括资本控制在内的多种因素对经济均衡的影响，认为我国对资本账户实施适度的管制是必要的[3]。张纯威（2006）分析了资本控制下的弹性汇率制度模型，区分了针对投机性资本流动和投资性资本流动的资本控制政策，建议中国的资本账户开放应该审慎推进[4]。白晓燕和王培杰（2008）认为中国近十年的资本管制政策基本上是有效

①　李凤城. 汇率制度选择中的资本控制决策 [J]. 南开经济研究，2003（2）：75-79.
②　游宇，黄宗晔. 资本管制对融资结构和经济增长的影响 [J]. 金融研究，2016（10）：32-47.
③　周茂荣，郭建泉. 放弃成本、政府偏好与资本控制：一个审慎的机会主义汇率制度选择模型 [J]. 经济研究，2004（5）：67-74.
④　张纯威. 弹性汇率制度下的国际资本流动调控策略 [J]. 世界经济研究，2006（2）：36-40.

的，这使得在汇率制度改革上我国可以渐进地推进弹性化改革①。刘晓辉等（2015）认为，发展中国家汇率制度改革的经验表明，在资本账户开放的同时，事后施行适当的管制是必要的保障。在人民币汇率形成机制市场化改革的进程中，中国仍应实施对跨国资本流动的适度监管，谨慎考量资本控制的效力②。

6.1.4 文献评述

综观现有关于资本控制与汇率动态的文献，涉及的面较广，但就两者的关系而言，存在的不足包括：首先，缺乏对中国开始市场化改革以来资本控制与汇率作用关系的完整描述。虽然量化资本控制程度的方法有多种，但很多对中国资本控制程度的实证研究得出来的是年度值或季度值，尤其缺乏 1994—2000 年的资本控制程度的月度数据。其次，现有研究从多个角度谈到了资本控制程度与人民币汇率的决定因素，但较零散，缺乏一个统一的分析框架。最后，对两者间相互作用机制的研究有所欠缺。很多学者没有深入探讨资本控制程度与人民币汇率变化间的多种作用渠道，没有从汇率的本质与国际交往的形式来谈资本控制程度与人民币汇率的关系，也没有同时谈到人民币名义汇率与真实汇率的变化。

针对现有研究存在的不足，本章与现有文献的不同之处在于：其一，完整地度量了 1994 年汇率制度市场化改革确立以来中国资本控制演变的阶段性及侧重点。我们使用修正的 Edwards-Khan 模型和状态空间模型估计出 1994—2017 年的月度数据，中国经济的发展现实和国际收支状况也佐证了实证估计结果的合理性。其二，在"四位一体"框架结构中，分析了资本控制程度与人民币汇率变化间关系的多样性。我们根据中国实际扩展了三元悖论，在统一的理论框架内，全面分析了 1994 年人民币汇率制度启动市场化改革以来资本控制程度和人民币汇率变化动态的相互关联。其三，为理解中国的资本账户开放和人民币汇率制度改革提供了一个新的视角。分析资本控制背景下人民币汇率及相关变量间联系的多样性，对正确理解中国资本账户开放和人民币汇率制度改革的方向与节奏很重要。

---

① 白晓燕，王培杰.资本管制有效性与中国汇率制度改革［J］.数量经济技术经济研究，2008（9）：65-76.

② 刘晓辉，张璟，甘顺利.资本账户自由化、实际资本控制与汇率制度选择［J］.国际金融研究，2015（7）：55-66.

6.2 资本控制的阶段性及其与汇率的直观联系

研究资本控制会涉及一个很重要的问题，即如何定量地测度一个国家的资本控制程度。学者们提出了多种测度资本控制程度的量化方法，在众多的量化方法中，Edwards-Khan 法是由 Edwards 和 Khan（1985）从发展中国家利率决定的角度提出的衡量资本流动程度的方法。他们假定发展中国家的资本流动处于资本完全开放和完全封闭这两种极端情况之间，因此国内利率是世界利率和计划利率的加权平均，二者的权重则代表实际的资本开放或资本控制程度①。这种方法以利率平价理论为基础，在发展中国家的资本控制程度研究中获得了广泛的应用。

在实际研究中，Helmut 和 Yeches（1993）对该模型进行了补充和发展，并据此计算了韩国和中国台湾地区的利率决定和资本控制的变化情况②。SUN Lixing（2000）用 Edwards-Khan 模型研究了东亚 3 国（韩国、印度尼西亚和泰国）和墨西哥的资本账户开放度③。王晓春（2001）用 Edwards-Khan 模型计算出中国 1982—1998 年的资本账户开放度④，且王晓春（2001）进而把这一方法应用到包括中国在内的亚洲四国，测算了这四个国家 1982—1999 年的资本流动程度⑤。刘兴华（2003）用这一模型估测中国、韩国等亚洲六国在 1982—2001 年的资本流动程度，并做了国际比较⑥。何德旭等（2006）用 Edwards 模型测度了韩国、新加坡等亚洲发展中国家的资本流动性，发现中国的资本控制程度是最强的。以上四个文献都是研究资本控制程度的年度数据，没有涉及季度数据或月度数据⑦。雷达和赵勇（2008）采用中国 1990—2006 年的季度数据，利用 Edwards-Khan 模型测算了中国的资本账户开放程度，并分

---

① EDWARDS S, KHAN M. Interest Rate Determination in Developing Countries：A Conceptual Framework ［J］. IMF Staff Papers, 1985, 32（3）：377-403.

② HELMUT R, YECHES H. Time-varying Estimates on the Openness of the Capital Account in Korea and Taiwan ［J］. Journal of Development Economics, 1993（41）：285-305.

③ SUN LIXING. Time-Varying Estimates on the Openness of Capital Account in East Asia and Mexico ［J］. The Developing Economies, 2000（6）：164-185.

④ 王晓春. 中国资本账户开放度浅析 ［J］. 统计研究, 2001（6）：39-42.

⑤ 王晓春. 资本流动程度估计方法及其在发展中国家的应用 ［J］. 世界经济, 2001（7）：20-26.

⑥ 刘兴华. 中国资本流动性的估测及国际比较 ［J］. 金融教学与研究, 2003（5）：9-12.

⑦ 何德旭，姚战琪，余升国. 资本流动性：基于中国及其他亚洲新兴国家的比较分析 ［J］. 经济研究, 2006（9）：4-16.

析了资本账户开放度的阶段性趋势①。王蕊（2014）利用这一方法测算了中国 2000—2012 年资本控制程度的月度变化②，刘金全等（2018）用此方法测量出中国 1996—2017 年的季度实际资本开放度③。

6.2.1 实证方程的设定

我们将使用 Edwards-Khan 法来测度中国的资本控制程度，并根据汇率理论和以前学者的研究，针对中国实行有管理浮动汇率并实施汇率波动幅度限制的实际，加入人民币兑美元汇率波动幅度的影响。在 Edwards-Khan 模型中，汇率不是决定资本流动程度的内生变量，但在利率平价、货币主义模型等汇率理论中，资本流动性与汇率决定之间相互影响。从金融市场的现实操作来看，Edwards-Khan 模型分析货币市场上的均衡情况与利率的决定，而人民币对美元汇率波动幅度的变动将影响外汇市场上的汇率水平和市场预期，汇率波动幅度的变化将通过当前的结售汇制度对货币市场产生冲击。有研究表明，人民币汇率是影响中国国际资本流动性的关键因素（王琦，2006）。不加入汇率因素会高估中国的国际流动性，而加入汇率后，估计的准确程度明显提高（范爱军、卞学字，2013）④。Edwards 和 Rigobon（2009）则研究了智利的资本控制和名义汇率波动幅度共存的情况，考察了该国资本控制作为冲击减震器的效力和汇率对外部冲击的敏感性。

具体的计量方程形式如下：

$$\ln\left(\frac{M}{P}\right)_t = \gamma_0 + \gamma_1 R_t^* + \gamma_2 \ln\left(\frac{P}{}\right)_t + \gamma_3 \ln\left(\frac{Y}{P}\right)_t + \gamma_4 \ln\left(\frac{M}{P}\right)_{t-1} + \gamma_5 Band$$

$$(6.1)$$

式中，$\gamma_0 = -\alpha_0 cc$，$\gamma_1 = \alpha_1(1-cc)$，$\gamma_2 = cc$，$\gamma_3 = \alpha_2(1-cc)$，$\gamma_4 = \alpha_3(1-cc)$，$\gamma_5 = \alpha_4(1-cc)$。$CC$ 表示资本控制程度，M 代表货币市场均衡时的货币供给，P 表示国内物价水平，Y 代表国内产出。$M' = M - KA$，M' 是在没有资本流动时的货币供给，KA 代表资本账户。R^* 代表世界利率水平，$Band$ 代表人民币对美元汇率波动幅度。

实证所涉及的时间跨度为 1994 年 1 月到 2017 年 12 月，共 288 个样本。数

---

① 雷达，赵勇.中国资本账户开放程度的测算 [J].经济理论与经济管理，2008（5）：5-13.

② 王蕊.资本控制下人民币汇率决定的实证检验：基于 Dornbusch 超调模型的扩展 [J].国际经贸探索，2014（5）：62-75.

③ 刘金全，张龙庭，徐宁.资本账户开放度、货币政策独立性与汇率制度选择：三元悖论还是二元悖论？[J].世界经济研究，2018（5）：3-13+64.

④ 范爱军，卞学字.跨期消费平滑模型与中国国际资本流动性度量：兼析汇率因素的影响 [J].国际金融研究，2013（3）：68-78.

据来源及处理如下：

（1）货币供给 M 选用广义货币供给量 M2。2000 年 1 月开始的 M2 数据来自中国人民银行官方网站，1996 年 1 月到 1999 年 12 月的 M2 数据来自中经网统计数据库，1994 年到 1995 年的 M2 月度数据来自 1995 年和 1996 年的《中国金融年鉴》。

（2）物价水平 P 选用消费者物价 CPI，数据来源于国际清算银行官方网站。

（3）世界利率水平 R*，选用美国联邦基金利率，数据来源于美联储官方网站。

（4）资本账户 KA，出于数据的权威性、可得性与相关性考虑，我们用外汇储备月度数据来代替，数据来源于国家外汇管理局官方网站①。

（5）国内产出水平 Y，由于 GDP 在我国没有月度数据，我们用工业增加值来表示。1994 年 1 月到 2006 年 11 月的工业增加值数据来自国家统计局官方网站以及赵永亮和余道先（2015）。2006 年 11 月份之后的数据，根据国家统计局公布的同比增长（%）和累计增长（%）计算得来②。

（6）人民币对美元汇率的波动幅度、Band 数据来自中国人民银行官方网站。

6.2.2　回归结果

在实证中，R* 为美国联邦基金利率使用水平值，其他的数据都是先做季节调整，再取自然对数。经过上述处理之后，方程（6.1）中的变量均为 I（1），可以做协整。

对公式（6.1）做 OLS 回归，得到如下的回归结果，括号内为 t 值：

$$\ln\left(\frac{M}{P}\right)_t = 0.186\,2 + 0.002\,7R_t^* + 0.718\,7\ln\left(\frac{P}{}\right)_t + 0.173\,5\ln\left(\frac{Y}{P}\right)_t +$$

$$0.192\,7\ln\left(\frac{M}{P}\right)_{t-1} - 0.059\,6Band \tag{6.2}$$

---

① 外汇储备官方数据单位是美元，我们用人民币对美元中间价转化为人民币。

② 从 2006 年开始，国家统计局为了消除节假日造成的影响，不再单独公布 1 月份的工业增加值数据，而是将每年 1~2 月份的数据一起公布，我们可以根据前 2 个月的累计增长率和 2 月份的同比增长率算出 1 月份的工业增加值。自 2013 年起，为了消除春节日期不固定因素带来的影响，增强数据的可比性，国家统计局对 1~2 月份工业数据一起调查，一起发布，不再单独发布 2 月份当月数据。我们将前两个月的累计增长率作为 1~2 月份的增长率，可以算出各自的工业增加值。经测算，这种方法与前 3 个月的累计增长率计算结果相近，具有可行性。关于工业增加值的估算方法，可参见赵永亮和余道先（2015）。

（10.444 1）　　（2.733 1）　　（38.073 5）　　（27.572 5）　　（9.250 9）

（-16.711 3）

R^2 达到 0.999 59，调整的 R^2 为 0.999 583，可见回归的效果较好。根据式（6.1）可知，1994 年以来我国平均的资本控制程度为 0.718 7。接下来我们将使用状态空间模型和 Kalman 滤波方法，来获得样本期间资本控制程度的时变值，建立的量测方程为：

$$\ln\left(\frac{M}{P}\right)_t = -\alpha_0 cc + \alpha_1(1-cc)R_t^* + cc\ln\left(\underline{P}\right)_t +$$

$$\alpha_2(1-cc)\ln\left(\frac{Y}{P}\right)_t + \alpha_3(1-cc)\ln\left(\frac{M}{P}\right)_{t-1} +$$

$$\alpha_4(1-cc)Band + \mu_t, \mu_t \sim N(0, \sigma^2) \quad (6.3)$$

状态方程为：

$$cc_t = \beta cc_{t-1} + \nu_t, \nu_t \sim N(0, Q) \quad (6.4)$$

式中，各变量的初始值由式（6.2）给出，假定扰动项和初始状态向量服从正态分布（郭其友 等，2011[①]；王蕊，2014[②]），我们可以由式（6.3）和式（6.4）得到资本控制程度的时变值，如图 6-2 所示。

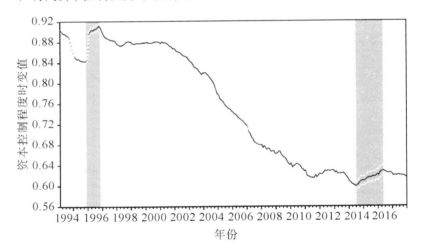

图 6-2　1994 年以来中国的资本控制程度变化趋势

　　① 郭其友，陈银忠，易小丽.汇率变动、流动性过剩与通货膨胀的动态关系 [J].经济学动态，2011 (3)：65-70.

　　② 王蕊.资本控制下人民币汇率决定的实证检验：基于 Dornbusch 超调模型的扩展 [J].国际经贸探索，2014 (5)：62-75.

图 6-2 显示，当前我国的资本控制程度大约为 0.63，这表明虽然近年来我国在资本账户开放方面推出了一系列的改革措施，但政府对国际资本流动仍保持着较大的控制力度。周小川（2012）指出，中国尚未实现但不拒绝资本项目自由兑换，我国将有计划、有步骤地逐渐推进资本项目可兑换，但不会操之过急①。中国人民银行调查统计司课题组也认为，从 IMF 制定的资本账户汇兑安排与汇兑限制的结构来看，总体上来看我国目前的资本控制程度仍然较强，与资本账户开放的目标还有较大差距②。

6.2.3 资本控制演变的阶段性

图 6-2 显示，1994 年中国开始汇率制度市场化改革，在 2001 年年中之前，资本控制程度处于高位，之后我国的资本控制程度减弱趋势较为明显，2014 年以来，资本控制程度有升有降。结合我国的国际收支状况（表 6-1）来分析，1993 年我国是经常账户逆差和资本与金融账户顺差，从 1994 年开始，很多年份里我国的国际收支结构都呈现出持续多年的双顺差特点。

1994 年是中国汇率制度市场化改革的开始，"摸着石头过河"的谨慎态度使宏观当局仍保持着较强的资本管制政策，以防范经济开放可能带来的负面冲击。在改革之初的资本控制程度较强，这也直接导致资本与金融账户顺差从 1993 年的 217 亿美元直线下降到 1994 年的 21 亿美元，之后逐渐回升，但仍低于 1993 年的水平。这与白晓燕和王培杰（2008）的观点相近，他们认为在汇率制度弹性化改革之初，中国政府应加强资本管制，能否维持适当的资本管制在一定程度上也决定了当局管理汇率的能力。

从变化趋势来看，资本控制程度的走势大致可以分为三种类型：

其一，上升趋势，即图 6-2 中由两个灰色阴影区域指出的两个阶段。

一个阶段是从 1995 年 11 月到 1996 年 11 月，在一年的时间里，资本控制程度从 0.842 6 上升到 0.910 3。尤其是在 1995 年底到 1996 年初的几个月时间里，资本控制程度升势明显。结合中国的国际收支平衡表来分析，1995 年中国非储备性质的金融账户为顺差 387 亿美元，1996 年该项目变化不大，为 400 亿美元。据商务部官网的数据，1995 年 1~12 月我国实际使用外资金额为 375.21 亿美元，1996 年 1~12 月我国实际使用外资金额为 417.26 亿美元，同比增长 11.21%。这表明，这一阶段中国加强资本控制，主要的原因可能不是

---

① 周小川. 人民币资本项目可兑换的前景和路径 [J]. 金融研究，2012（1）：1-19.

② 中国人民银行调查统计司课题组. 我国加快资本账户开放的条件基本成熟 [J]. 中国金融，2012（5）：14-17.

表 6-1　1993—2001 年中国的国际收支简表（BPM6）

单位：亿美元

项目	1993年	1994年	1995年	1996年	1997年	1998年	1999年	2000年	2001年	2002年	2003年	2004年	2005年	2006年	2007年	2008年	2009年	2010年	2011年	2012年	2013年	2014年	2015年	2016年	2017年
1. 经常账户	-119	77	16	72	370	315	211	204	174	354	431	689	1 324	2 318	3 532	4 206	2 433	2 378	1 361	2 154	1 482	2 774	3 306	1 964	1 649
1.1 货物和服务	-118	74	120	176	428	438	306	288	281	374	358	512	1 246	2 089	3 080	3 488	2 201	2 230	1 819	2 318	2 354	2 627	3 846	2 499	2 107
1.2 初次收入	-13	-10	-118	-124	-110	-166	-145	-147	-192	-149	-102	-51	-161	-51	80	286	-85	-259	-703	-199	-784	133	-454	-440	-344
1.3 二次收入	12	13	14	21	51	43	49	63	85	130	174	229	239	281	371	432	317	407	245	34	-87	14	-87	-95	-114
2. 资本与金融账户	217	21	162	83	-147	-127	-33	-86	-125	-432	-513	-819	-1 553	-2 355	-3 665	-4 394	-2 019	-1 849	-1 223	-1 283	-853	-1 692	-1 424	263	570
2.1 非储备性质的金融账户	235	326	387	400	210	-63	52	20	348	323	549	1 082	912	453	911	371	1 945	2 822	2 600	-360	3 430	-514	-4 856	-4 170	1 486
2.2 储备资产	-18	-305	-225	-317	-357	-64	-85	-105	-473	-755	-1 061	-1 901	-2 506	-2 848	-4 607	-4 795	-4 003	-4 717	-3 878	-966	-4 314	-1 178	3 429	4 437	-915
3. 净误差与遗漏	-98	-98	-178	-155	-223	-187	-178	-119	-49	78	82	130	229	36	133	188	-414	-529	-138	-871	-629	-1 083	-1 882	-2 227	-2 219

数据来源：国家外汇管理局官方网站（http://www.safe.gov.cn/）。

因为资本与金融账户出现恶化。而来自中国海关总署的数据显示，从1995年1月开始，我国的贸易顺差就呈逐渐下降的趋势，1995年6月的贸易顺差为30.8亿美元，之后开始直线下滑，1995年11月的贸易顺差为1.31亿美元，1995年12月转为逆差12.29亿美元，1996年3月贸易逆差为7.29亿美元，之后转为顺差，1996年11月的贸易顺差为19.99亿美元。根据中国的贸易状况，我们可以合理地推测，在这期间，资本控制政策的强化很可能是出于改善贸易逆差的考虑。

另一个上升的阶段是从2014年6月到2016年5月，在约2年的时间里，资本控制程度从0.597 7升到0.628 7，这段时间的上升趋势较为平缓。在这段时间里，贸易收支状况总体上是震荡上升，2014年6月贸易顺差是315.64亿美元，2015年6月贸易顺差为465.39亿美元，2016年5月贸易顺差为499.80亿美元。但国际收支平衡表显示，2014—2016年，中国的非储备性质的金融账户均为逆差，而且2015年和2016年是自1994年以来仅有的储备资产减少的年份，2015年中国外汇储备减少了3 423亿美元，2016年则减少了4 437亿美元。外汇储备大幅减少的原因有全球贸易放缓、各国货币政策分化、央行对外汇市场的干预等。

比较这两个资本控制程度上升的阶段，前一阶段的升幅达到0.067 7，而后一阶段的升幅则小得多，为0.031，不到前者的一半。前一个阶段由于资本流动数量不大，强化资本控制是贸易驱动的，主要是为了改善经常账户的收支状况。第二次面临较大的跨境资本流出的压力，形势很严峻，当局加强资本控制是资本驱动的，主要目的是扭转资本与金融账户的赤字（逆差），效果也较明显（2017年的非储备性质的金融账户的顺差为1 486亿美元）。

其二，大致不变的一个阶段，从1998年3月到2001年5月，在大约3年的时间里，资本控制程度维持在0.878左右。

图6-2显示，1997年亚洲金融危机爆发以来，中国的资本控制程度仍然是较弱的，直到中国香港特区受到国际投机资本攻击，形势告急时，中国政府才强化了资本控制，资本控制程度在接下来的3年时间里趋稳。何德旭等（2006）也没有发现中国在亚洲金融危机之后采取更加严格的资本管制措施的证据。但与王蕊（2014）的结论不同，我们发现在次贷危机期间，中国的资本控制程度仍处于减弱的趋势。观察2008年前后的国际收支平衡表，次贷危机虽然对中国2008年的资本与金融账户有不利的冲击，但政府积极应对，采用四万亿刺激计划等灵活调控经济发展的节奏和重点，宏观经济发展的节奏和速度没有受到大的影响，非储备性质的金融账户自2009年即大幅回升，并在

随后的几年里逐年提高。

其三，在其他的时间段，中国的资本控制程度都是减弱的趋势，早期的减弱趋势较明显，近些年来波动的幅度不大。

在这其中，资本控制程度有几个小幅上升的短暂时间：一是在 2010 年的前半年，从 2010 年 2 月的 0.634 7 上升到同年 6 月份的 0.642 3。此外，资本控制程度从 2011 年 8 月的 0.614 5 上升到 2012 年 11 月份的 0.629 3，持续约一年半时间。在这段时间里，中国的非储备性质的金融账户由 2011 年的 2 600 亿美元顺差，变为 2012 年的 360 亿美元逆差，跨境资本流动短期变化明显，存在着资本外流的压力。

6.2.4 资本控制与人民币汇率的直观联系

再来看人民币对美元汇率中间价（数据来源于中国人民银行）和真实汇率[①]的变化情况，如图 6-3 所示。

图 6-3 人民币对美元名义汇率和真实汇率的变化情况

图 6-3 指出了两个人民币对美元名义汇率基本不变的时段，一个是 1997 年 7 月亚洲金融危机爆发到 2005 年 7 月汇率制度改革，人民币汇率固定在 8.27 左右；另一个时段是美国次贷危机期间，从 2008 年 7 月到 2010 年 6 月重启汇率制度改革，汇率水平固定在 6.83 左右。除开这两个危机时段，自 1994 年开始汇率制度市场化改革以来，人民币对美元名义汇率一路走低，下降趋势

[①] 在直接标价法条件下，真实汇率=名义汇率×P*/P，这里 P 和 P* 采用国内外消费物价指数，数据来源于国际清算银行。

一直持续到 2015 年 8 月份央行对人民币汇率中间价形成机制实施改革之日。从 2015 年 8 月到现在，人民币汇率则是震荡波动态势。换言之，从 1994 年初到 2015 年 7 月份，人民币对美元持续升值；从 2015 年 8 月到现在，人民币对美元则是先贬值后升值。与名义汇率相比，人民币真实汇率的变化更大，升值与贬值趋势交替出现。但从 2005 年 7 月汇率制度改革开始，特别是 2010 年 6 月之后，名义汇率、真实汇率的变化趋势基本一致。

把图 6-2 和图 6-3 结合起来分析，我们可以得出以下几点认识：

（1）资本流动状态和汇率政策都是货币当局进行宏观调控的重要工具，一国事实上的汇率制度与名义的汇率制度可能并不完全一致。虽然 1994 年开始汇率制度市场化改革以来，我国名义上实行有管理的浮动汇率制度，但为应对两次大的金融危机冲击，我国政府主动收窄了汇率波动幅度，转为事实上的固定汇率制度。

（2）人民币汇率水平的变动受到国内外多种因素的影响，资本控制是关键的影响因素之一。资本控制会影响国内外在实体层面和货币层面的经济联系，必然会冲击作为开放经济中的一种相对价格形式表现出来的汇率水平。

（3）资本控制与汇率水平的变化并非完全同步的。资本控制的程度在逐渐减弱，即中国的资本开放水平在逐渐提高。近年来人民币汇率有升有降，双向波动的汇率弹性不断增强。1994 年以来，人民币对美元汇率和中国资本控制的时变值的变化趋势大致如表 6-2 所示。

表 6-2　资本控制程度与人民币汇率变化趋势对比

资本控制程度		名义汇率		真实汇率	
趋势	时间段	趋势	时间段	趋势	时间段
减弱	1994M01—1995M10	升值	1994M01—1995M06	升值	1994M01—1997M02
加强	1995M11—1996M11	固定	1995M07—2005M06	贬值	1997M03—2003M08
减弱	1996M12—2014M05	升值	2005M07—2008M08	升值	2003M09—2015M02
		固定	2008M09—2010M05		
		升值	2010M06—2015M07		
加强	2014M06—2016M05	贬值	2015M08—2016M12	贬值	2015M03—2017M05
加强	2016M06—2017M12	升值	2016M12—2017M12	升值	2017M06—2017M12

从表 6-2 可以看出，资本控制程度减弱直接对应于人民币真实汇率升值，资本控制程度加强则对应于真实汇率贬值。由于政府的避险行为，名义汇率与

资本控制的对应关系没有真实汇率那么简单明了。但除开名义汇率两段固定不变的时间，还是可以看出，名义汇率升值对应于资本控制程度减弱，而名义汇率贬值则对应于资本控制程度加强。也即是说，在 1994—2017 年这段时间，资本控制程度的趋势减弱，人民币汇率的趋势也在震荡走低，直观地来看，即是资本控制程度加强对应于人民币贬值，而资本控制程度减弱则与人民币升值相对应，但两者在改革节奏、波动幅度等方面分化明显。关于资本控制程度与人民币汇率的动态关联和作用机制，还需要我们做进一步的深入分析。

6.3　两者关系的实证研究：从三元悖论到"四位一体"框架

前面虽然发现了资本控制程度与人民币汇率的同向变动关系，但结合两者的作用机制图（图6-1），我们还想知道，两者之间的真实渠道和预期渠道谁更重要，有无共同的影响因素和政策指向？要解决这一问题，我们需要一个统一的理论分析框架。

6.3.1　三元悖论在中国的扩展

三元悖论最初的含义是在开放经济条件下，一国政策当局不能同时实现资本自由流动、汇率稳定和货币政策自主性三个目标，只能在三者之中实现两个目标。和萍（2006）认为中国的资本控制程度在短期内较强，但长期相对较弱，三元悖论在中国是成立的[1]。刘敏和李颖（2008）认为三元悖论反映了在开放条件下宏观政策三个目标之间不可兼得的矛盾，并为中国 2005 年 7 月进行的回归有管理浮动汇率制度的改革提供了一个理论依据[2]。但孙华好（2004）明确指出，三元悖论不能作为中国选择汇率制度的依据，汇率制度选择固定或浮动应是在较长的时期里做出的一项制度安排[3]。中国人民银行调查统计司课题组指出，三元悖论至少存在三方面的局限，如没有考虑大国的影响，未考虑宏观审慎管理措施的缓解作用等。若直接套用三元悖论来分析中国

---

① 和萍. 渐进资本开放与中国货币政策的独立性 [J]. 经济理论与经济管理, 2006 (11)：25-31.
② 刘敏，李颖."三元悖论"与人民币汇率制度改革浅析 [J]. 国际金融研究, 2008 (6)：69-75.
③ 孙华好."不可能三角"不能作为中国汇率制度选择的依据 [J]. 国际金融研究, 2004 (8)：11-16.

的情况，结论难免有失偏颇①。

抛开以上支持者与反对者两派之间的争论，我们认为，在开放经济中应跳出三选二的假设前提来分析三元悖论，三元悖论的含义不是机械地三选二，在现实中把它理解为三者不同程度的组合更为合适。Han 和 Wei（2018）分析了发达国家的货币政策冲击对发展中国家的影响，发现在中心国家（美国）的货币政策发生变动时，外围国家（新兴经济体）实际上处在三难与两难之间，即面临着 2.5 难。但就其实质来讲，这个观点仍然是在探讨如何三选二。胡再勇（2010）使用 2005 年汇率制度改革前后的数据做对比研究，认为我国同时实现了部分的汇率制度弹性、部分的资本流动性和部分的货币政策自主性②。国家外汇管理局发布的《2014 年中国国际收支报告》分析了巴西、墨西哥和俄罗斯等新兴市场国家综合运用宏观经济政策的不同组合，发现这些国家分别坚守三元悖论的一个目标，随着国内外经济环境的变化对另外两个目标进行了动态调整，以不同的方式寻求并实现了三者之间的动态平衡。

（1）经济增长在中国的重要性不可忽略：从 3 到 3+1

进一步地，现有针对三元悖论在中国的研究都淡化了一个很重要的制约因素，即作为一个转型中的发展中大国，中国对经济增长和经济发展的追求是当局制定宏观政策的前提条件，很多在改革中逐渐凸显出来的深层次问题也只有通过高质量的经济增长才能有效地解决。目前在三元悖论中谈到了经济增长的文献仅见两篇。靳玉英和周兵（2014）考察了新兴市场国家三元悖论框架对金融稳定和经济增长的影响，中国的样本区间为 1984—2010 年，但他们只是单向地检验了各国三元悖论的离散程度对经济增长的作用③。唐琳等（2015）平行地对待经济增长、货币独立性、资本开放度和汇率稳定性这四个因素间单向性的此消彼长的关系，没有梳理出四者之间相互作用的机制，也没有考虑国际金融危机、预期及实体因素等外部冲击的作用④。

国家"十三五"规划明确提出要完善宏观调控方式，促进经济稳健、安全和可持续地发展。党的十九大报告再次强调我国仍处于并将长期处于社会主

---

① 中国人民银行调查统计司课题组. 协调推进利率汇率改革和资本账户开放 [J]. 中国金融，2012（9）：9-12.

② 胡再勇. 我国的汇率制度弹性、资本流动性与货币政策自主性研究 [J]. 数量经济技术经济研究，2010（6）：20-34、125.

③ 靳玉英，周兵. 新兴市场国家三元悖论框架选择为何中间化：基于经济增长和金融稳定视角的分析 [J]. 国际金融研究，2014（9）：34-44.

④ 唐琳，谈正达，胡海鸥. 基于 MS-VAR 的"三元悖论"约束及对经济影响研究 [J]. 国际金融研究，2015（9）：35-44.

义初级阶段，以经济建设为中心的基调和方向没有变。所以，在中国经济发展的不同阶段，资本开放/控制、汇率政策、货币政策的操作都是宏观当局可选择或调控的政策组合手段，而可持续的经济增长无疑是各种宏观政策的最终指向，而且在供给侧结构性改革的过程中，我国已经开始逐渐从高速经济增长向高质量经济发展转变。由此，可将传统的三元悖论扩展为"四位一体"框架结构，如图6-4所示。在图6-4中，实线的单向或双向箭头表示直接的作用关系，虚线的箭头表示间接的作用关系①。

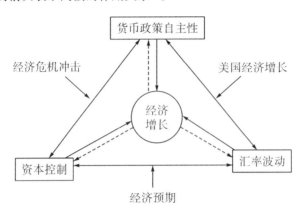

图6-4   "四位一体"分析框架

在三元悖论加经济增长"四位一体"的框架下，要全面、深入地分析这四个变量之间的相互作用关系，我们还须考虑来自其他的制度、预期与国外经济增长等方面的共同影响。根据前面人民币名义汇率的走势，我们考虑了影响中国汇率制度选择的两次大的外部经济危机，即1997年爆发的亚洲金融危机和2007年爆发的美国次贷危机。靳玉英和周兵（2014）在研究三元悖论时，也考虑到了外部金融危机（货币危机、银行危机及债务危机）的影响。

经济预期也是一个很重要的影响因素。根据国际收支平衡表的结构关系，外汇储备作为调节性项目，是经常账户和资本与金融账户的一个对应，在忽略净误差与遗漏时，储备账户可以全面地反映一国对外贸易与资本流动的总体情况。可以用外汇储备来代表经济系统中市场对一国发展速度与质量的预期变量，用 OR 表示。靳玉英和周兵（2014）分析了三元悖论框架在 29 个新兴市场国家的演化，发现外汇储备的润滑作用很显著，能缓解三元悖论框架分离对

①   在后面的实证回归方程中，除开逻辑作用关系表示的系数方向之外，实线箭头一般表示回归结果显著，虚线箭头一般表示回归结果不显著。

经济增长的负面冲击。沈军等（2015）把外汇储备纳入三元悖论，认为外汇储备的积累和宏观当局的管理政策使三元悖论中不同的目标冲突得到了平衡，并在此方向下考察了中国和印度政策组合及调控效果的差异性①。

此外在实体因素方面，考虑美国经济发展状况对中国经济的全面冲击，加入美国经济增长变量 YUS。在靳玉英和周兵（2014）选择的控制变量中，也包括了世界经济的产出增长情况。

（2）"四位一体"框架在中国具有理论上的合理性

根据三元悖论的含义，开放条件下政策目标的组合有三种情形。情形 A：资本自由流动+货币政策自主性+汇率自由浮动（放弃汇率稳定），这一般是发达国家，比如美国。情形 B：货币政策自主性+汇率稳定+资本管制（放弃资本自由流动），这通常是发展中国家，比如中国。情形 C：资本自由流动+汇率稳定+货币政策被动操作（放弃货币政策自主性），这些国家（地区）比较特别，比如实行联汇制的中国香港特区。

对情形 A，"四位一体"框架不适合，经济增长是内生决定的。当资本自由流动时，利率和汇率的联动关系可以用利率平价来描述。结合凯恩斯古典意义上的利率平价理论，汇率、利率二者之间是双向作用关系，国际资本流动是传导的载体。汇率（利率）的变化会引起利率（汇率）变化，引发跨国资本流动的方向、规模变化，宏观经济变量（投资、消费等）相应变动，经济增长最终会发生变化。因此，假定汇率自由浮动，利率政策从而经济增长是内生的。情形 C 的分析与此类似。

从理论上来看，"四位一体"= 情形 B + 中国对经济增长的内在诉求。

首先，"四位一体"是对三元悖论的合理拓展。"四位一体"没有否认三元悖论的科学内涵，它的基础是三元悖论的一种现实形态，当存在资本管制时，跨境资本流动、利率、汇率这三个方面之间的作用方向、渠道和力度等都和自由经济体有诸多差别，经济增长将作为一个约束条件，与前三者之间发生相互作用。

其次，经济增长是中国经济发展的潜在追求，统领着宏观政策组合和其他经济变量的表现。党的十七大报告指出，要同时抓经济建设、政治建设、文化建设、社会建设、生态建设、国防建设、党的建设，经济建设被放在首位。国家"十三五"规划提出，要坚持稳中求进，统筹推进经济建设及其他方面的

① 沈军，吴晓敏，胡元子. 扩展三元悖论视角下的印度汇率制度改革对中国的启示 [J]. 国际金融研究，2015（3）：88-96.

建设，确保如期全面建成小康社会。党的十八大在阐释怎样全面建成小康社会时，把经济持续健康发展作为第一目标。党的十九大则强调我国仍处于并将长期处于社会主义初级阶段，以经济建设为中心的基调和方向没有变。

再次，从内外均衡关系来看，中国的内部均衡优先于外部均衡①。在经济开放式发展的进程中，内外均衡是一个硬币的两面，需要统筹兼顾。经济增长在内部均衡中居于核心地位，中国应积极扩大内需，充分挖潜，促进经济转型和结构调整，经济增长的质量将决定中国经济的韧性、活力与可持续性。

最后，发展中国家（新兴经济体）的政策操作事实上是以经济增长为基石的。三元悖论比较抽象，只谈到了政策选择的极端情况，由于国内外经济形势的复杂多变，现实中各国（地区）政府的政策组合其实是财政、货币、汇率、资本管制等措施的不同程度的组合。在应对金融危机时，巴西坚持要货币政策独立性，不断在资本自由流动和汇率稳定之间寻求平衡。墨西哥和俄罗斯则强调资本自由流动，在汇率稳定和货币政策独立性之间做出取舍。如果上升到理论层面，这些国家（地区）的政策操作都是在三元悖论的指引下，且都是以经济的长期发展（增长）为核心的②。中国现阶段也面临着三元悖论，其他国家的做法可资借鉴。

（3）"三个角+一个中心"：四者之间的作用机制分析

在上述"四位一体"架构中，**从资本管制与货币政策独立性**的关联来看，Wijnbergen（1990）分析了资本管制与真实汇率之间的关系，认为资本管制会影响国内外利差的大小，最终使汇率水平发生波动③。张斌（2002）指出，资本管制的存在对中国来说是一种次优选择，它能在一定程度上维持货币政策的独立性，优化货币政策对实体经济发展的传导机制④。Miniane 和 Rogers（2007）研究了资本管制和美国货币冲击的国际传导问题，详细地讨论了在利率和汇率变动上资本管制是否能有效地隔离外部冲击⑤。Bluedorn 和 Bowdler（2010）在三元悖论的架构内对国际货币冲击的传递做了实证分析，研究了在

---

① 见国家外汇管理局（http://www.safe.gov.cn/）发布的《2013 年中国国际收支报告》，第 17 页。

② 见国家外汇管理局（http://www.safe.gov.cn/）发布的《2014 年中国国际收支报告》，第 58 页。

③ WIJNBERGEN S V. Capital Controls and the Real Exchange Rate [J]. Economica, 1990 (2)：15-28.

④ 张斌. 增进中国资本管制的有效性研究：从宏观经济稳定视角出发 [J]. 管理世界, 2002 (11)：6-11.

⑤ MINIANE J, ROGERS J H. Capital Controls and the International Transmission of U. S. Money Shocks [J]. Journal of Money, Credit and Banking, 2007, 39 (5)：1003-1035.

不同汇率制度下的各国利率之间的联动与传递情况[①]。Edwards（2012）使用七个亚洲和拉美新兴市场国家的周数据，研究了美联储利率政策变化如何传递到国内的短期利率上，具体探讨了资本管制力度与利率传递水平之间的量化关系[②]。

在资本控制与汇率波动的相互作用方面，在弹性汇率制度下，资本账户开放需要更加审慎，政府可以适度地进行外汇干预，以维持汇率均衡和宏观经济稳定（张纯威，2006）[③]。阙澄宇和马斌（2013）建立了带有随机冲击的开放经济模型，发现资本账户开放对新兴市场经济体浮动汇率制度福利的效应是非线性的[④]。刘晓辉等（2015）以88个发展中国家为样本，发现一国的实际资本控制程度越弱，则它越不可能提高汇率弹性[⑤]。

在汇率波动与货币政策独立性方面，金中夏和洪浩（2015）把汇率波动和货币政策放在开放环境中来考察，运用新凯恩斯动态随机一般均衡（DSGE）两国模型发现，货币政策独立性或国内外货币政策相互协调的程度将影响利率和汇率的动态最优调整路径[⑥]。陈创练等（2017）指出人民币汇率波动、利率和跨境资本流动呈现出随机波动的特征，他们分析了在中国市场化改革不断深入的过程中三者之间时变动态关系和相互影响机制，认为货币政策独立性、汇率制度改革和资本开放可以相互协调，循序渐进地同时进行[⑦]。

在宏观变量的经济增长效应方面，Quinn和Toyoda（2008）以94个发达国家和新兴市场国家资本账户开放度为研究对象，分析了1950年以来的数据，认为资本账户自由化与经济增长之间存在着正向关联[⑧]。李巍和张志超（2008）发现FDI不会引起实际汇率的波动，但会冲击国内经济增长的稳定

① BLUEDORN J C, BOWDLER C. The Empirics of International Monetary Transmission: Identification and the Impossible Trinity [J]. Journal of Money, Credit and Banking, 2010, 42 (4): 679-713.

② EDWARDS S. The Federal Reserve, the Emerging Markets, and Capital Controls: A High-Frequency Empirical Investigation [J]. Journal of Money, Credit and Banking, 2012, 44 (2): 151-184.

③ 张纯威. 弹性汇率制度下的国际资本流动调控策略 [J]. 世界经济研究, 2006 (2): 36-40.

④ 阙澄宇, 马斌. 资本账户开放对浮动汇率制度福利的非线性效应: 以新兴市场经济体为例 [J]. 数学的实践与认识, 2013 (5): 77-88.

⑤ 刘晓辉, 张璟, 甘顺利. 资本账户自由化、实际资本控制与汇率制度选择 [J]. 国际金融研究, 2015 (7): 55-66.

⑥ 金中夏, 洪浩. 国际货币环境下利率政策与汇率政策的协调 [J]. 经济研究, 2015 (5): 35-47.

⑦ 陈创练, 等. 利率市场化、汇率改制与国际资本流动的关系研究 [J]. 经济研究, 2017 (4): 64-77.

⑧ QUINN D P, TOYODA A M. Does Capital Account Liberalization Lead to Growth? [J]. The Review of Financial Studies, 2008, 21 (3): 1403-1449.

性。开放非 FDI 账户的效果相似，但二者的影响力度并不相同①。刘莉亚等（2013）认为资本管制会强烈地增加经济的不稳定因素，阻碍金融市场的发展，易滋生腐败，扭曲一国的经济增长②。游宇和黄宗晔（2016）发现当局对债券进行的管制能够促进经济增长，管制股票交易则阻碍经济增长，管制 FDI 对经济增长的影响不显著。此外，资本管制将显著影响资本流动结构的调整，进而影响经济增长的速度③。

关于**汇率波动与经济增长**，刘英等（2016）强调，人民币的持续升值通过贸易、FDI、房地产价格等途径使中国的开放经济出现了"空心化"迹象，而人民币贬值趋势则缓解了经济的"空心化"，因此中国转变经济增长模式是必然的选择④。丁志杰和谢峰（2017）以 20 世纪 80 年代以来中等收入国家为例，发现汇率的过度波动将对这些国家实际的经济增长产生显著的负面影响，汇率管理的有效性对中等收入国家的经济跨越尤为重要⑤。

关于**货币政策独立性与经济增长**，孙华好和马跃（2015）认为，由于中国央行实施的规模较大的冲销操作，在事实上的钉住美元的固定汇率制度和浮动汇率制度期间，我国都保持了相当强的货币政策独立性，并能有效地调节国内的流动性，促进经济增长⑥。在中国经济发展由追求速度向追求质量转型的过程中，徐忠（2018）认为我国的货币政策调控应由数量型向价格型转变，适应技术进步和金融创新，加强市场基础指标的建设，切实提高货币政策操作的自主性⑦。何德旭和冯明（2019）指出，随着中国经济逐渐成长为大型开放经济体，金融开放日渐深化，此时维护货币政策独立性的困难程度显著加大，而加强各国货币政策间的国际协调更有必要⑧。

6.3.2　数据来源与联立方程的构建

在三元悖论的基础之上，承接前文，我们用 CC 表示资本控制程度、ER

---

① 李巍，张志超. 不同类型资本账户开放的效应 [J]. 世界经济，2008（10）：33-45.
② 刘莉亚，等. 资本管制能够影响国际资本流动吗？[J]. 经济研究，2013（5）：33-46.
③ 游宇，黄宗晔. 资本管制对融资结构和经济增长的影响 [J]. 金融研究，2016（10）：32-47.
④ 刘英，范黎波，金祖本. 中国开放经济空心化倾向：基于人民币汇率变动视角 [J]. 数量经济技术经济研究，2016（7）：77-95.
⑤ 丁志杰，谢峰. 汇率对中等收入国家经济跨越的影响研究 [J]. 金融研究，2017（2）：42-53.
⑥ 孙华好，马跃. 货币政策对外自主性：中国的实践 [J]. 数量经济技术经济研究，2015（1）：52-66，113.
⑦ 徐忠. 经济高质量发展阶段的中国货币调控方式转型 [J]. 金融研究，2018（4）：1-19.
⑧ 何德旭，冯明. 新中国货币政策框架 70 年：变迁与转型 [J]. 财贸经济，2019（9）：5-20.

表示汇率波动、NER 表示名义汇率、RER 表示真实汇率。在经济预期方面，用中国的外汇储备 OR（Official Reserve）来表示。中国月度的外汇储备数据来自国家外汇管理局，以美元计价。美国增长变量用 YUS 来表示，由于缺乏 GDP 的月度数据，参考曹伟等（2016）[①]，我们用美国工业生产指数作为经济增长的替代变量，数据来源于 EIU Countrydata。

关于货币政策操作，有研究表明，中国应以利率为货币政策的中介目标（胡再勇，2010）。关于货币政策独立性指标的选取，很多学者（唐琳 等，2015；沈军 等，2015；魏英辉 等，2018[②]）采用 Aizenman et al.（2011）[③] 的做法，通过计算国内外基准利率的相关系数来度量。但从变量间的关系来看，国内外利差是决定套利资本流向的重要因素，在利率平价理论中利差也直接决定了汇率变动方向和变化幅度。所以，基于相关性、直接性的考虑，货币政策自主性指标我们选用国内外利差 Δi 来表示，$\Delta i = i - i^*$，国内利率 i 为一年期定期存款利率，国外利率 i^* 为美国联邦基金利率（Edwards，2012；王蕊，2014；魏英辉 等，2018）。国内外利差大，表示本国货币政策的独立性强；反之，则表示独立性弱。

外部危机冲击用 CRISIS 表示，发生危机时，CRISIS = 1；其他时间，CRISIS = 0。亚洲金融危机在 1997 年 7 月 2 日泰国宣布放弃固定汇率制度时爆发，迅速蔓延至东南亚，游资发起对中国香港的数轮攻击，危机甚至波及俄罗斯，对亚洲及全球金融市场产生了巨大的破坏作用。《人民日报》记者何刚认为在 1999 年 2 月亚洲金融危机尚未结束。国务院发展研究中心对外经济研究部部长张小济（2000）认为，在 1999 年底，亚洲金融危机国家汇市、股市均出现强劲反弹，实体经济增长率创出新高，表明亚洲经济体已走出衰退，经济出现 V 型复苏。对美国次贷危机，中国银行副行长朱民（2008）认为，2007 年 3 月 13 日，美国新世纪金融（抵押贷款公司）破产正式引爆了美国次级抵押贷款危机，并迅速通过流动性关联和组合投资向全球蔓延，发展成为一场波及全球的经济危机。中国人民银行发布的 2010 年第二季度的《货币政策执行报告》指出，"当前全球经济逐步复苏，我国经济回升向好的基础进一步巩

① 曹伟，言方荣，鲍曙明.人民币汇率变动、邻国效应与双边贸易 [J].金融研究，2016（9）：50-66.

② 魏英辉，陈欣，江日初.全球金融周期变化对新兴经济体货币政策独立性的影响研究 [J].世界经济研究，2018（2）：52-62.

③ AIZENMAN J，CHINN M D，ITO H. Surfing the Waves of Globalization：Asia and Financial Globalization in the Context of the Trilemma [J]. Journal of the Japanese and International Economies，2011，25（3）：290-320.

固，经济运行已趋于平稳"。综上所述，亚洲（东南亚）金融危机的持续时间可以设定为 1997 年 7 月到 1999 年 12 月，而美国次贷危机以及由其引发的全球金融危机持续的时间是从 2007 年 3 月到 2010 年 6 月[①]。

在"四位一体"的理论架构下，考虑到相关控制变量的制约，可以建立以下联立模型：

$$CC_t = \alpha_0 + \alpha_1 ER_t + \alpha_2 \Delta i_t + \alpha_3 Y_t + \alpha_4 OR_t + \alpha_5 CRISIS_t + \alpha_6 YUS_t \quad (6.5)$$

$$ER_t = \beta_0 + \beta_1 CC_t + \beta_2 \Delta i_t + \beta_3 Y_t + \beta_4 OR_t + \beta_5 CRISIS_t + \beta_6 YUS_t \quad (6.6)$$

$$\Delta i_t = \gamma_0 + \gamma_1 CC_t + \gamma_2 ER_t + \gamma_3 Y_t + \gamma_4 OR_t + \gamma_5 CRISIS_t + \gamma_6 YUS_t \quad (6.7)$$

$$Y_t = \theta_0 + \theta_1 CC_t + \theta_2 ER_t + \theta_3 \Delta i_t + \theta_4 OR_t + \theta_5 CRISIS_t + \theta_6 YUS_t \quad (6.8)$$

6.3.3 各方程回归系数的理论分析

（1）对资本控制程度方程来讲，根据前面的图形分析，ER、CC 同向变动，$\alpha_1 > 0$。若本国利率高，利差为正，国际套利资本会流入本国，国内资本不会流出，限制热钱流入的管制程度会上升，$\alpha_2 > 0$。如果本国经济增长良好，国内资本不会流出，追逐高收益的国际热钱会流入，因此 $\alpha_3 > 0$。同理，如果本国外汇储备充足，能够给国内外的金融市场以信心，$\alpha_4 > 0$。在亚洲金融危机和美国次贷危机期间，国内外的经济发展状况都不稳定，经济下行压力增大，因此资本管制的力度会加大，所以发生经济危机时 $\alpha_5 > 0$。其次，如果美国经济发展势头强劲，则资本流入美国的动机增强，故 $\alpha_6 > 0$。

（2）对汇率方程来讲，$\beta_1 > 0$。如果本国的利差有优势，一般情况下，逐利的国际资本流入，在外汇市场上本币面临升值压力；但从本国货币市场来看，如果国内利率提高，则货币需求下降，在货币供给不变时，要达到货币供求均衡，本国物价必须上升，本币会贬值，所以在直接标价法下 $\beta_2 >$ 或 < 0。根据巴拉萨—萨缪尔森定理，本国的经济增长带来本币的升值，故 $\beta_3 < 0$，$\beta_6 > 0$。一国充足的外汇储备是其货币币值稳定的保证，所以 $\beta_4 < 0$。在发生经济危机时，其他国家的货币相对贬值，但人民币汇率相对稳定，升值的趋势

① 关于两次经济危机爆发及结束的时间，参见何刚在 1999 年 2 月《人民论坛》上的文章《跌落谷底 蹒跚上行 亚洲金融危机一年半回顾与展望》；《国际金融研究》2000 年第 1 期《1999 年国际金融十大新闻》和 2008 年第 1 期《2007 年国际金融十大新闻》；及中国人民银行（http://www.pbc.gov.cn/）2012 年第 2 季度《货币政策执行报告》，第 14 页。

占主导，故 $\beta_5 < 0$ ①。

（3）对利差方程来讲，资本管制加强，则国内外利差可以维持下去，故 $\gamma_1 > 0$。当本币面临贬值压力时，当局为维护汇率稳定会提高利率，吸引资本流入，所以 $\gamma_2 > 0$。经济增长对利差的影响可以从两方面来分析，首先，从货币市场供求来看，本国经济增长，货币需求会增大，若货币供给不变，利率有上升的趋势，国内外利差变大。另外，从实体经济发展来看，投资是拉动经济增长的重要力量，为促进投资，本国利率会下行，若国外利率不变，国内外利差会变小，所以 $\gamma_3 >$ 或 < 0，$\gamma_6 >$ 或 < 0。如果外汇储备增加，在当前的结售汇制度下，国内的流动性会增多，为避免通货膨胀而提高利率，$\gamma_4 > 0$。在危机时期，国外会提高利率，而国内利率一般也会提高，国内外利差可扩大或缩小，视两者调整幅度而定，故 $\gamma_5 >$ 或 < 0。

（4）对经济增长方程来讲，资本控制程度加强会降低资源的配置效率，故 $\theta_1 < 0$。一般而言，本币贬值会通过进出口贸易促进经济增长，故 $\theta_2 > 0$。利差对经济增长的效应不定，一方面本国利率高会吸引国外资本流入，但另一方面又会抑制本国的投资、消费等经济行为，$\theta_3 >$ 或 < 0。一国的国际储备增长是对外经济交往的结果，又能增强本国进口经济发展所需的技术、设备、原材料的基础，这将有利于经济增长；但对中国而言，双顺差产生了高额的外汇储备，由于缺乏有效的投资渠道和专业化的管理，会造成资源的浪费，所以 $\theta_4 >$ 或 < 0。而经济金融危机的爆发会阻碍和延缓一国经济增长的势头，故 $\theta_5 < 0$。此外，在中、美经济深度融合的趋势下，美国的经济增长会在一定程度上带动中国经济的发展，则 $\theta_6 > 0$。回归方程的系数情况详见表6-3。

表6-3　回归方程的系数情况

方程类别	变量名称及系数					
资本控制程度	汇率	利差	经济增长	经济预期	危机冲击	美国经济增长
	α_1	α_2	α_3	α_4	α_5	α_6
	+	+	+	+	+	+

---

①　在亚洲金融危机和次贷危机期间，为避免危机进一步蔓延，防止以邻为壑政策对地区和世界经济的恶性冲击，在许多国家货币纷纷对美元大幅贬值时，人民币汇率保持了基本稳定，中国付出了一定的代价，但为全球经济复苏做出了巨大贡献。参见：周小川. 人民币资本项目可兑换的前景和路径 [J]. 金融研究，2012（1）：1-19；中国人民银行（http://www.pbc.gov.cn/）2010年第2季度《货币政策执行报告》。

表6-3（续）

方程类别	变量名称及系数					
汇率	资本控制	利差	经济增长	经济预期	危机冲击	美国经济增长
	β_1 +	β_2 + (−)	β_3 −	β_4 −	β_5 −	β_6 +
利差	资本控制	汇率	经济增长	经济预期	危机冲击	美国经济增长
	γ_1 +	γ_2 +	γ_3 + (−)	γ_4 +	γ_5 + (−)	γ_6 + (−)
经济增长	资本控制	汇率	利差	经济预期	危机冲击	美国经济增长
	θ_1 −	θ_2 +	θ_3 + (−)	θ_4 + (−)	θ_5 −	θ_6 +

6.3.4 联立模型的实证结果

我们对汇率、国内外经济增长、外汇储备取对数，其他的变量是原值。为避免伪回归，先对各变量做平稳性检验。检验结果显示，资本控制程度、利差、危机冲击是平稳变量，而汇率、外汇储备、国内经济增长、美国经济增长是一阶差分平稳。所以，汇率、国内外经济增长和外汇储备是以差分形式引入的，表示变动率或增长率［唐琳 等（2015）也是引入了 GDP 的增长率］。为了表述简洁，各个变量的表示符号不变。

（1）名义汇率实证结果

由前面"四位一体"的结构可知，很多变量之间存在着直接或间接的、单向或双向的作用关系，联立方程组有可能存在较强的内生性。GMM（高斯混合模型）不用要求掌握扰动项的准确分布，允许随机误差项存在异方差和序列相关，相对于其他估计方法而言，GMM 估计量更加稳健。所以，我们选用 GMM 时间序列（HAC）方法，允许对线性方程加入滞后回归元作为工具变量，针对名义汇率得到如表 6-4 所示回归结果。

表 6-4 名义汇率的回归结果

方程类别	变量名称及系数						
资本控制程度	常数项	汇率	利差	经济增长	经济预期	危机冲击	美国经济增长
	0.615 1*** (22.798 5)	26.676 4*** (6.921 2)	−0.011 1* (−1.650 6)	0.049 1 (0.167 1)	7.211 7*** (5.552 1)	0.135 4*** (2.768 2)	8.446 2 (1.341 0)

表6-4(续)

方程类别	变量名称及系数						
汇率	常数项	资本控制	利差	经济增长	经济预期	危机冲击	美国经济增长
	-0.007 7***	0.013 8***	0.000 2	-0.019 8**	-0.204 7***	-0.003 2***	0.454 6*
	(-3.629 6)	(5.887 6)	(1.347 8)	(-2.003)	(-5.852 9)	(-2.608 3)	(1.946 1)
利差	常数项	资本控制	汇率	经济增长	经济预期	危机冲击	美国经济增长
	9.327 9***	-14.631 0***	509.085 1***	-8.932 5	150.789 8***	1.281 1	271.940 0
	(3.792 7)	(-4.101 8)	(3.199 3)	(-1.086 7)	(3.682 4)	(1.139 1)	(1.123 2)
经济增长	常数项	资本控制	汇率	利差	经济预期	危机冲击	美国经济增长
	0.027 7	-0.024 4	-3.023 3**	-0.002 2*	-0.590 6	-0.009 5	6.174 2**
	(1.274 5)	(-0.736 6)	(-2.387 1)	(-1.761 0)	(-1.639 3)	(-1.091 9)	(2.074 0)

说明:不加括号的数值为回归系数,括号内为 t 值;*、**、***分别表示在10%、5%和1%水平下显著。

对资本控制程度方程来讲,汇率、经济预期与危机冲击的系数都为正且显著,这与前面的设定一致,表明中国经济发展预期良好或发生外部危机冲击时,中国的资本控制程度会加强。国内外的经济增长都不显著,但方向符合前面的设定。且美国经济增长对资本控制程度变化的影响更大,表明中国控制资本外流的压力比控制热钱流入的压力要大得多。通常认为资本跨境流动的动因主要是利差收入,但回归结果显示利差不显著,且系数为负,这与前面的设定相背。这表示如果国内利率高于外国利率水平,中国的资本控制程度会减弱而不是加强。可能的解释是,中国的利率尚未完全市场化,而美国联邦基金利率是由市场决定的;且美联储调整利率的频率远高于中国人民银行,中国人民银行调息有被动跟随的成分,市场对国内外利差有充分的预期和提前消化的过程。

汇率方程显示,资本控制与名义汇率之间存在显著的正向关系。中国经济增长导致人民币升值,美国经济增长带来人民币贬值,这符合巴拉萨—萨缪尔森定理。外部经济危机冲击使人民币升值,良好的经济预期带来人民币升值,这是对人民币汇率走势的正确描述。但利差的回归结果不显著,系数为正,即本国提高利率时,本币将贬值。这表明在中国保持严格资本管制的情况下,套利资本的流入规模有限,在利率作用于汇率的过程中,还是本币市场起着主导作用,人民币汇率制度改革的着眼点更多的还是实现本国货币市场的均衡。

在利差方程中,除了资本控制以外,其他变量的系数都能得到合理的解释。汇率与经济预期都很显著,它们都与利差同向变动,当人民币面临贬值预期时，或国内经济发展良好时，利差会变大。经济危机不显著，系数为正。即发生经济危机时，国内外利差会变大。国内外经济增长变量都不显著，国内系数为负，美国系数为正。资本控制与利差反向变动且显著，即资本控制程度减弱，利差会变大，这与前面的设定相左。我们猜测，这与人民币利率未市场化、中、美两国经济周期不一定同步，两国货币政策的目标与传导渠道不同有关。

经济增长方程显示，资本控制不显著，但反向变动的关系符合预期。汇率的系数显著为负，表明人民币汇率升值会带来中国的经济增长，这与通常的设定相反，但反映了改革开放以来人民币汇率升值与中国经济增长并存的现实。利差不显著，系数为负。经济预期与经济增长反向变动，但不显著。危机冲击不显著，但系数的方向正确，即外部经济危机会对中国经济增长带来负面冲击。美国经济增长会显著地促进中国的经济增长，这与前面的设定一致。

（2）真实汇率实证结果

表6-5显示了真实汇率的回归结果。与名义汇率的情况相比，资本控制与汇率同向变动的关系依然存在且显著。

表6-5　真实汇率的回归结果

方程类别	变量名称及系数						
资本控制程度	常数项	汇率	利差	经济增长	经济预期	危机冲击	美国经济增长
	0.620 9*** (33.043 5)	10.153 1*** (5.898 2)	−0.000 6 (−0.083 7)	−0.881 0** (−2.426 7)	6.510 1*** (3.236 0)	0.056 49 (1.207 7)	9.148 6 (0.517 1)
汇率	常数项	资本控制	利差	经济增长	经济预期	危机冲击	美国经济增长
	−0.018 9*** (−3.149 2)	0.312 5*** (3.837 0)	0.000 04 (0.098 5)	0.521 0* (1.856 4)	−0.351 1*** (−5.036 0)	−0.001 8 (−0.480 8)	0.058 2 (0.080 7)
利差	常数项	资本控制	汇率	经济增长	经济预期	危机冲击	美国经济增长
	6.014 1** (1.982 3)	−6.342 8* (−1.792 9)	17.228 3 (0.326 8)	−16.993 0* (−1.702 2)	59.847 0 (1.058 4)	−1.097 7 (−1.095 4)	103.879 2 (0.151 1)
经济增长	常数项	资本控制	汇率	利差	经济预期	危机冲击	美国经济增长
	0.064 8*** (3.753 5)	−0.094 0*** (−3.334 5)	1.966 8*** (3.917 9)	−0.001 5 (−1.113 4)	0.767 6*** (2.959 1)	0.008 6 (1.567 6)	1.262 1 (0.313 5)

说明：不加括号的数值为回归系数，括号内为t值；*、**、***分别表示在10%、5%和1%水平下显著。

资本控制程度方程显示，汇率、利差、经济预期、美国经济增长的回归结果都与表6-4相似，真实汇率对资本控制的作用力度变小但仍非常显著。危机冲击的方向正确，但变得不显著。不同之处在于，中国经济增长变得显著，但作用方向与表6-4相反，即国内经济增长会导致中国的资本控制程度减弱，这表示中国的经济增长是市场导向的经济改革带来的，在改革与转型的过程中，中国的资本控制程度减弱是一个必然的结果。在汇率方程中，除开国内的经济增长，其他变量的回归系数的方向与显著性水平与表6-4相似，资本控制的作用力度更大，但外部危机变得不显著，美国经济增长的影响变小。有一点不同，本国的经济增长的影响显著，但方向为正，即中国的经济增长会导致人民币真实汇率贬值。

在利差方程中，资本控制、国内外经济增长的回归结果与表6-4相似。汇率与经济预期仍然是同向变动，但不显著了。有一点不同的是，危机冲击的影响还是不显著，但作用方向相反了。在经济增长方程中，资本控制变得显著，系数为负。汇率的影响显著，系数为正，符合表6-3。利差与表6-4相似，美国经济增长变得不显著，经济预期显著为正。危机冲击仍然不显著，但系数由负变为正，这反映出在面对外部危机时，中国政府积极应对，深挖内需，通过四万亿投资等刺激措施使得中国经济增长的势头没有受到太多的干扰。

总结一下表6-4和表6-5，可以得出两点认识：其一，汇率与资本控制相互作用的力度不对等，两者之间存在显著的同向变动关系，但汇率对资本控制的影响力度远大于资本控制对汇率的作用力度。其二，两者之间作用的主要渠道不同。结合图6-1可以看出，在汇率与资本控制程度方程中，经济预期可以视为影响资本控制和汇率及两者相互关系的预期渠道，其他的利差、国内外经济增长和危机冲击则可归为真实渠道。汇率作用于资本控制，除了汇率本身之外，主要是通过经济预期渠道。而资本控制作用于汇率，对名义汇率而言，经济预期是最主要的影响渠道；对真实汇率而言，以经济增长为代表的真实渠道是最主要的作用机制。

（3）稳健性检验

我们从两个方向对本章的模型做了稳健性检验，一是尝试更换数据的频率，从月度数据换成季度数据，特别是在国民产出方面，中国和美国的季度GDP都有官方数据。二是更换相应的变量，如中国的利率数据由一年换成六个月或三个月等。最终的实证结果与前面的结论相似，回归系数的符号与显著性基本一致。限于篇幅，这里没有报告回归结果。可以看出，本章的实证结论是很稳健的。

6.4　本章小结

回顾中国的资本流动性和人民币汇率制度改革的历程与互动的关联，对于明确改革方向、找准改革的着力点具有特别重要的理论价值与政策含义。本章以资本控制为切入点，完整度量了 1994—2017 年中国资本控制程度的月度变化趋势，发现在下降趋势中仅有两个上升的时间段，并基于贸易、FDI 等经济发展指标和国际收支平衡表，确认了一个时间段重点关注经常账户，另一个时间段则重点关注资本与金融账户。资本控制与人民币汇率存在同向变动的关系，在以经济增长为导向的"四位一体"的逻辑结构中，我们发现两者之间相互作用的力度和主要渠道是不对称的，而且人民币汇率制度改革眼睛向内的成分还是要多一些。

7 人民币汇率滞后超调和汇率周期研究：真实利差视角

随着中国经济实力的增强，人民币汇率的波动受到了国内外的广泛关注。人民币汇率的决定与变动问题历来是学术研究的焦点，而自 2015 年 "811 汇改" 和 2017 年 5 月引入逆周期因子以来，在双向、宽幅、振荡的态势中，人民币汇率的短期性波动特征尤为引人注目。人民币汇率制度是以市场供求为基础的，人民币汇率制度改革强调市场机制的作用与方向。研究人民币汇率的波动，有必要在政府主导与市场机制之间寻求一个平衡点，在渐进式的汇率制度改革中充分把握主动性与客观性原则。本章在渐进的汇率制度改革进程中，研究货币和实体因素对人民币汇率水平与汇率波动的定性与定量影响。本章的结构如下：第一部分是文献回顾，第二部分是广义的货币汇率理论模型，第三部分是实证分析，第四部分是简要的总结。

7.1 文献回顾

在汇率决定的资产市场法的各种分支中，货币分析法以其坚实的理论基础与鲜明的政策主张而尤为引人关注。汇率决定的货币理论主要分为弹性价格分析法（弹性论）和黏性价格分析法（黏性论）两种。弹性论又被称为芝加哥学派，认为商品市场的价格在短期和长期都是有充分弹性的。黏性论有凯恩斯主义的基础，认为商品市场的价格在短期是黏性的。

7.1.1 其他币种的实证研究

在弹性论方面，Frenkel（1976）提出了汇率决定的货币主义分析法，以德国高通货膨胀时期的汇率为研究对象，对相关的假设做了实证研究，确认了货币模型的有效性①。Bilson（1978）强调汇率的存量属性，假定货币需求稳定，检验了货币主义汇率模型在德国马克对英镑汇率变动上的实证表现②。Frenkel（1979）用 1974—1978 年德国马克对美元的汇率数据，检验了货币主义的弹性论、黏性论和真实利差模型，发现真实利差模型的实证表现最好，而弹性论和黏性论都可以作为真实利差模型的特例③。Somanath（1984）考虑货币主义汇率模型中不同的预期形成机制，研究了 1975—1979 年德国马克对美元的汇率变动情况④。

McNown 和 Wallace（1994）以阿根廷、智利、以色列三个国家的高通货膨胀时期的数据，检验了货币主义汇率模型在汇率长期决定上的表现，发现协整关系在上述三国是存在的⑤。但 Rogoff（1999）的研究发现，汇率决定的货币主义模型在分析美元、日元和德国马克（欧元）的交叉汇率时的解释力不强⑥。Boothe 和 Poloz（1988）以加元对美元的双边汇率为研究对象，认为金融创新会导致货币需求的不稳定和货币供给统计数据的调整，而这两者都会影响到货币主义汇率模型的实证表现⑦。Cushman（2000）同样研究加元与美元的汇率，发现货币主义汇率模型在长期内不具有解释力，货币模型缺乏实证支持⑧。

黏性论由 Dornbusch（1976）开创，又称为汇率超调（Overshooting）模型。Dornbusch（1976）把理性预期引入汇率决定与变动中，根据商品市场和金融市场调整速度的不同，认为货币冲击会导致短期内的汇率波动大于长期汇率水平，但汇率会逐渐恢复到均衡状态。Kim（2003）同时考虑美国的货币政

① FRENKEL J A. A Monetary Approach to the Exchange Rate: Doctrinal Aspects and Empirical Evidence [J]. Scandinavian Journal of Economics, 1976, 78（2）: 255-76.

② BILSON J F O. The Monetary Approach to the Exchange Rate: Some Empirical Evidence [J]. IMF Staff Papers, 1978, 25（1）: 48-75.

③ FRENKEL J A. On the Mark: A Theory of Floating Exchange Rates Based on Real Interest Differentials [J]. The American Economic Review, 1979, 69（4）: 610-622.

④ SOMANATH V S. Exchange Rate Expectations and the Current Exchange Rate: A Test of the Monetarist Approach [J]. Journal of International Business Studies, 1984, 15（1）: 131-140.

⑤ MCNOWN R, WALLACE M S. Cointegration Tests of the Monetary Exchange Rate Model for Three High-Inflation Economies [J]. Journal of Money, Credit and Banking, 1994, 26（3）: 396-411.

⑥ ROGOFF K. Monetary Models of Dollar/Yen/Euro Nominal Exchange Rates: Dead or Undead? [J]. The Economic Journal, 1999, 109（459）: 655-659.

⑦ BOOTHE P M, POLOZ S S. Unstable Money Demand and the Monetary Model of the Exchange Rate [J]. The Canadian Journal of Economics, 1988, 21（4）: 785-798.

⑧ CUSHMAN. The Failure of the Monetary Exchange Rate Model for the Canadian-U. S. Dollar [J]. The Canadian Journal of Economics, 2000, 33（3）: 591-603.

策和外汇市场干预对美元汇率的波动的影响，发现当美联储采取扩张性的货币政策时，美元会贬值，但存在约6个月的滞后期①。结合加拿大的外汇政策与货币政策联系较紧密的现实，Kim（2005）发现加元对美元汇率超调的滞后期约为20个月②。

Bahmani-Oskooee 和 Kara（2000）研究了土耳其里拉的汇率波动问题，发现货币主义的汇率决定模型能够描述里拉的变动路径，土耳其里拉不仅在短期内存在汇率超调，在长期内也存在着汇率超调③。Nieh 和 Wang（2005）研究了新台币的汇率波动，发现汇率与宏观经济基本面之间不存在长期的均衡关系，新台币汇率超调的滞后期为1个月④。Bjørnland（2009）对汇率施加长期中性约束，允许利率和汇率之间存在同期相关，发现澳大利亚、加拿大、新西兰和瑞典四国的货币政策变动会对本国的汇率产生明显的影响，但存在1到2个季度的滞后期，这肯定了汇率超调模型作为国际宏观经济学基石的地位⑤。

Smith 和 Wickens（1986）分析了货币主义汇率模型实证检验表现不佳的原因，他们认为考虑变量的滞后信息能改善拟合效果⑥。Chinn 和 Moore（2011）研究美元对欧元和美元对日元的汇率，他们把交易商之间的订单流加入传统的货币汇率模型，发现改良后的货币模型展示出更大的样本内稳定性和样本外的预测能力⑦。Gomis-Porqueras et al.（2013）在考虑信息摩擦之后，发现弹性价格的两国汇率模型能够解释美元的名义汇率和真实汇率的波动特征，模型的结论与真实经济周期的结果一致⑧。

① KIM S. Monetary Policy, Foreign Exchange Intervention, and the Exchange Rate in a Unifying Framework [J]. Journal of International Economics, 2003（60）：355-386.

② KIM S. Monetary Policy, Foreign Exchange Policy, and Delayed Overshooting [J]. Journal of Money, Credit and Banking, 2005, 37（4）：775-782.

③ BAHMANI-OSKOOEE M, KARA O. Exchange Rate Overshooting in Turkey [J]. Economics Letters, 2000, 68（1）：89-93.

④ NIEH C C, WANG Y S. ARDL Approach to the Exchange Rate Overshooting in Taiwan [J]. Review of Quantitative Finance and Accounting, 2005, 25（1）：55-71.

⑤ BJØRNLAND HILDE C. Monetary Policy and Exchange Rate Overshooting: Dornbusch was Right After All [J]. Journal of International Economics, 2009（79）：64-77.

⑥ SMITH P N, WICKENS M R. An Empirical Investigation into the Causes of Failure of the Monetary Model of the Exchange Rate [J]. Journal of Applied Econometrics, 1986, 1（2）：143-162.

⑦ CHINN M D, MOORE M J. Order Flow and the Monetary Model of Exchange Rates: Evidence from a Novel Data Set [J]. Journal of Money, Credit and Banking, 2011, 43（8）：1599-1624.

⑧ GOMIS-PORQUERAS P, KAM T, LEE J. Money, Capital, and Exchange Rate Fluctuations [J]. International Economic Review, 2013, 54（1）：329-353.

7.1.2　人民币的实证研究

在弹性论的研究中，梁志成（2000）区分了贸易品和非贸易品价格，发现改进后的货币模型对 1981—1997 年的人民币对美元的名义汇率的解释力较强[①]。胡智和邱念坤（2005）用 1994—2003 年的人民币对美元名义汇率数据进行实证检验，发现考虑了持币机会成本的货币模型能较好地分析人民币汇率的决定[②]。李艳丽（2006）结合巴拉萨—萨缪尔森效应，发现弹性价格货币模型能够较好地解释 1994—2004 年的人民币对美元汇率的主要影响因素，但由于政策干预，人民币汇率被低估，巴拉萨—萨缪尔森效应并不存在[③]。张建英（2013）发现弹性价格货币模型不能很好地拟合人民币实际有效汇率的变动，但 2005—2011 年人民币对美元的月度名义汇率与三个主要影响因素之间存在着长期稳定关系[④]。倪亚芬和李子联（2015）在弹性价格货币模型的基础之上，分析了 2008 年 1 月到 2015 年 6 月期间美国量化宽松货币政策（QE）的实施与退出对人民币与美元双边名义汇率的影响[⑤]。

在黏性论方面，范言慧等（2010）在汇率超调模型之上构建了政府损失函数，分析了次贷危机冲击与人民币汇率制度的转变与选择标准问题[⑥]。喻梅（2011）研究了中国的货币政策冲击对人民币汇率的动态影响，发现货币供给冲击会导致人民币对美元的汇率出现传统超调，而名义利率冲击会使人民币汇率出现滞后期为 1 年的超调[⑦]。林楠（2012）强调宏观总供求与货币总供求之间的相互关联机制，引入可交易资产，发现人民币对美元的名义汇率超调存在半年的滞后期[⑧]。赵文胜和张屹山（2012）同时采用短期约束和符号约束来识别货币政策冲击，研究了人民币对美元名义汇率的动态调整情况，认为人民币

---

①　梁志成.浮动汇率的货币模型在中国仍然有效吗：西方汇率决定理论的中国实证检验 [J].国际经贸探索，2000（6）：46-48、58.

②　胡智，邱念坤.货币主义模型在人民币汇率决定中适用性的实证检验 [J].河北经贸大学学报，2005（6）：22-27.

③　李艳丽.人民币汇率的巴拉萨—萨缪尔森效应：基于弹性价格货币模型的分析 [J].中央财经大学学报，2006（12）：38-43+68.

④　张建英.基于弹性价格货币模型的人民币汇率实证研究 [J].宏观经济研究，2013（8）：55-65.

⑤　倪亚芬，李子联.美国货币政策与人民币汇率变动：基于弹性价格货币模型的脉冲分析 [J].中共南京市委党校学报，2015（6）：28-34.

⑥　范言慧，等.次贷危机冲击、政府反应和人民币汇率 [J].国际金融研究，2010（9）：38-46.

⑦　喻梅.我国货币政策与人民币汇率的互动关系研究 [J].经济问题，2011（8）：99-103.

⑧　林楠.开放经济货币政策动态下人民币汇率问题研究 [J].华东经济管理，2012（4）：73-78.

对美元汇率产生了超调现象①。王君斌和郭新强（2014）用1994—2010年中国的月度数据，分析货币政策冲击对经常账户、通货膨胀率和人民币汇率的动态效应，发现人民币的真实有效汇率存在超调，人民币对美元的名义汇率存在滞后期为24个月的超调②。

7.1.3 文献评述

总的来看，针对不同货币进行的国内外的研究，由于样本时间长短、实证方法不同，研究结论有支持货币汇率模型的，也有认为货币汇率模型不成立的。相对而言，国外学者运用货币主义汇率模型对其他币种的研究要深入一些，国内学者在货币主义汇率模型的应用上两分法比较明显，分别侧重于从弹性价格和黏性价格两个方面展开论述。就货币汇率模型在人民币汇率上的研究而言，现有文献未充分考虑人民币汇率制度改革的阶段性与主动性，未涉及人民币汇率短期波动的周期性问题，研究角度及结论单一，未从整体上对人民币汇率的长期决定关系及短期波动幅度做出合乎理论的解释。

基于此，本章将立足于货币主义汇率分析法，把货币理论与人民币汇率制度改革的进程及阶段结合起来，对人民币汇率的短期超调与长期决定关系做出合理的解释。本章用ARDL研究了货币模型在人民币汇率的短期动态与长期决定问题，我们将其分为三个阶段，即1994年至今的全样本、2005年7月汇率制度改革前后的两个子样本，分别判断人民币汇率与宏观经济基本变量之间的长期协整关系。与新台币的情况（Nieh和Wang，2005）相反，我们确认了货币模型在人民币汇率制度市场化改革中的适用性。

7.2 理论模型

7.2.1 资本流动性和预期形成机制

Frenkel（1979）提出了汇率决定的真实利差（RID）模型③。模型假定资本自由流动，市场有效，不同国家之间的债券完全可替代，则无抵补利率平价

① 赵文胜，张屹山. 货币政策冲击与人民币汇率动态 [J]. 金融研究，2012 (8)：1-15.

② 王君斌，郭新强. 经常账户失衡、人民币汇率波动与货币政策冲击 [J]. 世界经济，2014 (8)：42-69.

③ FRENKEL J A. On the Mark：A Theory of Floating Exchange Rates Based on Real Interest Differentials [J]. The American Economic Review, 1979, 69 (4)：610-622.

成立：

$$r - r^* = d \qquad (7.1)$$

在这里，r 和 r^* 分别代表国内利率和国外利率，d 代表汇率变动，表示未来的预期的即期汇率水平相对于当前的汇率水平的变动情况，货币可预期升值或预期贬值。

在汇率预期方面，假定 d 的表达式如下：

$$d = -\theta(e - \bar{e}) + (\pi - \pi*) \qquad (7.2)$$

式中，e 和 $\bar{e}$ 分别代表当前的即期汇率和长期均衡汇率的对数值，这里的汇率是直接标价法；π 和 $\pi*$ 分别代表国内外的长期通货膨胀率；θ 是调整系数，与商品市场的调整速度相关。式（7.2）表明，决定汇率变动的是当前汇率与未来汇率的差额，以及国内外的通货膨胀率之差。

在短期，汇率会以与汇率差成比例的速度回归到长期均衡值。但在长期，$e = \bar{e}$，汇率会以 $(\pi - \pi*)$ 的速度发生变化。

把式（7.1）和式（7.2）结合起来，可以得到

$$e - \bar{e} = -\frac{1}{\theta}[(r - \pi) - (r^* - \pi*)] \qquad (7.3)$$

式中，右边方括弧中的表达式代表真实利差。在长期，当 $e = \bar{e}$ 时，$\bar{r} - \bar{r}* = \pi - \pi*$，这里 $\bar{r}$ 和 $\bar{r}*$ 表示长期内的短期利率。方括弧内的等式可表示为 $[(r - r^*) - (\bar{r} - \bar{r}*)]$，对于这个式子可以这样理解：当一国采取紧缩的货币政策时，$(r-r^*)$ 会大于其长期水平 $(\bar{r} - \bar{r}*)$，国际资本流入，则本国货币相应地成比例地升值。

7.2.2　货币市场

假定购买力平价成立，在长期来看，有

$$\bar{e} = \bar{p} - \bar{p}* \qquad (7.4)$$

式中，$\bar{p}$ 和 $\bar{p}*$ 分别表示国内外的长期均衡价格的对数值。

国内外的货币需求方程形式如下：

$$m - p = \varphi y - \lambda r \qquad (7.5)$$

$$m* - p* = \varphi y* - \lambda r^* \qquad (7.6)$$

这里，m、p、y 代表货币数量、物价水平和产出的对数值。

上面两式相减，得到

$$(m - m*) - (p - p*) = \varphi(y - y*) - \lambda(r - r^*) \qquad (7.7)$$

当经济达到长期均衡时，$e = \bar{e}$，且 $\bar{r} - \bar{r}* = \pi - \pi*$，由此可得：

$$\bar{e} = \bar{p} - \bar{p}* = (\bar{m} - \bar{m}*) - \varphi(\bar{y} - \bar{y}*) + \lambda(\pi - \pi*) \qquad (7.8)$$

上式是汇率决定的核心方程，长期均衡汇率水平取决于两种货币的相对供求情况。在长期均衡状态，一国的货币供给扩张带来物价上涨，汇率的数值会同比例上升（本币贬值）；同理，一国的产出扩大或预期通货膨胀率降低，该国的货币需求会上升，本币会升值。

把上式带入式（7.3），假定当前的货币供给和收入水平就是其均衡水平，由此可得到即期汇率的决定方程：

$$e = (m - m*) - \varphi(y - y*) - \frac{1}{\theta}(r - r^*) + \left(\frac{1}{\theta} + \lambda\right)(\pi - \pi*)$$

$$(7.9)$$

简化上式，可以写成：

$$e = (m - m*) - \varphi(y - y*) + \alpha(r - r^*) + \beta(\pi - \pi*) \qquad (7.10)$$

在这里，$\alpha = -\dfrac{1}{\theta} < 0$，$\beta = \left(\dfrac{1}{\theta} + \lambda\right) > 0$，且 $|\alpha| < |\beta|$，$\alpha + \beta = \lambda$。

7.2.3　货币模型中系数符号的预判

在 Dornbusch（1976）黏性论中，在凯恩斯主义价格黏性的假定下，名义汇率的变化只反映出货币政策的松紧程度。当国内货币供给紧缩时，本国利率相对于外国利率提高，但价格短期不变。国际资本流入本国，本币会升值，即 $\alpha < 0$。由于假设商品价格是黏性的，Dornbusch（1976）没有考虑通货膨胀的影响，或者说两国之间的通货膨胀差异较小且稳定，是上式的一个特例，即 $\beta = 0$。

弹性论则不同，该理论认为商品价格是灵活可变的，因此名义利率的变动通常是由预期的通货膨胀率的变化引起的。当国内利率高于国外利率时，原因常常是国内发生了更高的通货膨胀。高通货膨胀会降低对本币的需求，本币会贬值。所以，$\alpha > 0$。用公式来表示，Bilson（1978）还是假定传统的货币需求函数和购买力平价都成立[①]，可得

$$e = p - p* = (m - m*) - \varphi(y - y*) + \lambda(r - r^*) \qquad (7.11)$$

本国利率上升，对本币的货币需求会下降，本币因此会贬值。根据上式，$\alpha > 0$。

与式（7.10）比较，可以看出，$\alpha > 0$，$\beta = 0$，且满足 $\alpha + \beta = \lambda$。

另外，弹性论的另一个分支，Frenkel（1976）还是采用卡甘型的货币需

---

① BILSON J F O. The Monetary Approach to the Exchange Rate: Some Empirical Evidence [J]. IMF Staff Papers, 1978, 25 (1): 48-75.

求函数，但他用预期的通货膨胀率代替了利率[①]，得到

$$m - p = \varphi y - \lambda \pi \tag{7.12}$$

在购买力平价都成立时，直接可得

$$e = p - p* = (m - m*) - \varphi(y - y*) + \lambda(\pi - \pi*) \tag{7.13}$$

与式（7.10）比较，可以看出，$\alpha = 0$，$\beta > 0$，且满足 $\alpha + \beta = \lambda$。

根据上面的分析，α、β 的符号可以总结为表7-1。

表7-1 系数符号的理论判断

理论流派	代表人物	α 的符号	β 的符号
弹性论	Bilson	$\alpha > 0$	$\beta = 0$
	Frenkel	$\alpha = 0$	$\beta > 0$
黏性论	Dornbusch（1976）	$\alpha < 0$	$\beta = 0$
真实利差模型	Frenkel（1979）	$\alpha < 0$	$\beta > 0$

注：表7-1中的系数都满足 $\alpha + \beta = \lambda$。

综合上面的分析，弹性论和黏性论可以被看成 RID（真实利差）在极端情况下的特例，一个不考虑通货膨胀差异（黏性论），一个则强调高的通货膨胀变化（弹性论）。在现实中两国之间的通货膨胀差异通常是比较适度的，而要解释两国之间的汇率变动，RID 无疑是更合适的一个选择。RID 可以被看成汇率决定的一般性的货币模型。下文我们将根据 RID 做实证研究。

7.3 实证分析

7.3.1 模型选择

自回归分布滞后模型（autoregressive distributed lag，ARDL）是标准的最小二乘法回归，但它同时包含了因变量和自变量的滞后项；由于其能够检验变量之间的长期和短期关系，在经济学的研究中得到了广泛的应用，发展非常迅速。

常见的自回归分布滞后模型形式是 ARDL（p, q_1, …, q_k），在这里 p 是

[①] Frenkel 之所以做出这样的假定，源于他曾经对德国 1920—1923 年期间的恶性通货膨胀进行过研究。与德国在此期间的高且多变的通货膨胀相比，货币需求或利率、汇率方面的变化不足为道。Rogoff（1999）也认为，当国内外潜在的通货膨胀差异较大时，弹性价格的货币模型在一定程度上能够解释汇率的变动。

因变量的滞后阶数，q_k 是第 k 个自变量的滞后阶数，可以写为

$$y_t = \alpha + \sum_{i=1}^{p} \gamma_i y_{t-i} + \sum_{j=1}^{k} \sum_{i=0}^{q_j} X_{j,\,t-i}{'} \beta_{j,\,t} + \varepsilon_t \qquad (7.14)$$

ARDL 的优点在于它可以同时分析变量之间的长期关系和短期的动态调整过程。首先，ARDL 能够估计因变量和解释变量之间的长期关系，分析解释变量的变化如何使因变量产生长期的反应。其次，在协整关系的估计方面，传统的 EG 两步法（1987）、Johansen 多元协整（1991，1995），或者单方程回归法，如完全调整的 OLS 回归（full modified OLS，FMOLS），或动态 OLS（dynamic OLS，DOLS）都要求所有的变量同阶单整，需要变量是 I（0）或 I（1）的先验信息。但 Pesaran 和 Shin（1999）证明，用 ARDL 来估计变量之间的协整关系时，事先估计变量的单整阶数不再是必要的先行条件。为恰当地构建 ARDL 模型，需要按照一定的标准设定自变量和因变量的滞后长度。并且 ARDL 中各变量的滞后长度不需要具有对称性，换言之，每一个回归变量的滞后期可以各不相同。

国外学者运用 ARDL 广泛地研究了失业、汇率、产业投资等问题。Henry 和 Nixon（2000）分析了英国的就业与失业的决定因素，研究了英国的失业的动态趋势的演变，认为 ARDL 模型能够提高估计的准确性[①]。O'Mahony 和 Vecchi（2005）考虑到了世界维度和产业间的异质性，研究了信息和通信行业的投资对真实产出的影响，在英、美两国得到了不同的结论[②]。Emran et al.（2007）研究了印度 1991 年的经济自由化对私人投资总体价格反应的影响，发现范围广泛的改革通过多种途径提高了私人投资的价格灵敏度[③]。Catão 和 Solomou（2005）研究了贸易加权的有效汇率变化与经典的金本位制度下的调整过程，发现当面对系统性冲击时各国改变金平价是一个常用的调节机制，名义汇率弹性对国际收支调节是有益的[④]。

在国内用 ARDL 研究人民币汇率的文献中，汇率传递是常见的主题。李富有和罗莹（2013）引入两个汇率制度改革的虚拟变量，研究人民币汇率水平

① HENRY B, NIXON J. Unemployment dynamics in the UK [J]. Oxford Economic Papers, 2000, 52 (1): 224-247.

② O'MAHONY M, VECCHI M. Quantifying the Impact of ICT Capital on Output Growth: A Heterogeneous Dynamic Panel Approach [J]. Economica, 2005, 72 (288): 615-633.

③ EMRAN M S, SHILPI F, ALAM M I. Economic Liberalization and Price Response of Aggregate Private Investment: Time Series Evidence from India [J]. Canadian Journal of Economics, 2007, 40 (3): 914-934.

④ CATÃO L A V, SOLOMOU S N. Effective Exchange Rates and the Classical Gold Standard Adjustment [J]. The American Economic Review, 2005, 95 (4): 1259-1275.

及其波动的物价传递效应，并探讨了两次汇率制度改革对汇率传递效应的影响①。贾凯威（2016）以加成模型为理论基础，通过非对称的 ARDL 模型研究了人民币汇率传递在不同期限上的非对称性②。王宇雯（2009）考虑人民币实际有效汇率水平及其波动率对我国三种出口结构的影响，研究了变量之间的长期均衡与短期调整关系③。刘晓曙和王婧（2016）假定美国国内资本回报率的变动引起美元指数的变化，按照技术创新扩散到资本回报率预期再到美元汇率中长期波动的顺序，分析了这三者之间的影响过程④。

在关于汇率超调的研究中，Bahmani-Oskooee 和 Kara（2000）在货币主义模型的基础之上，用 ARDL 模型研究土耳其里拉的汇率波动问题，发现土耳其里拉短期和长期都存在汇率超调。Nieh 和 Wang（2005）用 ARDL 方法研究中国台湾地区的汇率超调情况，发现新台币存在着滞后一个月的超调；长期来看则不存在汇率超调。这两篇文章与本章的研究具有相关性，可以作为对比的参照系。

Frenkel（1979）真实利差模型文章由实证结果（α、β）反推出理论 model 中的参数（λ、γ），由 α、β 的点估计→偏离后的回归时间→写出回归方程→计算超调的程度、持续时间→实证延伸。

7.3.2 数据来源与处理

我们研究人民币对美元汇率的变动情况，时间范围从 1994 年 1 月到 2017 年 12 月，跨度 24 年，共 288 个样本。根据上面的理论模型，实证会涉及的中、美两国的宏观经济变量如下：

（1）人民币对美元的名义汇率 E（直接标价法），数据来源于美联储（https：//www. federalreserve. gov/）⑤。

---

① 李富有，罗莹. 人民币汇率传递的物价效应分析：基于引入虚拟变量的 ARDL 模型的实证研究 [J]. 国际金融研究，2013（2）：67-73.
② 贾凯威. 基于非对称 ARDL 模型的汇率传递计量研究 [J]. 统计与决策，2016（4）：159-162.
③ 王宇雯. 人民币实际有效汇率及其波动对我国出口结构的影响：基于 ARDL-ECM 模型的实证研究 [J]. 数量经济技术经济研究，2009（6）：53-63.
④ 刘晓曙，王婧. 资本回报率对美元汇率中长期周期性波动的影响研究：基于 ARDL 模型的实证分析 [J]. 金融监管研究，2016（3）：81-89.
⑤ 我们选择来自美联储的汇率数据作为因变量，是出于以下考虑：第一，美联储公布的美元对人民币的汇率数据从 1981 年开始到现在，每个月都有数据，这样的数据长度是国内所没有的。第二，美联储公布的汇率数据侧重于美元与其他货币的交易功能，这是汇率决定的资产市场分析法的重点所在。资产市场法在不同市场之间的联动中把汇率视为一种资产，强调外汇资产的投资、投机等交易媒介作用，与之前的流量分析法有较大的差异。而作为资产市场法的一个分支，货币主义的汇率模型同样强调外汇资产的交易属性。

（2）国内外的货币供给选择 M2。中国的货币供给 M 采用国家统计局公布的月度数据（http：//data. stats. gov. cn/），美国的货币供给 M^* 来源于美联储网站。

（3）国民总产出用国内生产总值 GDP 来代表。中国的产出 Y 数据来自国家统计局，美国的产出 Y^* 数据来自美国经济分析局网站（https：//www. bea. gov/）。由于 GDP 只有季度数据，我们采用与之相匹配的二次函数将季度 GDP 二次插值后转化为月度数据。

（4）参照 Frenkel（1979），国内外的利率采用短期利率。中国的利率数据 r 来自中国人民银行（http：//www. pbc. gov. cn/.）公布的三个月定期存款基准利率，美国的利率 r^* 采用美联储公布的联邦基金利率数据[①]。

（5）在通货膨胀 π 和 π^* 的衡量与计算方面，参照 Frenkel（1979）、Bahmani-Oskooee 和 Kara（2000）以及 Nieh 和 Wang（2005）的做法，我们选择用 CPI 来计算通货膨胀率。中、美两国的 CPI 数据来自国际清算银行网站（http：//www. bis. org/）。

（6）汇率制度变量虚拟变量 Regime。虽然 1994 年汇率制度改革和 2005 年汇率制度改革的具体内容有所不同，但它们有一个共同点，就是中国实行的一直是有管理的浮动汇率制度，换言之，政府对人民币汇率制度改革起着主导作用。人民币汇率还不是自由浮动的汇率，在"主动性、可控性、渐进性"原则指导下的汇率制度改革进程中，要分析人民币汇率的波动，有必要考虑到汇率制度改革的影响。

人民币名义汇率我们选用美联储的数据，但虚拟变量的设置我们根据中国外汇交易中心公布的数据来设定，这样可以兼顾客观性和中国由政府主导的汇率制度改革的主动性特征。

可以看出，1995 年 7 月到 2005 年 8 月、2008 年 9 月到 2010 年 6 月，人民币汇率的变化较小，这是因为受东南亚金融危机和美国次贷危机的影响，我国政府主动收紧了汇率的波动范围，人民币实际上实行的是固定汇率，设定 Regime=0。其余的时间，Regime=1。

考虑到中国实行的是有管理的浮动汇率制度，在前面 RID 模型式（7.10）的基础上，加上汇率制度虚拟变量 Regime 作为固定回归元，我们最终设定 ARDL（p，q_1，q_2，q_3，q_4）的实证方程如下：

---

① 参照 Frenkel（1979）的处理方法，国内外利率的表达式为 r=log（1+国内利率水平），r^* =log（1+国外利率水平），因为这样才更加符合利率平价的推导过程。为表述的简洁，我们仍定义 r 和 r^* 分别表示国内利率和国外利率。

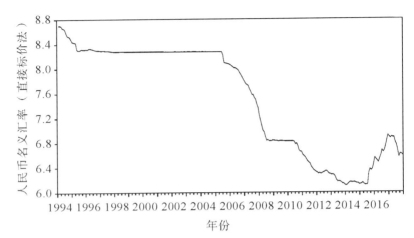

图 7-1　人民币名义汇率走势

资料来源：中国外汇交易中心（http://www.chinamoney.com.cn）。

$$e_t = c + \sum_{i=1}^{p} \gamma_i e_{t-i} + \sum_{i=0}^{q_1} \kappa_i (m - m*)_{t-i} + \sum_{i=0}^{q_2} \varphi_i (y - y*)_{t-i} +$$

$$\sum_{i=0}^{q_3} \alpha_i (r - r^*)_{t-i} + \sum_{i=0}^{q_4} \beta_i (\pi - \pi*)_{t-i} + Regime_t + \varepsilon_t \qquad (7.15)$$

7.3.3 平稳性检验

对上述的宏观经济变量的时间序列，我们用大写字母表示原始数据（利率和通货膨胀率除外），用小写字母表示相应的对数值。若时间序列有季节性，则先做季节调整再取对数。中、美两国经济变量的平稳性检验结果如表 7-2 所示。

表 7-2　变量的平稳性检验

变量	检验形式	ADF 检验值	1%临界值	5%临界值	10%临界值	检验结果
e	(0, 0, 5)	−0.865 500	−3.453 400	−2.871 582	−2.572 193	不平稳
D（e）	(C, 0, 0)	−9.887 474	−3.453 072	−2.871 438	−2.572 116	平稳
(m−m*)	(C, 0, 0)	−3.613 961	−3.452 991	−2.871 402	−2.572 097	平稳
（y−y*）	(0, 0, 4)	−2.205 673	−2.573 159	−1.941 949	−1.615 950	平稳
（r−r*）	(0, 0, 3)	−2.422 054	−2.573 130	−1.941 945	−1.615 953	平稳
（π−π*）	(C, 0, 0)	−15.009 04	−3.453 072	−2.871 438	−2.572 116	平稳
Regime	(C, T, 0)	−3.113 227	−3.990 356	−3.425 561	−3.135 929	不平稳
D（Regime）	(C, 0, 0)	−16.852 30	−3.453 072	−2.871 438	−2.572 116	平稳

注：（C，T，L）分别表示常数项、趋势项及滞后阶数。

表 7-2 显示，汇率序列和汇率制度改革虚拟变量是一阶差分平稳，其他的变量本身就是平稳序列。回归变量不是同阶单整，用 ARDL 模型是合适的。

7.3.4 边界临界值检验

根据 AIC 准则，在没有趋势项时，可以得到最佳滞后阶数是 ARDL（8，0，2，1，0）。为检验变量之间是否存在长期的均衡关系，需利用 F 统计量进行边界临界值检验（Bounds Test）。Pesaran、Shin 和 Smith（2001）做出的原假设是各变量不存在水平（长期）关系，由于 F 统计量的分布是非标准的，他们为边界临界值检验提供了两个临界值：I（0）和 I（1）。假定所有变量都是 I（0），F 值有一个下限；如果所有变量都是 I（1），F 值有一个上限。如果 F 统计量大于 I（1），则拒绝 H0，表明各变量之间存在协整关系。相反，如果 F 统计量小于 I（0），则接受 H0，表示各变量之间确实没有协整关系。如果 F 统计量落在两个临界值之间，则意味着变量之间可能存在长期协整关系，需要做进一步的分析。具体见表 7-3。

表 7-3　ARDL Bounds Test 临界值

置信水平	I（0）Bound	I（1）Bound
10%	1.9	3.01
5%	2.26	3.48
2.50%	2.62	3.9
1%	3.07	4.44

在我们设定的 ARDL（8，0，2，1，0）中，得到的 F 统计量是 3.676 58。在置信水平为 5% 时，大于 I（1），表示变量之间存在着协整关系，模型的长期协整系数如表 7-4 所示。

表 7-4　长期系数估计结果

变量	系数	标准差	t 值	p 值
（m-m*）	0.474 786	0.045 198	10.504 690	0.000 0
（y-y*）	-1.185 096	0.055 304	-21.428 697	0.000 0
（r-r*）	3.560 129	2.131 759	1.670 043	0.096 2
（π-π*）	-2.962 776	7.752 124	-0.382 189	0.702 6
Regime	0.362 401	0.093 100	3.892 586	0.000 1

对比前面 RID 的理论模型式（7.10），可以发现货币供给与产出前的系数

符号都与理论模型指出的方向相符。汇率制度的虚拟变量是显著的，但对人民币汇率的影响程度最小。（m-m*）的系数为 0.47，与理论模型的 1 相差较大。（r-r*）的系数 α 为正，（π-π*）的系数 β 为负且不显著，从数量对比来看，α 的绝对值比 β 还大，这两点都与理论模型的预测刚好相反。

考虑到在渐进式的汇率制度改革进程中，人民币汇率的走势受到外部大环境（经济金融危机）影响的可能性较大，我们再分阶段做两次回归。一个阶段从 1994 年 1 月到 2005 年 7 月，这段时间以固定汇率为主；另一个阶段从 2005 年 8 月到 2017 年 12 月，这期间人民币汇率以浮动汇率为主。

7.3.5　子样本回归分析

阶段一从 1994 年 1 月到 2005 年 7 月，共 139 个样本，数据来源与处理同上。在数据的平稳性方面，货币供给和利率变量是 I（1），其余变量都是 I（0）。根据 AIC（赤池信息准则），在没有趋势项时，可以得到最佳滞后阶数是 ARDL（11，1，10，0，10）。做边界临界值检验，得到 F 统计量是 2.0。在 10% 的显著性水平上，I（0）Bound 是 1.9，I（1）Bound 是 3.01，F 值落在两个临界值之间，显示变量之间可能存在着长期均衡关系。进一步做长期协整检验，具体的长期系数见表 7-5。

阶段二从 2005 年 8 月到 2017 年 12 月，共 149 个样本。在数据的平稳性方面，货币供给、产出和通货膨胀三个变量是 I（0），其余变量是 I（1）。根据 AIC 准则，在没有趋势项时，可以得到最佳滞后阶数是 ARDL（7，3，0，1，0）。接下来做边界临界值检验，得到 F 统计量是 4.932 938。在 1% 的显著性水平上，I（0）Bound 是 3.07，I（1）Bound 是 4.44，F 值大于上限，这显示变量之间存在着明确的长期均衡关系。我们进一步做长期协整检验，具体的长期系数见表 7-5。

在相关的研究中，Nieh 和 Wang（2005）用 ARDL 研究中国台湾地区的汇率波动时，他们得到的 F 值小于边界临界值的下限 I（0），故认为新台币对美元的汇率与宏观经济基本面无协整关系。除此之外，Frenkel（1979）和 Bahmani-Os-kooee 和 Kara（2000）的结论都很明确，汇率与宏观经济变量之间存在着长期协整关系。人民币三个阶段的回归结果与相关研究的结论，可以用表 7-5 来展示。

表 7-5　回归结果的总结

币种	constant	m-m*	y-y*	r-r*	π-π*	Regime
Frenkel（1979）：德国马克对美元	1.39	0.97	−0.52	−5.40	29.40	

表7-5（续）

币种			constant	m-m *	y-y *	r-r *	π-π *	Regime
Bahmani-Oskooee 和 Kara（2000）：土耳其里拉对美元			16.3	1.56	-5.00	0.001	0.008	
人民币对美元	全样本	1994M1-2017M12		0.47 (10.50)	-1.19 (-21.43)	3.56 (1.67)	-2.96 (-0.38)	0.36 (3.89)
	子样本一	1994M1-2005M7		0.58 (11.07)	-1.08 (-30.53)	0.03 (0.77)	2.80 (0.30)	-0.58 (-2.53)
	子样本二	2005M7-2017M12		0.92 (12.65)	-0.65 (-3.96)	-0.16 (-2.29)	1.18 (0.41)	-0.17 (-2.05)

注：括号内的数字是 t 值。

表 7-5 显示，在三个阶段的回归结果中，货币供给和产出的系数都很显著。阶段二中货币供给的回归系数最大，但产出系数的绝对值最小。全样本和子样本一中的利率系数都大于 0，但不显著；在阶段二中利率是显著的，但系数为负。在三个阶段中，通货膨胀率的系数都不显著，但子样本二的显著性好于其他两个阶段。

汇率制度的虚拟变量在三个阶段都是显著的，但系数符号有正负之分。全样本中，Regime 的符号为正，显示汇率制度改革会使得人民币汇率数值变大，即人民币会贬值，这与图 7-1 显示的 1994 年以来人民币总体升值趋势不一样。但在两个子样本的回归中，汇率制度改革会使得人民币汇率数值变小，即人民币会升值，并且在阶段一中升值幅度更大。2005 年 7 月汇率制度改革之后，人民币回归到有管理的浮动汇率制度，双向波动明显，汇率弹性增加，市场化的供求变化在人民币汇率波动中起到了基础性作用。

与前面的理论模型相比较，2005 年 7 月汇率制度改革以来的数据回归结果，无论在系数的符号还是大小上都与 Frenkel（1979）的结论一致；与土耳其里拉的结论相比，人民币汇率的结果与理论模型的预测更为相近，货币供给的系数为 0.92，接近于理论模型中的 1。$\alpha < 0$，$\beta > 0$，且 $|\beta| > |\alpha|$。接下来，我们将分析在阶段二中人民币汇率的短期动态调整关系。

7.3.6　2005 年汇率制度改革以来人民币汇率的动态调整

在子样本二中，ARDL（7，3，0，1，0）的回归结果见表 7-6。

表7-6 2005年7月至今的ARDL估计结果

变量	滞后阶数							
	0	1	2	3	4	5	6	7
e		1.231 391	-0.365 168	-0.074 178	0.124 171	0.224 44	-0.435 303	0.257 727
		(-13.334 61)	(-2.589 391)	(-0.527 795)	(0.878 507)	(1.572 49)	(-2.955 482)	(2.805 424)
(m-m*)	0.000 393	0.101 653	-0.183 978	0.115 816				
	(0.007 64)	(1.389 212)	(-2.513 916)	(2.303 467)				
(y-y*)	-0.023 926							
	(-1.446 094)							
(r-r*)	-0.025 475	0.019 615						
	(-2.725 983)	(2.107 968)						
(π-π*)	0.043 577							
	(0.429 989)							
Regime	-0.006 203							
	(-3.928 046)							

注：括号内的数字是t值。

$R^2 = 0.997\,5$，$\bar{R}^2 = 0.997\,1$，可见，回归方程的拟合程度较好。进一步做回归方程的残差相关性检验，发现模型的残差是稳定的，这表明模型的拟合效果较好，系数的估计是稳定可靠的。

在这一阶段，中国货币需求的收入弹性为 $\varphi = 0.65$，这一数据与相关的研究结论相近。伍戈（2009）研究了新形势下中国的货币需求的稳定性与资产替代问题，他计算出的收入弹性是 0.742[①]。Zuo 和 Park（2011）考虑到中国经济的转型特征，得到的结论是，中国货币需求的收入弹性介于 0.6 到 0.75 之间[②]。

根据表 7-5，$\alpha + \beta = 1.02$，即中国货币需求的利率弹性 $\lambda = -1.02$。由于样本时段及变量选择的不同，学者们得出的估计结果不尽一样。伍戈（2009）发现由于利率没有完全市场化，货币需求对利率并不敏感。董慧君等（2015）以 1992—2012 年的年度数据为基础，得出中国货币需求 M1 和 M2 的利率弹性分别为 -0.15 和 -0.09[③]。而张萌（2011）以 2005—2010 年的月度数据为研究对象，发现中国的货币需求的利率弹性是 -1.29[④]。

（1）人民币汇率超调幅度

结合前面的理论表达式（7.10），人民币回归的简化方程如下[⑤]：

$$e = (m - m*) - 0.65(y - y*) - 0.16(r - r^*) + 1.18(\pi - \pi*)$$
$$(7.16)$$

根据前面均衡汇率的表达式（7.8），可得

$$\bar{e} = (m - m*) - 0.65(y - y*) + 1.02(\pi - \pi*) \quad (7.17)$$

两式相减，可得

$$(e - \bar{e}) = -0.16\left[(r - \pi) - (r^* - \pi*)\right] \quad (7.18)$$

从理论上来讲，汇率偏离均衡汇率的幅度，即汇率超调的水平与真实利差成比例。假定中国的货币供给突然一次性扩张了 1%，其他条件不变，长期来看人民币相对于美元会贬值 1%。但在短期，货币扩张会产生流动性效应，中国货币需求的利率弹性为 $\lambda = -1.02$，货币扩张会导致人民币名义利率下降 98

① 伍戈.中国的货币需求与资产替代：1994—2008 [J].经济研究，2009（3）：53-67.

② ZUO HAOMIAO, PARK S Y. Money Demand in China and Time-varying Cointegration [J]. China Economic Review, 2011（22）：330-343.

③ 董慧君，宋吟秋，吕萍.中国货币需求函数的模型估计及政策建议 [J].科研管理，2015（8）：136-143.

④ 张萌.中国货币需求函数的建模研究 [J].商业时代，2011（14）：55-56.

⑤ 在这里，我们把相对货币供给的系数设定为 1，而且去掉了汇率制度改革的影响。事实上，如果写出完整的回归方程，并不影响后面的分析结果。

个基点（1%/1.02=0.0098）。利率下降会导致资本外流，本币面临贬值的压力，直到当前汇率与新的均衡汇率水平的超调幅度达到0.16×0.98%=0.16%。那么，中国的货币扩张导致人民币贬值的幅度最终会达到1.16%。这个幅度比Frenkel（1979）的力度稍小，他发现相同的货币扩张幅度最终会使汇率贬值到1.23%。

再考虑货币扩张对预期通货膨胀的影响，如果本国的货币扩张被认为代表着货币当局会采取更高的货币增长目标，那么汇率的变动会更大。假定预期通货膨胀率上升了1%，对本币的需求会下降，长期汇率水平会再贬值1.02%；加上真实利差变动产生的0.16%的超调幅度，短期内人民币汇率总的贬值幅度会是2.34%。这其中，2.02%代表长期均衡汇率，短期超调幅度是0.32%。

（2）人民币汇率变动的路径

人民币汇率与宏观经济变量之间存在着长期协整关系，但分析汇率的短期变化除了要考虑变量间的稳定的长期趋势之外，还要考虑各变量的短期波动。在此基础之上，可以构建 ARDL-ECM 模型，分析变量在短期内的动态关系，如表7-7所示。

表 7-7　短期动态系数估计

变量	系数	t 值	p 值
D［e（-1）］	0.268 311	2.956 423	0.003 8
D［e（-2）］	-0.096 857	-1.075 658	0.284 4
D［e（-3）］	-0.171 035	-1.900 735	0.059 9
D［e（-4）］	-0.046 864	-0.515 007	0.607 5
D［e（-5）］	0.177 576	1.924 458	0.056 8
D［e（-6）］	-0.257 727	-2.805 424	0.005 9
D［（m-m*）］	0.000 393	0.007 64	0.993 9
D［（m-m*）（-1）］	0.183 978	2.513 916	0.013 3
D［（m-m*）（-2）］	-0.115 816	-2.303 467	0.023 1
D［（y-y*）］	-0.023 926	-1.446 094	0.150 9
D［（r-r*）］	-0.025 475	-2.725 983	0.007 4
D［（π-π*）］	0.043 577	0.429 989	0.668 0
D（Regime）	-0.006 203	-3.928 046	0.000 1
ECM（-1）	-0.036 92	-2.172 107	0.031 9

表 7—7 显示，影响人民币汇率短期波动的因素主要是汇率本身的惯性，或者说人民币汇率波动有很强的路径依赖，这反映出人民币汇率制度改革具有鲜明的渐进主义色彩。滞后 1 个月的汇率对当前汇率有显著的正向冲击，影响系数达到了 0.27。滞后 2 到 4 个月的汇率冲击是负向的，滞后半年的汇率冲击是负向的，影响力度与滞后 1 个月的力度相当。从这里我们发现，人民币汇率的波动周期大约是半年，从贬值到升值的时间间隔在 6 个月左右。

此外，同期相对货币供给的变化对人民币汇率的影响较小，且不显著。但若中国的货币供给扩张（相对于美国而言），人民币汇率会贬值，2 个月之后转为升值。按照 Dornbusch（1976）的描述，本国货币扩张后，人民币汇率在两个月后降到最小值，然后转为升值。换言之，人民币表现出滞后超调，滞后期为两个月。这一结论小于半年（林楠，2012）、一年（喻梅，2011）和两年（王君斌、郭新强，2014）。与其他币种比较，新台币超调的滞后期为 1 个月（Nieh、Wang，2005），美元的滞后期为 6 个月（Kim，2003）。

表 7—7 中，ECM 的系数为负，表明当人民币名义汇率偏离长期均衡时，系统将以（-0.037）的力度将非均衡状态拉回到均衡状态。与土耳其里拉的情况（Bahmani-Oskooee、Kara，2000）不同，人民币汇率不存在长期超调。

在其他因素中，产出的作用力度是-0.024。通货膨胀差异的影响较小，且不显著。名义利差的系数是显著的，但影响力度只有-0.025。汇率制度虚拟变量是显著的，但作用力度仅有-0.006，说明市场化的汇率制度改革对汇率的影响是长期的，需要通过系统性的配套改革来完善人民币汇率形成机制，而要影响具体的外汇管理流程进而影响到国内外经济的实体交往，引导市场的汇率预期，则将是一个长期的作用过程。

7.3.7 稳健性检验

为了保证结论的稳健性，我们做了多种尝试，主要包括：①将月度数据换为季度数据。②改变了模型中变量的代理变量，如选择其他的短期利率，用中国人民银行公布的六个月期的存款利率；用工业增加值、工业产出指数作为国民产出的代理变量等。不同的稳健性检验得到的结论有所不同，主要变量的系数的方向与前面的分析结果一致，但在大小上有微小的差别，前面实证的结论基本不变①。

---

① 限于篇幅，我们没有报告各种稳健性检验的结果。

7.4 本章小结

立足于浮动汇率的真实利差模型在 2005 年 7 月汇率制度改革之后的阶段能较好地拟合人民币汇率的决定与变动问题，能够描绘人民币汇率短期超调的幅度与周期性波动，本章选用 ARDL 分阶段刻画了人民币汇率与货币及实体变量之间的长期协整和短期动态关系。这进一步佐证了人民币汇率制度改革市场化方向的正确性。本章的研究验证了人民币汇率制度改革"主动性、可控性、渐进性"原则的有效性。

首先，在汇率的长期决定上，人民币名义汇率与宏观经济变量之间存在着长期的协整关系。2005 年汇率制度改革以来宏观变量的作用方向与力度大小都符合货币主义汇率模型的预测，通过相关的宏观经济指标来分析汇率的长期走势是可行的。其次，在人民币汇率的短期波动方面，货币扩张会带来短期超调。在理论条件下，若中国的货币扩张 1%，人民币汇率超调幅度是 1.16%；如果货币扩张引起两国相对的通货膨胀率变动，则汇率超调幅度会达到 2.34%。人民币汇率短期超调的滞后期为 2 个月，但长期内会恢复到均衡状态。最后，人民币汇率升值与贬值压力交替的周期约为半年。在渐进式的汇率制度改革进程中，人民币汇率的滞后变动会显著地影响到当前汇率的水平与波动，升值压力与贬值压力相互交替，短期性周期约持续 6 个月。

8 资本控制、反向超调与滞后超调：人民币汇率动态的 SVAR 研究

随着中国经济对外开放的程度不断加深，我国政府已经采取了诸如 QFII、QDII、RQFII 等措施来促进资本账户自由化；而人民币汇率也在多次的市场化改革中确立了市场机制的基础性调节作用。在供给侧结构性改革中，资本账户开放和人民币汇率制度改革都要走市场化的道路，虽然是在朝着同一个方向进行改革，但资本流动的渐进自由化与人民币汇率回归有管理浮动汇率制度的步伐和节奏却未必同步。研究资本控制程度对人民币汇率动态的影响，不仅是国内外关注的热点，也对货币当局制定正确的宏观政策具有参考价值，有助于实现资本开放和人民币汇率制度改革的良性互动。

在以浮动汇率为主导的时代，汇率波动是常态，汇率的短期、中期和长期的波动趋势、变动幅度、持续时间可以有交叉、重叠或融合。研究在资本控制情况下汇率动态的多样性，将从一个侧面深化三元悖论的理论内涵，强化人们对三元悖论实质的理解。

从决策参考和理论价值两方面来讲，研究中国经济新常态中资本控制程度对人民币汇率变化动态的影响有着重要的现实意义。我们将在统一的理论框架内，全面分析人民币汇率启动市场化改革以来资本控制和人民币汇率动态的相互关联。

本章的结构如下：第一部分是文献回顾，第二部分介绍变量选择及模型稳定性等实证准备工作，第三部分探讨存在资本控制情况下人民币名义汇率所表现出来的多种汇率动态的交替与演变，第四部分是其他三种汇率的情况，第五部分是简要的总结。

8.1 文献回顾

8.1.1 超调理论的提出与发展

在现行的牙买加体系中探讨汇率动态问题，Dornbsuch（1976）的汇率超调理论提供了一个经典的解说。汇率超调理论指出，由于金融市场和商品市场对冲击的反应速度不同，当市场价格机制能够自动调节时，汇率的短期变动幅度会超过长期均衡水平，再逐渐恢复长期均衡值。超调模型为浮动汇率时代汇率的高波动性提供了一个理论解释，也开创了汇率动态学研究。

超调理论被提出来之后，国内外的学者从理论和实证两个方向做了深化和拓展。首先，在理论研究方面，学者们的研究方向包括深化其理论内涵和外延，包括：第一，对超调模型的假设前提适当放宽，如 Bhandari（1983）假设商品价格弹性在短期和长期并不一致，则货币扩张不会导致汇率超调[①]。第二，考虑货币政策冲击之外的因素的影响，如 Isaac（1998）做了离散时间分析，认为汇率超调的来源也可能是风险溢价冲击[②]。Akiba（1996）从货币需求的汇率敏感性出发，指出再平衡效应会降低超调的程度，而这与资本流动性的大小没有必然的联系[③]。国内学者尝试把虚拟经济引入超调模型中，如王立荣和刘力臻（2009）发现虚拟经济的专业化程度是引起名义汇率超调的重要原因[④]。王爱俭和林楠（2010）[⑤]、林楠（2010）[⑥] 考虑实体经济和虚拟经济的双驱动机制，从宏观总供求模型的互动角度了分析汇率动态问题。郭其友和焦娜（2010）引入了劳动力的国际流动，发现如果劳动力能够自由地跨国流动，

[①] BHANDARI J S. An Alternative Theory of Exchange Rate Dynamics [J]. The Quarterly Journal of Economics，1983，98（2）：337-348.

[②] ISAAC A G. Risk Premia and Overshooting [J]. Economics Letters，1998（61）：359-364.

[③] AKIBA H. Exchange-Rate Sensitive Demand for Money and Overshooting [J]. International Economic Journal，1996，10（2）：119-129.

[④] 王立荣，刘立臻. 虚拟经济膨胀视角下的汇率短期波动研究：对 Dornbusch 超调模型的扩展 [J]. 国际金融研究，2009（7）：73-79.

[⑤] 王爱俭，林楠. 虚拟经济与实体经济视角下的人民币汇率研究 [J]. 金融研究，2010（3）：98-111.

[⑥] 林楠. 基于超调模型和虚拟经济视角的汇率动态分析 [J]. 华东经济管理，2010（9）：74-78.

汇率超调的幅度要大于 Dornbusch 最初的结论①。其次，在实证方面，学者们发现当外部冲击发生时，现实中的汇率不是像 Dornbusch 描绘的那样立即做出反应，而是有一定的滞后期，即发生滞后超调（delayed overshooting），滞后超调被认为是一种广泛存在的现象。

具体在汇率变动的形态问题上，除传统超调外，还出现了汇率波动的其他形式。到目前为止，大约有以下形态：

（1）传统超调。喻梅（2011）研究人民币汇率与中国货币政策之间的互动关系，发现如果把货币供给作为货币政策冲击变量，则人民币对美元的实际汇率表现出传统的超调形态②。王蕊（2014）用 2000—2012 年的数据研究人民币汇率的决定，发现人民币名义有效汇率存在着超调现象③。王君斌和郭新强（2014）研究货币政策冲击、经常账户平衡和人民币汇率波动之间的相互关联，发现人民币实际有效汇率存在着超调现象④。当然，也有研究认为人民币对美元名义汇率并没有出现超调（赵文胜、张屹山，2012）⑤。

（2）滞后超调。Kim（2005）发现加元对美元的汇率存在着 20 个月的滞后超调，原因可能是货币政策对汇率的冲击被随后的"逆风向行事"的外汇政策弱化，但货币政策冲击的持续时间更长所致⑥。方兴（2008）采用向量误差修正模型进行实证，结果表明人民币实际有效汇率超调存在 2 年的滞后期⑦。喻梅（2011）发现，如果把名义利率作为货币政策的代理变量，人民币实际汇率则表现出 1 年的滞后超调期。林楠（2012）研究发现发生超调的滞后期为半年⑧，王君斌和郭新强（2014）研究发现发生超调的滞后期为 24 个月。有学者试着对此提供理论解释。Pierdzioch（2005）在新开放宏观经济模型引入看市定价行为（PTM），认为外汇市场的噪声交易有可能会引起名义汇率和

① 郭其友，焦娜. 国际劳动力流动下的汇率动态：汇率超调模型的一种扩展 [J]. 厦门大学学报（哲学社会科学版），2010（3）：43-50.

② 喻梅. 我国货币政策与人民币汇率的互动关系研究 [J]. 经济问题，2011（8）：99-103.

③ 王蕊. 资本控制下人民币汇率决定的实证检验：基于 Dornbusch 超调模型的扩展 [J]. 国际经贸探索，2014（5）：62-75.

④ 王君斌，郭新强. 经常账户失衡、人民币汇率波动与货币政策冲击 [J]. 世界经济，2014（8）：42-69.

⑤ 赵文胜，张屹山. 货币政策冲击与人民币汇率动态 [J]. 金融研究，2012（8）：1-15.

⑥ KIM S. Monetary Policy, Foreign Exchange Policy, and Delayed Overshooting [J]. Journal of Money, Credit and Banking, 2005, 37（4）：775-782.

⑦ 方兴. 带预期的人民币汇率滞后超调动态模型研究 [J]. 经济学动态，2008（6）：53-57.

⑧ 林楠. 开放经济货币政策动态下人民币汇率问题研究 [J]. 华东经济管理，2012（4）：73-78.

实际汇率的滞后超调①。卞学字和范爱军（2015）在此基础上加入贸易开放，探讨贸易开放、外汇市场噪声交易与汇率波动之间的理论关联，敏感性分析显示汇率滞后超调是一个稳健的短期特征②。

（3）反向超调。孙烽、贺晟（2000）引入股票市场来扩展 Dornbusch 汇率超调模型，发现扩张性货币冲击会造成本国利率在一开始降低，股价上升，总需求扩大，市场预期产出随之上升，实际货币需求会增大，短期实际利率会反弹，超过均衡水平。这样，本国的实际汇率不贬值反升值，表现出反向超调的形态③。

8.1.2 资本控制与汇率的关联

（1）从汇率制度选择的角度分析

在分析中国资本控制程度与汇率之间的关联时，很多研究是从汇率制度选择的角度来展开讨论的。周茂荣和郭建泉（2004）通过构建一个机会主义的汇率制度选择模型，分析包括资本控制在内的多种因素对经济均衡的影响，认为我国对资本账户实施适度的管制是必要的，这样可以维持人民币汇率的稳定，降低风险，防范金融危机④。张纯威（2006）分析在资本控制情况下的弹性汇率制度模型，区分了针对投机性资本流动和投资性资本流动的资本控制政策，建议中国的资本账户开放应该审慎推进⑤。白晓燕和王培杰（2008）认为中国近十年的资本管制政策基本上是有效的，这使得在汇率制度改革上我国可以渐进地推进弹性化改革⑥。何慧刚（2008）认为我国的汇率制度增强弹性是资本账户开放的前提，而资本账户的有序开放则会有力地促进汇率制度的弹性化改革⑦。

有些研究是从金融危机与国际比较的角度进行剖析的。阙澄宇和马斌（2013）发现资本账户开放对新兴市场经济体浮动汇率制度福利的效应是非线

① PIERDZIOCH C. Noise Ttrading and Delayed Exchange Rate Overshooting [J]. Journal of Economic Behavior and Organization, 2005 (58): 133-156.

② 卞学字, 范爱军. 噪声交易、贸易开放与滞后汇率超调: 基于 PTM-NOEM 模型的理论研究 [J]. 南开经济研究, 2015 (4): 23-43.

③ 孙烽, 贺晟. 货币冲击下的股市运行和汇率动态 [J]. 上海经济研究, 2000 (8): 74-79.

④ 周茂荣, 郭建泉. 放弃成本、政府偏好与资本控制: 一个审慎的机会主义汇率制度选择模型 [J]. 经济研究, 2004 (5): 67-74.

⑤ 张纯威. 弹性汇率制度下的国际资本流动调控策略 [J]. 世界经济研究, 2006 (2): 36-40.

⑥ 白晓燕, 王培杰. 资本管制有效性与中国汇率制度改革 [J]. 数量经济技术经济研究, 2008 (9): 65-76.

⑦ 何慧刚. 中国资本账户开放与汇率制度选择 [J]. 社会科学战线, 2008 (5): 37-42.

性的，浮动汇率制度功能的发挥受到资本账户现实开放度偏离最优开放度的大小及其本身变化量的影响①。刘晓辉等（2015）分析了发展中国家资本账户自由化对其汇率制度选择的影响，他们以 88 个发展中国家为样本，发现一国的实际资本控制程度越弱，则它越不可能提高汇率弹性②。

（2）从汇率波动的方向来分析

关于资本流动性与汇率波动之间的关系，Wijnbergen（1990）指出，资本控制会影响国内外利差，进而通过支出转换效应改变国内商品需求的构成，最终使汇率水平发生波动③。李巍和张志超（2008）发现 FDI 和非 FDI 账户开放会影响到一国的实际汇率和经济增长波动，但二者的影响力度并不相同。

Edwards（1989）分析了均衡真实汇率的代际决定过程，讨论进口关税和资本控制对汇率的影响方向，发现资本账户自由化会导致均衡真实汇率升值④。Michaud 和 Rothert（2014）研究了中国的资本控制与经济增长和汇率之间的关系，他们通过构建跨期理论模型发现，资本控制通过"干中学"影响外部性，促进了经济增长率提高，并导致真实汇率的缓慢升值⑤。Edwards 和 Rigobon（2009）发现强化对资本流入的控制会使名义汇率贬值，降低了汇率对外部冲击的敏感性⑥。

具体到中国的情况来看，王琦（2006）分析了中国的国际资本流动情况，计量检验表明汇率是影响国际资本流动性的重要因素⑦。范爱军和卜学宇（2013）以跨期消费平滑理论为基础，用跨期经常项目模型发现中国的资本账户开放的步伐正在加快，人民币汇率对正确度量中国的资本流动性有重要的

---

① 阙澄宇，马斌. 资本账户开放对浮动汇率制度福利的非线性效应：以新兴市场经济体为例 [J]. 数学的实践与认识，2013（5）：77-88.

② 刘晓辉，张璟，甘顺利. 资本账户自由化、实际资本控制与汇率制度选择 [J]. 国际金融研究，2015（7）：55-66.

③ WIJNBERGEN S VAN. Capital Controls and the Real Exchange Rate [J]. Economica, 1990（2）：15-28.

④ EDWARDS S. Tariffs, Capital Controls, and Equilibrium Real Exchange Rates [J]. The Canadian Journal of Economics. 1989（1）：79-92.

⑤ MICHAUD A, ROTHERT JACEK. Optimal Borrowing Constraint and Growth in A Small Economy [J]. Journal of International Economics, 2014（94）：326-340.

⑥ EDWARDS S, RIGOBON R. Capital Controls on Inflows, Exchange Rate Volatility and External Vulnerability [J]. Journal of International Economics, 2009（78）：256-267.

⑦ 王琦. 关于我国国际资本流动影响因素计量模型的构建和分析 [J]. 国际金融研究，2006（6）：64-69.

影响①。

8.1.3 文献评述

综观现有关于资本控制与汇率动态的文献，其存在的不足包括：

（1）研究对象单一。已有文献大多只研究了名义汇率、真实汇率或有效汇率这三者中的一种，没有同时涉及最常使用的人民币名义汇率、真实汇率、名义有效汇率和真实有效汇率的波动情况。

（2）结论单一，尤其缺乏不同动态之间的交替与转换。现有研究得出的结论，大多认为人民币汇率存在经典超调或滞后超调。反向超调目前只是理论研究，没有实证文献的支持。汇率动态研究涉及汇率的短期、中期、长期的波动情况和相互转换，特别是在我国汇率双向波动弹性进一步增强的趋势下，单一的波动形态势必难以全面描述汇率的变化幅度与方向。

（3）缺乏对中国重启市场化改革以来资本控制程度与汇率变化关系的完整描述。在超调框架内谈资本控制程度与人民币汇率动态变化的关系的文献，代表性的研究有周茂荣和郭建泉（2004），但这篇文章侧重于在国际汇率制度演变的过程中分析浮动汇率制度的稳定性，与人民币汇率的动态并无大的关联。王爱俭和林楠（2010）谈到了资本控制的影响，但没有对资本控制程度强弱对人民币汇率变化的作用机制做深入的分析。目前直接相关的仅有王蕊（2014）谈到了资本控制程度与人民币汇率超调的存在性，但此文没有谈到滞后超调和反向超调，且用协整方法体现出的线性关系较为简单。

针对现有研究存在的不足，本章与现有文献的不同之处在于：其一，分析了资本控制背景下人民币的多种汇率动态及它们之间转化的条件与过程。本章在货币主义的框架内，详细分析了资本控制程度的强弱变化及货币政策冲击情况下人民币名义汇率和两种有效汇率呈现出来的传统超调、滞后超调及反向超调，并探讨了不同动态之间转化的理论依据与现实基础。其二，为理解中国的资本账户开放和人民币汇率制度改革提供了一个新的视角。分析资本控制背景下人民币汇率动态的多样性，有助于理清货币政策传导的汇率渠道，提高宏观政策的有效性。

---

① 范爱军，卞学字.跨期消费平滑模型与中国国际资本流动性度量：兼析汇率因素的影响[J].国际金融研究，2013（3）：68-78.

8.2 实证准备

8.2.1 关于实证方法与变量的选择

本书第 2 章指出，结构性向量自回归（SVAR）是分析宏观经济变量动态时主流的实证方法，相对于无约束的 VAR 模型，SVAR 提出的短期或长期约束是建立在一定的经济理论基础之上的，能够捕捉到经济变量之间隐藏在误差项里的同期结构性关系，可以更好地描述变量之间的长期和短期的经济联系。

在分析汇率动态时，Kim 和 Roubini（2000）[①]、Kim（2003）[②]、Kim（2005）、Bjørnland（2009）[③]、Feuerriegel 等（2016）[④]，喻梅（2011）、林楠（2012）、赵文胜和张屹山（2012）、王君斌和郭新强（2014）等均使用 SVAR 来研究汇率动态。因此我们也将选用 SVAR 作为实证方法，来研究 2005 年 7 月人民币汇率制度改革以来资本控制背景下的汇率动态。

在变量的选择上，超调理论是建立在货币主义基础之上的，我们选择货币主义理论在汇率决定上的关键变量，即货币供求、物价水平、经济增长、国内外利率水平和汇率。

在变量的顺序上，我们把本书的切入点——资本控制放在首位，然后是货币主义分析法的出发点——货币供给。在 Dornbusch（1976）的原文中，货币市场的供求决定了均衡的物价水平。接下来，依次是国内利率、国内产出、国外利率和汇率。据此，最终确定的变量顺序是：（CC, M, P, i, Y, i^*, ER）。其中，CC 为资本控制程度，M 为中国的货币供给，P 是物价水平，i 是国内利率，Y 为产出，i^* 为国外利率，ER 为汇率水平。

在具体的指标选择方面，资本控制程度 CC 由前面第 6 章计算得出，货币供给 M 选用广义货币供给 $M2$，数据来源于中国人民银行。物价水平 P 选用消费者物价

[①] KIM S, ROUBINI N. Exchange Rate Anomalies in the Industrial Countries: A Solution with a Structural VAR Approach [J]. Journal of Monetary Economics, 2000 (45): 561-586.

[②] KIM S. Monetary Policy, Foreign Exchange Intervention, and the Exchange Rate in a Unifying Framework [J]. Journal of International Economics, 2003 (60): 355-386.

[③] BJØRNLAND HILDE C. Monetary Policy and Exchange Rate Overshooting: Dornbusch was Right After All [J]. Journal of International Economics, 2009 (79): 64-77.

[④] FEUERRIEGEL S, WOLFF G, NEUMANN D. News Sentiment and Overshooting of Exchange Rates [J]. Applied Economics, 2016, 48 (44): 4238-4250.

指数 CPI，来源于国际清算银行。在产出方面，借鉴 Bjørnland（2009）和喻梅（2011），选用真实产出指标，即用中国每个月的工业增加值与前述的 P 平减后得到。

在利率指标的选取上，国内外学者普遍选择的是短期利率。借鉴喻梅（2011）、赵文胜和张屹山（2012），在此选取全国银行间同业拆借 7 天加权平均利率作为国内利率 i，数据来源于中国人民银行。对国外利率，参考 Eichenbaum 和 Evans（1995）[①]、Feuerriegel 等（2016）、喻梅（2011）、赵文胜和张屹山（2012）等的研究，i^* 我们选取美国三个月期限的国债利率，数据来源于美联储。

汇率 ER 涉及四种形式：人民币对美元的名义汇率 NER，来自中国人民银行官方网站；真实汇率是在名义汇率的基础上，用来自国际清算银行的物价指数计算得到，这两种汇率是直接标价法。名义有效汇率 NEER 和真实有效汇率 REER，数据来自国际清算银行官方网站，这两种汇率是间接标价法。时间跨度从 2005 年 7 月到 2017 年 12 月。

在变量符号上，CC 代表资本控制程度，M 代表货币供给，Y 代表真实的经济增长，CPI 为消费者物价指数，i 为银行间 7 天同业拆借利率，i^* 为美国三个月期的国债利率，NER 为名义汇率，RER 为真实汇率，NEER 为名义有效汇率，REER 为真实有效汇率。在对变量的处理上，参照国内外的通行做法，国内外利率水平和资本控制程度使用水平值；其他的数量型变量则取自然对数，有季节性的则先做季节调整。结果见表 8-1。

表 8-1 变量的平稳性检验

变量	检验形式	ADF 检验值	1%临界值	5%临界值	10%临界值	检验结果
CC	(C, 0, 0)	−4.463 879	−3.474 567	−2.880 853	−2.577 147	平稳
LNM	(C, 0, 0)	−4.470 004	−3.474 567	−2.880 853	−2.577 147	平稳
LNY	(C, 0, 0)	−4.274 895	−3.475 500	−2.881 260	−2.577 365	平稳
LNCPI	(C, T, 13)	−1.873 173	−4.022 135	−3.440 894	−3.144 955	不平稳
D（LNCPI）	(C, 0, 0)	−6.484 583	−3.475 184	−2.881 123	−2.577 291	平稳
i	(C, 0, 0)	−4.219 488	−3.474 567	−2.880 853	−2.577 147	平稳
i*	(0, 0, 1)	−1.647 854	−2.580 681	−1.942 996	−1.615 279	平稳
LNNER	(0, 0, 5)	−0.982 516	−2.581 120	−1.943 058	−1.615 241	不平稳
D（LNNER）	(C, T, 0)	−8.349 057	−4.021 254	−3.440 471	−3.144 707	平稳

---

① EICHENBAUM M, EVANS C L. Some Empirical Evidence on the Effects of Shocks to Monetary Policy on Exchange Rates [J]. The Quarterly Journal of Economics, 1995 (4): 975-1009.

表8-1（续）

变量	检验形式	ADF 检验值	1%临界值	5%临界值	10%临界值	检验结果
LNRER	(0, 0, 1)	-2. 341 181	-2. 580 681	-1. 942 996	-1. 615 279	平稳
LNNEER	(C, T, 1)	-2. 416 494	-4. 021 254	-3. 440 471	-3. 144 707	不平稳
D （LNNEER）	(C, 0, 0)	-7. 493 008	-3. 474 874	-2. 880 987	-2. 577 219	平稳
LNREER	(C, T 1)	-1. 957 660	-4. 021 254	-3. 440 471	-3. 144 707	不平稳
D （LNREER）	(C, 0, 0)	-8. 316 294	-3. 474 874	-2. 880 987	-2. 577 219	平稳

注：（C, T, L）分别表示常数项、趋势项及滞后阶数，LN 表示对数形式，D 表示取差分。

由表 8-1 可知，资本控制程度、货币供给、经济增长、国内外利率、真实汇率是 I（0），本身是平稳的。而物价水平、名义汇率、名义有效汇率、真实有效汇率是 I（1），是一阶差分平稳，因此以对数差分的形式引入，分别表示物价变动率（通货膨胀率，以 π 来表示）和汇率的变动率（增长率）。为表述的方便，我们用小写字母表示变量的对数或对数差分形式（资本控制程度和利率变量除外），最终确定的 SVAR 变量为（cc, m, π, i, y, $i*$, er）。

8.2.2 模型的识别条件及稳定性

要使 SVAR 模型能够被解出，需要对变量之间的关系做出长期或短期的约束。我们立足于货币主义和中国经济发展的现实，针对资本账户开放和人民币汇率制度渐进改革的步伐，做出相应的短期约束关系假设。具体如下：

资本控制作为金融领域的重要变量，会受到货币供给、国内外利率和汇率水平的影响，但它对当期的物价水平和本国产出变动不会做出反应。

资本控制影响国际资本流动，通过我国当前的结售汇制度会对货币供给产生影响。由于信息和决策滞后，M 不会受到当期的 P 和 Y 的影响。

通过货币发行和实体投资渠道，物价水平会受到货币供给、利率和产出的影响。对物价水平而言，由于中国实体领域和金融领域的开放度不同，假定本国物价不受资本控制、国外利率和汇率水平的冲击（王君斌、郭新强，2014）。

中国利率制度的市场化改革正在逐步深入，但还不是完全市场化的利率水平，假定本国利率受到货币供给与美国利率的冲击，其他变量则不产生影响。

国内产出反映实体领域的生产情况，与国内利率水平高低有密切联系。此外，参考 Kim 和 Roubini（2000）、Kim（2005）的做法，我们假定国外利率对本国产出产生同期影响。

此外，中国和美国的经济联系非常紧密，但相互之间的影响力却不可同日而语，可以合理地假定国内的经济变量对 i＊当期都不会产生影响。

对本章的关键变量 ER，我们把汇率水平看成一种前瞻性的资产价格〔Kim、Roubini（2000），Kim（2005），王君斌、郭新强（2014）〕，即通过实际的或预期的渠道，模型中的各个变量都会对汇率产生同期影响。

所以，模型的短期约束矩阵是：

$$
\begin{bmatrix}
1 & d_{12} & 0 & d_{14} & 0 & d_{16} & d_{17} \\
d_{21} & 1 & 0 & d_{24} & 0 & d_{26} & d_{27} \\
0 & d_{32} & 1 & d_{34} & d_{35} & 0 & 0 \\
0 & d_{42} & 0 & 1 & 0 & d_{46} & 0 \\
0 & 0 & 0 & d_{54} & 1 & d_{56} & 0 \\
0 & 0 & 0 & 0 & 0 & 1 & 0 \\
d_{71} & d_{72} & d_{73} & d_{74} & d_{75} & d_{76} & 1
\end{bmatrix}
\begin{bmatrix}
\varepsilon_{CC} \\
\varepsilon_{M} \\
\varepsilon_{P} \\
\varepsilon_{i} \\
\varepsilon_{Y} \\
\varepsilon_{i*} \\
\varepsilon_{ER}
\end{bmatrix}
=
\begin{bmatrix}
\mu_{CC} \\
\mu_{M} \\
\mu_{P} \\
\mu_{i} \\
\mu_{Y} \\
\mu_{i*} \\
\mu_{ER}
\end{bmatrix}
\qquad (8.1)
$$

此外，根据 FPE（最终预测误差）和 AIC（赤池信息准则），我们确定模型的最优滞后期为滞后 2 阶。经检验，自回归特征多项式根的逆都落在单位圆之内，这表明模型是稳定的。

8.3 名义汇率的实证结果

8.3.1 资本控制程度变化的影响

当给予资本控制程度一个正向冲击（资本控制更为严格）时，各变量的脉冲响应如图 8-1 所示，横轴表示冲击作用的滞后期数（月份数），纵轴表示各个经济变量的变化，实线表示脉冲响应函数，虚线表示正负两倍标准差偏离带[1]。

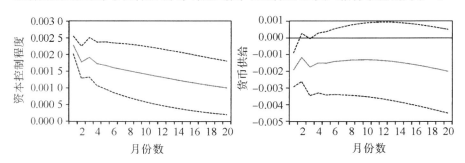

---

[1] 本章后面的脉冲图中几根线的说明及图例，与此相同。

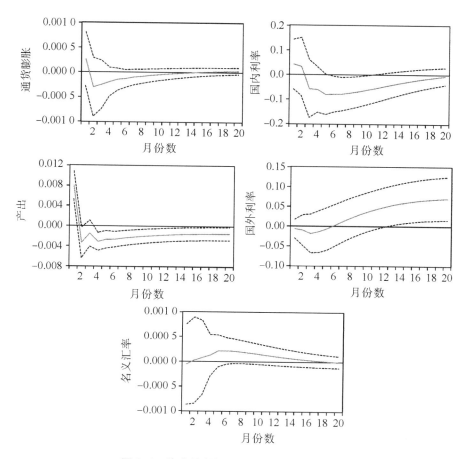

图 8-1　资本控制加强时各变量的脉冲响应

图 8-1 显示，当政府加大对资本流动的控制力度时，国内货币供给当期下降，总体上受到负面冲击。持续的时间较长，在第 62 期左右，下降到最低值，然后逐渐上升。货币主义认为一国的货币供给由国内经济发展和国际联系两方面决定，强化资本控制会减少国际经济交往，通过外汇储备减少等渠道使总的货币供给量减少。

通货膨胀有短暂的上升，然后迅速下降，在第 14 期变为 0，之后的变化很小。加强资本控制会影响到一国的经常项目，减少进口的原材料、半成品和成品，刚开始会刺激国内进口替代品价格上涨，但长期来看会损害一国的生产潜力。

同时由于货币市场上的流动性减少，本国利率水平在短期内会相应上升，随后开始下降，在第 5 期达到最低值。在第 22 期回到 0，之后是小幅波动。

强化资本控制会阻碍生产性的资本流动，对经济增长是负面影响，除最开始的上升以外，从第2期开始，产出的脉冲响应图均为负。

中国若加强资本控制，美国利率在前3期下降，随后逐渐上升，在第22期升到最大值，在第92期恢复到0。

让我们特别看看名义汇率的变化动态。当中国的资本控制程度加强时，名义汇率将逐渐贬值，在第5期贬值到最大幅度，在第19期左右回到0。强化资本账户的管制会妨碍市场机制在汇率决定与波动上发挥作用，人们合理地预期汇率会出现失调，导致市场对本币失去信心，所以本币汇率贬值。

当资本控制程度减弱时，各个变量的变化趋势与资本控制加强时大体上正好相反，货币供给在短期下降后上升，通货膨胀水平先降后升，变动大于0，利率提高，产出扩大等①。让我们特别看看人民币名义汇率对资本控制程度减弱时的反应。

在图8-2中，政府着力推进市场化改革，减弱了资本控制程度，注重发挥市场机制对汇率波动的基础性作用，良性的市场预期推动本币立即大幅升值，随后汇率有回调，但总的趋势是升值，在第19期回到0。

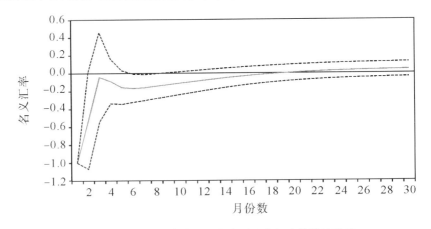

图8-2 政府减弱资本控制程度时名义汇率的脉冲响应

对比图8-1和图8-2，可以发现，政府加强资本控制将导致名义汇率贬值，减弱资本控制则将使名义汇率升值。贬值是逐渐贬到最大幅度，表现出滞后超调的特征；但升值却是立即就升到最大幅度，这是Dornbusch意义上的传统形式汇率超调。升值与贬值的力度相差较大，贬值的最大幅度是0.000 216，升值的最大幅度却达到了1.0。但资本控制态势的变化（加强或减弱）对汇率的影响时间却相同，大约在19个月之后就恢复到0。这在一定程度上突出了

---

① 由于篇幅限制，这里没有完整呈现出所有变量在资本控制程度减弱时的脉冲响应图形。

人民币汇率制度改革走市场化道路，让市场来寻找均衡汇率水平的重要意义。当政府放松资本管制时，国内外资本流动较为顺畅，影响人民币汇率水平的资本因素能够发挥作用，但包括进出口贸易在内的实体方面的因素也会影响到汇率的波动，人民币汇率波动在一定程度上发现市场均衡汇率，市场的力量会推动现行汇率水平向均衡汇率靠近。这再一次确认了市场化改革的重要性和现实意义。

亚洲金融危机和美国次贷危机中我国宏观政策的调控经验表明，包括资本开放和人民币汇率水平在内的宏观政策变动都是政府应对国内外经济冲击的一种工具。但图 8-1 显示，当中国政府加强资本管制时，这种行政干预对汇率产生的影响其实并不大。

8.3.2 货币政策冲击的影响

货币扩张有两种形式：利率下降或货币供给增加。先来看 Dornbusch（1976）意义上的货币供给扩张带来的影响，见图 8-3。

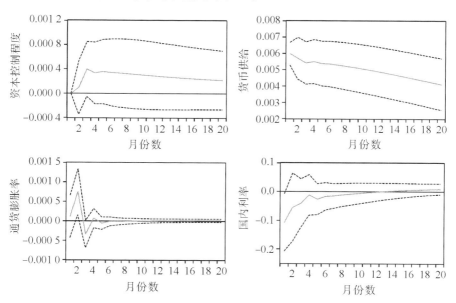

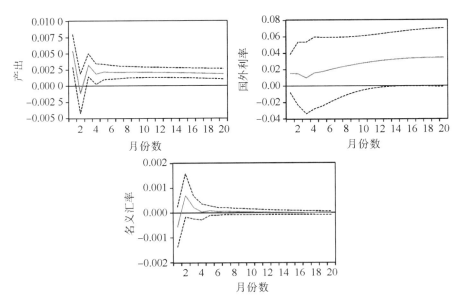

图 8-3　货币供给扩张带来的脉冲响应

货币供给扩大时，资本控制程度在最开始没有变化，随后便上升，在第3期升到最大幅度，之后逐渐有小的降幅，总的影响都为正。本国实施扩张性的货币政策，本国利率会走低，本币面临贬值的风险，资本会外流，资本控制程度会加强。

货币供给扩大时，物价水平当期提高，第2期即升到最大值，第3期有下降，第4期则变为正，第6期开始即为0。与很多实证文献发现的"价格之谜"（赵文胜、张屹山，2012）相比，"价格之谜"并未出现，且货币供给对物价水平的冲击时间较短。

扩张性的货币政策会带来利率降低，这符合经济学的基本理论。特别地，货币扩张对国内产出带来正面的刺激，货币供给在中国并不是中性的，产出随着货币扩张增长，这凸显了政府对经济增长的拉动作用，包括四万亿刺激计划从需求侧有力地推动了国民经济增长，但从激发经济增长的潜力和保持长期发展的稳定性来看，只有转向供给侧结构性改革才是可持续的。

名义汇率对货币扩张的反应尤其值得关注，名义汇率当期升值，但第2期即转为贬值，且贬值的力度要大于升值的力度，从第4期开始即接近于0。根据购买力平价，一国货币供给扩张，长期来看将使本币贬值。从 Dornbusch（1976）超调模型的角度来看，中国若实行扩张性的货币政策，人民币名义汇率最先出现反向超调（货币扩张带来本币的升值）①，然后转为滞后超调。

再来看利率提高时的经济效应，如图8-4所示。

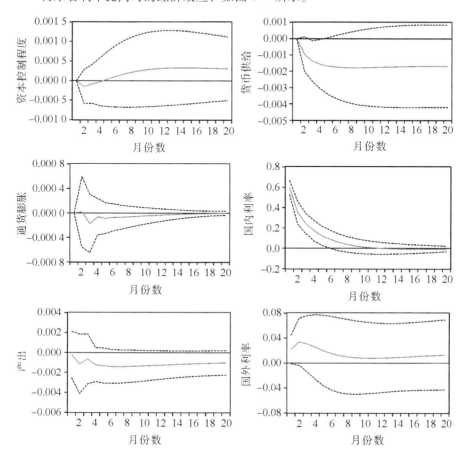

① 对货币扩张导致人民币汇率反向超调的理论基础，可以从巴拉萨—萨缪尔森效应来理解。这一效应指出，随着一国经济的持续增长会带来本币的升值（这一点在我们的 SVAR 模型中也得到了验证）。也就是说，购买力平价指出人民币汇率随着货币扩张而贬值，而巴拉萨—萨缪尔森效应则指出随着技术进步和经济增长人民币将升值，长期来看，中国持续的经济增长带来的影响更占优势，所以人民币短期调整后出现升值趋势。对导致人民币汇率反向超调的其他作用机制，还需要我们做进一步的分析。

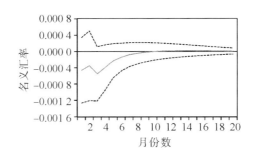

图 8-4 国内利率提高时各变量的脉冲响应

图 8-4 显示，紧缩性的货币政策冲击（利率提高）会使货币供给下降，对经济生产活动形成一定抑制，产出降低，这都符合经济理论的分析。物价走低，"价格之谜"同样不明显，且持续时间不长。资本控制程度在最开始没有变化，小幅下降后，从第 5 期开始即转为正，在第 14 期达到最大值。这反映出当中国提高利率时，为抑制套利资本注入，资本控制程度会加强。

让我们特别看看汇率的变动情况。利率提高时，人民币名义汇率当期即升值，在第 3 期升到最大幅度，第 10 期即恢复到 0。

无抵补利率平价指出，本国提高利率，假定其他条件不变，本币即期会升值，但在将来预计要贬值。图 8-4 表明，当中国提高利率时，人民币名义汇率会出现滞后超调，滞后期 3 个月。

结合图 8-3 和图 8-4 可以发现，货币政策态势的变化对资本控制程度变化的影响趋势有差异，但持续的时间都较长。按照通常的理解，一国货币供给扩张会使本币投资的名义收益率下降，假定国外利率不变，投资国外的收益率更高。为了阻止资本流向国外，该国的资本控制程度会加强，以控制资本流出。资本控制程度的最大值基本相当，在货币供给扩张时是 0.000 4，在利率提高时是 0.000 33。这说明，中国资本控制针对的对象（在中国的跨境资本流动）进出国境的主要动力并非完全针对套利行为，而是生产领域的长期收益和中国经济的增长潜力。当前中国经济发展的基本面长期向好，注重经济结构的调整和产业结构的优化升级，可持续增长的经济韧性好，增长潜力大，这些都对外资有较大的吸引力。

如果利率水平提高，一般来讲，会吸引套利资本的流入。此时若要实施资本控制，控制的对象则瞄准为套利而流入的热钱。图 8-4 显示，国内利率若提高，资本控制程度当期不变，第 2 期下降，第 4 期回到 0，然后逐渐上升，一年之后，在第 13 期升到最大值，最终回到 0。这表明，资本控制程度对国内外利差反应有滞后性，国际资本不能迅速地流入中国来谋求高的利息。同时也说明宏观当局对国际套利资本的流入一直保持高度警惕，并保持着对热钱流入的高压监控态势。

8.4 其他三种汇率的情况

8.4.1 资本控制程度变化的影响

当政府强化资本控制时，真实汇率及两种有效汇率的变化情况如下：

图8-5显示，当资本控制加强时，真实汇率在当期升值，第2期升到最大幅度，之后便转为贬值，约在第5期回到0。一年半之后，在第18期贬值到最大幅度。总体上是贬值趋势。

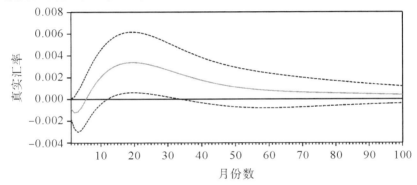

图8-5 资本控制加强时真实汇率的脉冲响应

图8-6显示，当资本控制加强时，名义有效汇率立即升值，但随后的趋势即是贬值，在第4期贬值到最大幅度。之后的变化幅度较小，并逐渐恢复到0。

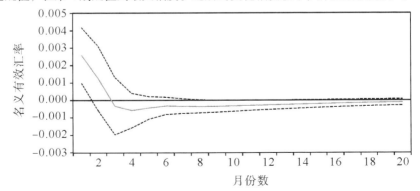

图8-6 资本控制加强时名义有效汇率的脉冲响应

在图 8-7 中，真实有效汇率的变化趋势与名义有效汇率的趋势图相似，也是先升值，之后转为贬值，在第 3 期贬值到最大幅度。但与名义有效汇率相比，升值与贬值的最大幅度都要更大一些。

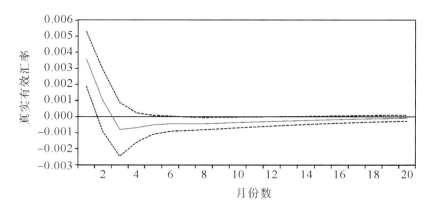

图 8-7　资本控制程度加强时真实有效汇率的脉冲响应

当资本控制程度减弱时，汇率的变化情况如图 8-8 所示。当资本控制程度减弱时，真实汇率立即升值，在第 12 期升到最大幅度，并保持三个月之后转为贬值。最终状态的真实汇率要小于 0。

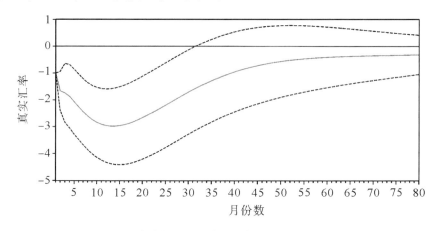

图 8-8　资本控制程度减弱时真实汇率的脉冲响应

图 8-9 指出，资本控制程度减弱会使名义有效汇率立即贬值到最大幅度，随后转为升值，在第 4 期升到最大幅度，之后的变化幅度小，并逐渐恢复到 0。从升值与贬值的幅度来看，贬值的幅度（1.0）比升值的幅度（0.28）要大得多。

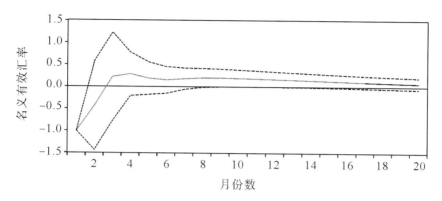

图 8-9　资本控制程度减弱时名义有效汇率的脉冲响应

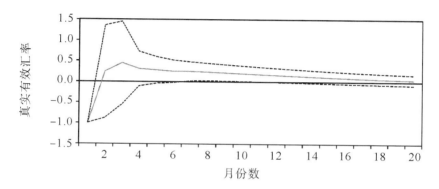

图 8-10　资本控制程度减弱时真实有效汇率的脉冲响应

比较图 8-9 与图 8-10，两种有效汇率的趋势很相似，都是先贬值后升值，贬值的最大幅度很接近，在第 3 期升到最大幅度，但升值的最大幅度更大一些，之后逐渐恢复到 0，下降的趋势更加缓慢。

8.4.2　货币政策冲击的影响

货币供给扩张时，真实汇率立即升值，之后转为贬值，在第 3 期回到 0，之后又开始了贬值，在第 13 期贬值到最大幅度。如图 8-11 所示。

图 8-12 显示，中国扩大货币供给，人民币的名义有效汇率会逐渐贬值，在第 3 期贬值到最大幅度。汇率变动的方向符合理论预期，但变化的幅度较小，且与 0 的差别不大。这是因为有效汇率是一篮子货币的加权平均汇率，由货币扩张所带来的不同篮子货币变化的方向不尽相同，在一定程度上会相互抵消，所以整体变化较小。

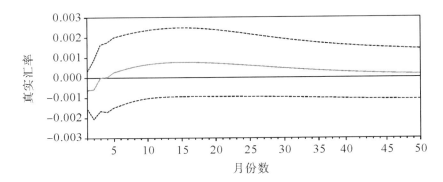

图 8-11　货币政策宽松时真实汇率的脉冲响应

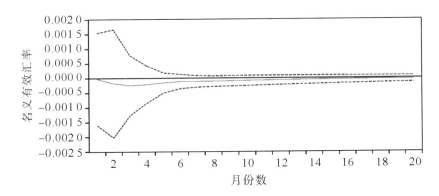

图 8-12　货币政策宽松时名义有效汇率的脉冲响应

如图 8-13 所示，由货币扩张引起的真实有效汇率脉冲图与图 8-12 有较大差异。当货币供给扩张时，人民币真实有效汇率立即升值，随后转为贬值，在第 3 期贬值到最大幅度，主要的反应是贬值。

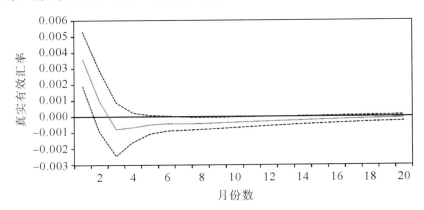

图 8-13　货币政策宽松时真实有效汇率的脉冲响应

图 8-14 显示，当利率提高时，真实汇率立即升值，在第 6 期升到最大幅度，之后转为贬值，但反应力度逐渐减小。与名义汇率相比，真实汇率达到最大升值幅度的时间更长，最大反应力度更大。

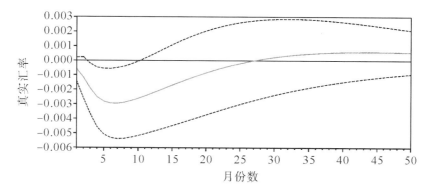

图 8-14　利率提高时真实汇率的脉冲响应

如图 8-15 所示，若中国提高利率，人民币名义有效汇率当期即会升值，在第 3 期升到最大幅度，之后逐渐恢复到 0，从第 14 期开始已经完全处于 0 的水平。

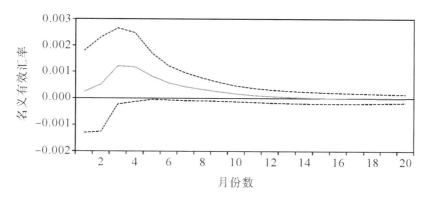

图 8-15　利率提高时名义有效汇率的脉冲响应

图 8-15 和图 8-16 仅有微小的区别：当国内利率提高时，人民币真实有效汇率在最开始没有变化，但会逐渐升值，在第 4 期升到最大幅度，恢复到 0 的速度与时间跟名义有效汇率的情况很接近。

下面来总结当资本控制程度变化和货币政策态势改变时，四种汇率发生的短期及长期变化情况。

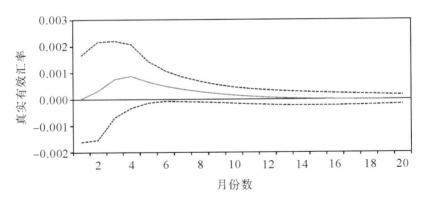

图 8-16 利率提高时真实有效汇率的脉冲响应

表8-2显示，当中国强化资本控制时，人民币四种汇率的动态变化涉及滞后超调和反向超调。而若宏观当局减弱资本控制，人民币汇率会涉及三种动态，即传统超调、滞后超调和反向超调。如果政府实施扩张性的货币政策，人民币汇率会呈现出反向超调和滞后超调。以上三种政策变化会导致人民币汇率发生单一的动态（如滞后超调），或在不同动态之间转换。

表 8-2 汇率动态总结表

汇率种类	资本控制加强	资本控制减弱	货币供给扩大	国内利率提高
名义汇率	贬值，第5期贬值到最大幅度，是滞后超调	升值，立即升到最大幅度，是传统超调	由反向超调转为滞后超调	滞后超调，滞后期3个月
真实汇率	先升值后贬值，第18期贬值到最大幅度，由反向超调转为滞后超调	升值，滞后超调，滞后期为12个月	由升值转贬值，由反向超调转为滞后超调	滞后超调，滞后期6个月
名义有效汇率	由升值转贬值，在第4期贬值到最大幅度，是反向超调	先贬值后升值，由反向超调转为滞后超调	滞后超调，滞后期3个月，但变化幅度小	滞后超调，滞后期3个月
真实有效汇率	由升值转贬值，在第3期贬值到最大幅度，是反向超调	先贬值后升值，由反向超调转为滞后超调	由升值转贬值，在第3期贬值到最大幅度，是反向超调转为滞后超调	滞后超调，滞后期4个月

但对第四种政策调整，如果政府实施紧缩性的货币政策，四种人民币汇率

的表现一致，都表现出滞后超调，即货币紧缩政策会导致单一的汇率动态，只是各种汇率的滞后期不同而已。特别地，以上四种政策调整的结果都只与汇率超调相关，而没有涉及汇率的低调动态。

8.4.3 稳健性检验

为了检验模型的稳健性，我们做了两种尝试。其一，借鉴陈创练（2013）[1]，我们改用 1994 年到现在的季度数据做实证分析。其二，在货币主义汇率模型（赵文胜、张屹山，2012）的基础上，借鉴王君斌和郭新强（2014），我们在国外利率 i^* 后面增加一个变量 y^*，这个国外产出我们采用美国的工业产值，数据来源于美联储官方网站。在上述两种稳健性检验中，在不同的冲击下，四种汇率的变化方向与波动幅度同前面的分析基本一致，在汇率动态的首尾时点和持续时间上仅有微小的差别。所以，可以认为本章的模型是稳健的[2]。

8.5   本章小结

研究在中国经济新常态背景下资本控制程度与汇率动态变化之间的关联，具有重要的理论价值和现实意义。本章选择资本控制程度为分析人民币汇率多种动态的视角，结合人民币汇率制度改革的实际进程，在货币主义的框架内精细刻画了 2005 年 7 月人民币汇率制度改革以来资本控制程度变化的阶段性及人民币多种形式的汇率动态，实证结论对中国经济发展的现实有充分的解释力，也为人们理解和促进人民币汇率制度改革提供了一个新的视角。

---

① 陈创练. 我国经常账户失衡和人民币汇率的动态运行 [J]. 山西财经大学学报，2013（9）：31-41.

② 限于篇幅，我们没有报告稳健性检验的过程。

9 人民币汇率低调、滞后超调等 动态交替的周期性及其影响因素研究

前面各章从超调或低调角度谈到了汇率的单一动态，或多种动态之间的转换条件，但受实证方法的限制，各动态之间转化的时点、幅度等均在较短的时间内完成。目前关于人民币汇率超调持续时间的研究结论，基本上是短期分析。作为开放经济中一种重要的相对价格，汇率兼具商品和资产的双重属性，在现实经济中，多种经济冲击的复合作用会使汇率在短期、中期和长期呈现出不同的变动趋势，现实汇率并不一定会在短期内就恢复到均衡水平。Adler 和 Lehmann（1983）研究发现，即使是年度的真实汇率数据也不能显著区别于鞅过程，很难把鞅与一阶自回归系数达 0.9 的时间序列数据区分开，在最初的冲击发生之后，真实汇率会典型地花 20 年左右时间回到 PPP 水平的 90%[①]。

因此，汇率动态可能是一个长期、持续、渐进、复合式的变化过程，汇率在长期内也可能会偏离于均衡水平。本章研究了人民币汇率变动的长周期问题。鉴于现实中汇率变化的复杂性，本章选用简化的结构化方程，从一种新的角度来探讨多种汇率动态之间交替的条件与转换的周期性问题。此外，还将结合现实提出合理的假说，实证检验制约汇率超调/低调幅度的因素。

本章的结构如下：第一部分是文献回顾，谈到了超调/低调等单一动态到多种动态之间的转化。第二部分构建了一般均衡框架下的离散时间的汇率超调模型。第三部分根据物价和汇率方程计算出汇率和价格变动的路径，确定了汇率动态转换的长周期过程。第四部分检验了影响人民币汇率三种低调与滞后超调幅度的影响因素。第五部分是简要的总结。

---

① ADLER M，LEHMANN B. Deviations from PPP in the Long Run ［J］. Journal of Finance，1983（38）：1471-1487.

9.1 文献回顾：超调、多种调、各种调之间的转换

9.1.1 汇率超调与低调的多种形态

在 Dornbusch 于 1976 年底提出汇率超调理论之后，学者们对超调发生机理的分析日渐多元化，如不同市场调整速度的差异，弹性价格下也可超调；考虑风险溢价的影响等。Frenkel 和 Rodriguez（1982）在资产组合分析法的框架内分析汇率动态，除本国货币之外，还考虑了两种替代资产，即贸易品和非贸易品[①]。Mussa（1982）认为现实汇率 e 和均衡汇率 $\bar{e}$ 都在超调，对超调的正确表述应该是 $\Delta e > \Delta \bar{e}$ [②]。Zervoyianini（1988）在分析货币替代对汇率超调的影响时，强调了收入效应和预期效应的制约作用[③]。

除开传统超调，理论和实证研究还发现了超调的其他形态。滞后超调是实证和理论文献涉及较多的一个概念，Kim（2005）实证发现加元对美元的汇率存在着 20 个月的滞后超调，原因可能是货币政策对汇率的冲击被随后的"逆风向行事"的外汇政策弱化，但货币政策冲击的持续时间更长所致[④]。方兴（2008）认为，人民币实际有效汇率超调存在 2 年的滞后期[⑤]。喻梅（2011）发现，如果把名义利率作为货币政策的代理变量，人民币实际汇率则表现出 1 年的滞后超调期[⑥]。林楠（2012）发现的滞后期为半年[⑦]，王君斌和郭新强（2014）发现的滞后期为 24 个月[⑧]。Pierdzioch（2005）在新开放宏观经济模型中引入看市定价行为，认为外汇市场的噪声交易有可能会引起名义汇率和实际

---

① FRENKEL J A, RODORIGUEZ C A. Exchange Rate Dynamics and the Overshooting Hypothesis [J]. IMF Staff Papers, 1982, 29（1）：1–30.

② MUSSA M. A Model of Exchange Rate Dynamics [J]. Journal of Political Economy, 1982, 90（1）：74–104.

③ ZERVOYIANNI A. Exchange Rate Overshooting, Currency Substitution and Monetary Policy [J]. The Manchester School, 1988（3）：247–267.

④ KIM S. Monetary Policy, Foreign Exchange Policy, and Delayed Overshooting [J]. Journal of Money, Credit and Banking, 2005, 37（4）：775–782.

⑤ 方兴. 带预期的人民币汇率滞后超调动态模型研究 [J]. 经济学动态, 2008（6）：53–57.

⑥ 喻梅. 我国货币政策与人民币汇率的互动关系研究 [J]. 经济问题, 2011（8）：99–103.

⑦ 林楠. 开放经济货币政策动态下人民币汇率问题研究 [J]. 华东经济管理, 2012（4）：73–78.

⑧ 王君斌, 郭新强. 经常账户失衡、人民币汇率波动与货币政策冲击 [J]. 世界经济, 2014（8）：42–69.

汇率的滞后超调①。卞学字和范爱军（2015）在此基础上加入贸易开放，探讨贸易开放、外汇市场噪声交易与汇率波动之间的理论关联，敏感性分析显示汇率滞后超调是一个稳健的短期特征②。

关于反向超调的研究，孙烽和贺晟（2000）引入股票市场来扩展 Dornbusch 汇率超调模型，他们发现扩展性货币冲击会使汇率出现先升值后贬值的反向超调，这与 Dornbusch 先贬值后升值路径刚好相反③。Wang（2013）在 Dornbusch 的基础之上，构建了一个理论模型，发现若货币当局扩张货币供给，货币贬值之后可能会出现反向超调现象④。

Dornbusch（1976）提到，低调是指汇率变动的幅度小于外生冲击变量（如货币供给、国外利率等）的变化。与汇率超调相比，关于汇率低调的理论研究相对较少，目前尚未发现实证研究。后续的传统低调文献研究与 Dornbusch 的框架相同，研究重点相似，也指出在经济调整过程中，通货膨胀率会单向地收敛于长期均衡水平，而汇率则可能发生超调，也可能发生低调。研究方向渐趋多样化，如 Bhandari（1981）谈到了非中性扰动⑤，Frenkel 和 Rodriguez（1982）考虑到不同程度的资本流动性，Engel 和 Flood（1985）构建了离散时间的黏性价格货币汇率模型⑥，Levin（1999）则采用了更加符合现实的汇率预期形成机制等⑦。本书的第 4 章提出了滞后低调的概念，引入了真实利率和真实汇率，从名义汇率和真实汇率的互动角度来探讨外部冲击对汇率动态的多样化影响。我们分析了滞后低调的作用机理，并从汇率演变路径、低调持续的时间等多个方面比较了传统低调和滞后低调的异同。

9.1.2　各种汇率动态之间的转换

事实上，汇率超调与低调或许并不能被截然分开，各种调（shooting）之

---

① PIERDZIOCH C. Noise Ttrading and Delayed Exchange Rate Overshooting [J]. Journal of Economic Behavior and Organization, 2005（58）: 133-156.

② 卞学字，范爱军. 噪声交易、贸易开放与滞后汇率超调：基于 PTM-NOEM 模型的理论研究 [J]. 南开经济研究，2015（4）: 23-43.

③ 孙烽，贺晟. 货币冲击下的股市运行和汇率动态 [J]. 上海经济研究，2000（8）: 74-79.

④ WANG P. Reverse shooting of exchange rates [J]. Economic Modelling, 2013（33）: 71-76.

⑤ BHANDARI J S. Expectations, Exchange Rate Volatility and Non-Neutral Disturbances [J]. International Economic Review, 1981, 22（3）: 535-540.

⑥ ENGEL C M, FLOOD R P. Exchange Rate Dynamics, Sticky Prices and the Current Account [J]. Journal of Money, Credit and Banking, 1985, 17（3）: 312-327.

⑦ LEVIN J H. Exchange Rate Undershooting [J]. International Journal of Finance and Economics, 1999（4）: 325-333.

间在一定条件下有可能相互转化。Dornbusch 的传统汇率超调模型假定国内外的资本自由流动，但在现实世界中，各国尤其是发展中国家出于各种考虑，会限制资本流进或流出的自由程度。Frenkel 和 Rodriguez（1982）发现超调结论取决于汇率预期等模型设定条件，资本流动性会影响汇率调整的结果。如果资本自由流动，汇率会发生超调；若资本流动性低，则会发生汇率低调。Gazioglou（1984）在 Dornbusch 的框架内，用存量的视角分析资本流动，所建立的理论模型表明，汇率的立即超调是因为资本流动性足够大，但相对低的资本流动性会带来汇率低调[①]。王蕊（2014）的理论模型分析表明，汇率可能发生超调，也可能发生低调，这取决于资本控制程度的强弱[②]。

资本控制与国际收支结构是中国经济新常态的重要特征，本书第 5 章分析了资本控制程度变化与人民币汇率多种动态变化之间的深层次的联系。一般均衡下的理论模型指出，当资本控制程度高于阈值时，未预计到的国内货币冲击将导致人民币汇率出现低调；当资本控制程度低于阈值时，人民币汇率会出现超调；当资本控制程度为临界值时，汇率的变动幅度与货币扩张的幅度一致，没有超调也没有低调。当汇率发生超调时，资本控制程度加强，超调幅度会变小。但当汇率发生低调时，若资本控制程度加强，低调幅度会变大。

Wang（2013）的理论模型指出，货币供给扩张时，货币贬值之后出现反向超调现象更加符合现实。根据汇率预期调整系数 θ 的大小，汇率波动会经历超调、低调及反向超调等不同阶段，但这仅限于理论模拟[③]。Kuck et al.（2015）采用分位数自回归模型，发现在收益率动态中状态相依很明显，美元大幅升值带来与过去收益的正向联系，而美元大幅贬值则带来负的相依关系。在理论机制方面，他们认为汇率对以前的信息展示了非对称的超调和低调动态，汇率动态是非线性的[④]。

探讨在外部冲击下，汇率变动各种调（shooting）之间的转换与交替，如不同汇率动态各自展现出来的路径、强度与持续时间，尤其是不同动态（调，shooting）之间交替的时点（时间）、诱发因素等，深入探寻汇率变动的周期性，对理解汇率变动规律、增强汇率预测和调控的有效性都有重大意义。这是一个重大的理论课题。

① GAZIOGLOU S. Exchange Rate Overshooting: Clarification and Extensions [J]. The Manchester School, 1984, 52 (3): 314-21.

② 王蕊. 资本控制下人民币汇率决定的实证检验：基于 Dornbusch 超调模型的扩展 [J]. 国际经贸探索，2014 (5)：62-75.

③ WANG P. Reverse shooting of exchange rates [J]. Economic Modelling, 2013 (33): 71-76.

④ KUCK K, MADERITSCH R, SCHWEIKERT K. Asymmetric over- and undershooting of major exchange rates: Evidence from quantile regressions [J]. Economics Letters, 2015 (126): 114-118.

9.2　理论模型

参考 Dornbusch（1976）、Frenkel 和 Rodriguez（1982）、王蕊（2014），在 Driskill（1981）[①] 之上，考虑到资本控制在中国的存在性和国际收支结构，我们构建了以下离散时间的汇率超调模型，涉及货币市场均衡条件、价格调整方程和资本跨境流动的条件等。这一开放条件下的理论模型把汇率和价格的短期和中期运动视为对货币及商品总供求变化的稳定性反应，可以分析价格对货币扩张的反应程度及价格调整速度的大小，也能探讨外部冲击诱发的汇率调整路径是否平滑与单调。

9.2.1　货币市场

假定国内外的货币需求方程的结构参数一致，则得到：

$$m_t = p_t + \varphi y_t - \lambda r_t + v_t \tag{9.1}$$

也即 $(m - m*)_t = (p - p*)_t + \varphi(y - y*)_t - \lambda(r - r^*)_t + v_t$，式中 m 是国内外货币数量之比的对数值，p 是国内外物价之比的对数值，y 是国内外真实收入之比的对数值，r 是国内外利差，v_t 是零均值，方差为 σ_v^2 的序列不相关的随机变量。

在这里，货币供给是由政府控制的外生变量，货币供给变化被假定是未预期到的。

9.2.2　商品市场

有 D 代表对国内产出的需求，e 是汇率的对数值，有

$$\ln D_t = \gamma y_t - \sigma r_t + \omega(e_t - p_t) \tag{9.2}$$

相对通货膨胀率与需求缺口成比例，有

$$p_{t+1} - p_t = \delta(\ln D_t - y_t) \tag{9.3}$$

根据上面几个公式，可得

$$p_t = a_0 y_{t-1} + a_1 p_{t-1} + a_2 m_{t-1} + a_3 e_{t-1} \tag{9.4}$$

其中，$a_0 = \delta(\gamma - 1) - \dfrac{\delta\sigma\varphi}{\lambda}$，$a_1 = 1 - \dfrac{\delta\sigma}{\lambda} - \delta\omega$，$a_2 = \dfrac{\delta\sigma}{\lambda}$，$a_3 = \delta\omega$。我们可以看到，

---

① DRISKILL R A. Exchange-Rate Dynamics：An Empirical Investigation ［J］. Journal of Political Economy, 1981, 89（2）：357-371.

$a_1 + a_2 + a_3 = 1$。

9.2.3 资本流动性和预期形成机制

在汇率预期的形成机制方面，假定 x_t 是汇率从 t 到 $t+1$ 之间发生的预期变化，以 θ 表示预期系数，$0 < \theta < 1$，k 为常数，用公式表示为

$$x_t = \theta(m_t - e_t) + k \tag{9.5}$$

当经济中存在资本控制时，资本不完全流动，无抵补利率条件不再成立，对国外资产的净需求被设定为预期净收益的线性函数：

$$B_t = \eta(x_t - r_t), \eta > 0 \tag{9.6}$$

对公式（9.5）换一种角度来理解，就是国际资本流动的数量取决于国内外投资收益之差，即汇率与利率之间的差距。

贸易余额被设定为相对价格（真实汇率）和相对真实收入的线性函数：

$$T_t = \alpha(e_t - p_t) - \beta y_t + u_t, \alpha, \beta \geqslant 0 \tag{9.7}$$

式中，u_t 是零均值，有限方差，序列不相关的随机变量。

对国际收支来讲，其平稳的条件是经常账户与资本账户之和为 0。当一国贸易项下是盈余（顺差）时，为保持国际收支均衡，资本需流出，比如购买国外资产等形式。用公式来表示，即是净的资本流动等于净的贸易流量加上其他所有自主性流量（假定为常数）的和，得到：

$$\Delta B_t = T_t + F_t \tag{9.8}$$

式中，F_t 是一个常数。综合以上各式，可得如下的简化汇率方程：

$$e_t = \pi_0 + \pi_1 e_{t-1} + \pi_2 m_t + \pi_3 m_{t-1} + \pi_4 p_{t-1} + \pi_5 y_t + \pi_6 y_{t-1} + \pi_7 z_t \tag{9.9}$$

具体来看，各系数的表达式为：$\pi_1 = \dfrac{\eta\theta + a_3(\alpha - \eta/\lambda)}{\eta\theta + \alpha}$，$\pi_2 = \dfrac{\eta\theta + \eta/\lambda}{\eta\theta + \alpha}$，

$\pi_3 = \dfrac{a_2\alpha - a_2\eta/\lambda - \eta\theta - \eta/\lambda}{\eta\theta + \alpha}$，$\pi_4 = \dfrac{\eta/\lambda + a_1(\alpha - \eta/\lambda)}{\eta\theta + \varepsilon}$，$\pi_5 = \dfrac{\beta - \eta\varphi/\lambda}{\eta\theta + \alpha}$，

$\pi_6 = \dfrac{a_0(\alpha - \eta/\lambda) + \mu\varphi/\lambda}{\eta\theta + \alpha}$。由此，可判断各个系数的大小：$0 < \pi_1 < 1$，$\pi_2 > 0$，

$\pi_3 >$ 或 < 0，$\pi_4 > 0$，$\pi_5 >$ 或 < 0，$\pi_6 >$ 或 < 0。可以发现，$\sum\limits_{i=1}^{4} \pi_i = 1$。特别要关注系数 π_2。若 $\pi_2 > 1$，则汇率发生超调；若 $\pi_2 < 1$，则汇率发生低调。换言之，汇率低调的条件是 $\dfrac{\eta}{\lambda} < \alpha$。

9.3 汇率低调与滞后超调交替变动的长周期图示

国内外的实证研究，大多是判断超调的存在性，较少谈到超调的幅度，更没有谈到决定超调幅度的因素有哪些以及这些决定因素之间的相互关联等。对汇率超调做经验研究，实证方法的困难在于分离出货币冲击的影响。本部分将在前面理论模型式（9.4）和式（9.9）之上，分离出货币冲击，模拟出人民币汇率低调和超调的幅度，并进一步做人民币汇率超调/低调幅度影响因素的实证研究。

9.3.1 数据来源及平稳性检验

本章研究人民币对美元汇率的变动情况，时间范围是 2005 年 7 月到 2017 年 12 月，共 150 个样本。根据上面的理论模型，实证会涉及的中、美两国的宏观经济变量如下：

（1）国内外的货币供给选择 M2。中国的货币供给 M 采用国家统计局公布的月度数据，美国的货币供给 M^* 来源于美联储。$m = \log(\frac{M}{M^*}) = \log M - \log M^*$。

（2）在物价 P 的选择上，参照 Driskill（1981）、Bahmani-Oskooee 和 Kara（2000）[①] 以及 Nieh 和 Wang（2005）[②] 的做法，我们选择采用消费者价格指数 CPI。中、美两国的 CPI 数据来自国际清算银行网站。$p = \log(\frac{P}{P^*}) = \log(CPI) - \log(CPI^*)$。

（3）人民币对美元的真实汇率 RER，直接标价法下的真实汇率与名义汇率 NER 的关系是 $RER = NER \times \frac{P^*}{P}$，NER 数据来源于美联储，P 的数据来自前

---

① BAHMANI-OSKOOEE M, KARA O. Exchange Rate Overshooting in Turkey [J]. Economics Letters, 2000, 68 (1): 89-93.

② NIEH C C, WANG Y S. ARDL Approach to the Exchange Rate Overshooting in Taiwan [J]. Review of Quantitative Finance and Accounting, 2005, 25 (1): 55-71.

面的 BIS①。对汇率取对数，$e = \log RER$。

（4）在产出指标方面，基于可比性、统一性和权威性的考虑，产出 Y 选用中、美两国的工业生产指数（IPI），数据来源于 BVD-EIU Country data。$y = \log(\dfrac{IPI}{IPI^*}) = \log IPI - \log IPI^*$。

对上述的宏观经济变量的时间序列，我们用大写字母表示原始数据，用小写字母表示相应的对数值。若时间序列有季节性，则先做季节调整再取对数。中、美两国经济变量的平稳性检验结果如表 9-1 所示。

表 9-1 变量的平稳性检验

变量	检验形式	ADF 检验值	1%临界值	5%临界值	10%临界值	检验结果
e	（0, 0, 1）	-1.904 509	-2.580 681	-1.942 996	-1.615 279	平稳
m	（c, 0, 0）	-2.910 051	-3.474 567	-2.880 853	-2.577 147	平稳
p	（c, t, 2）	-5.788 014	-4.021 691	-3.440 681	-3.144 830	平稳
y	（c, 0, 0）	-2.645 807	-3.475 500	-2.881 260	-2.577 365	平稳

注：（C, T, L）分别表示常数项、趋势项及滞后阶数。

表 9-1 显示，汇率、物价、货币供给和产出这四个变量都是 I（0），本身就是平稳序列。

9.3.2 物价方程表达式

根据前面的式（9.4），可以得到下式（括号内为 t 值）：

$$p_t = -0.018\,4 + 0.003\,5y_{t-1} + 0.86p_{t-1} + 0.011\,1m_{t-1} - 0.002\,3e_{t-1}$$

$$\tag{9.10}$$

$$(-0.586\,5)\ (0.250\,9)\ (20.580\,9)(0.700\,1)\quad (-0.198\,6)$$

式（9.10）表明，产出变量不显著，汇率不显著，且符号与理论预测相反。去掉这两个变量，重新回归，得到下式：

---

① Driskill 分析的是浮动汇率制度下的瑞士法郎对美元的名义汇率，但人民币官方汇率受波动幅度限制，波动有限，而且回归效果不佳，所以我们选用人民币对美元的真实汇率。但事实上，根据 RER 与 NER 的关系式，取对数可得 $\log RER = \log NER0(p - p^*)$，结合下文回归出来的物价方程式，可推算得到名义汇率方程式中 $\pi_4 = 0.117\,4$，而真实汇率回归得到的 $\pi_4 = 0.120\,8$，其他的系数不变，后面的经济变量的路径仅有微小的差异。另外，我们在这里选用美联储的汇率数据，主要是强调人民币的交易功能，用国家外汇管理局的数据做稳健性检验，结论基本一致。

$$p_t = -0.029\ 4 + 0.860\ 1p_{t-1} + 0.015\ 5m_{t-1} \tag{9.11}$$
$$(-3.03)\quad(20.717\ 2)\quad(3.133\ 6)$$

在式（9.11）中，各个系数在统计上都是显著的，$R^2 = 0.974\ 1$，$\bar{R}^2 = 0.973\ 8$，可见拟合的效果较好。

对比理论方程式（9.4），可以发现 $a_1 = 0.860\ 1$，$a_2 = 0.015\ 5$，$a_1 + a_2 = 0.875\ 6$。

9.3.3　汇率方程表达式

根据前面的式（9.9）进行初步回归，去掉不显著的产出变量和常数项后，得到下式：

$$e_t = 1.003\ 4e_{t-1} + 0.113\ 6m_t - 0.119m_{t-1} + 0.120\ 8p_{t-1} \tag{9.12}$$
$$(192.261\ 6)(1.771\ 9)\quad(-1.868\ 3)\quad(2.099\ 4)$$

可见，各变量在统计上都是显著的，$R^2 = 0.994\ 9$，$\bar{R}^2 = 0.994\ 8$，回归的效果较好。对比理论方程式（9.9），可以发现 $\pi_1 = 1.003\ 4$，$\pi_2 = 0.113\ 6$，$\pi_3 = -0.119$，$\pi_4 = 0.120\ 8$。根据前面的理论分析，这四个系数的符号与理论预测相符，但 $\pi_1 = 1.003\ 4 > 1$，显示人民币汇率对上一期的汇率水平有较强的路径依赖，凸显了人民币汇率改革的渐进性特征。特别是 $\pi_2 = 0.113\ 6 < 1$，表明当外部冲击发生时，汇率出现了低调。

9.3.4　物价和汇率的演变路径

对上面的物价和汇率方程进行变形，在不考虑随机扰动项时，把货币冲击独立出来，可以化简得到：

$$p_t = D_0 + \sum_{i=1}^{\infty} \varepsilon_i m_{t-i} \tag{9.13}$$

$$e_t = C_0 + \sum_{i=0}^{\infty} \mu_i m_{t-i} \tag{9.14}$$

式中，C_0 和 D_0 是常数。$\varepsilon_n = a_2 a_1^{n-1}$。

$\mu_n = (\pi_3 + \pi_1\pi_2)\pi_1^{n-1} + a_2\pi_4(\pi_1^{n-2} + a_1\pi_1^{n-3} + a_1^2\pi_1^{n-4} + \cdots + a_1^{n-3}\pi_1 + a_1^{n-2})$，初始系数由上面的回归方程得到，即 $a_1 = 0.860\ 1$，$a_2 = 0.015\ 5$，$\pi_1 = 1.003\ 4$，$\pi_2 = 0.113\ 6$，$\pi_3 = -0.119$，$\pi_4 = 0.120\ 8$。由此可以计算出其他条件不变时，如果货币供给扩张 1 个单位，2005 年 7 月以来中国物价和人民币汇率的变动路径，如图 9-1 所示。

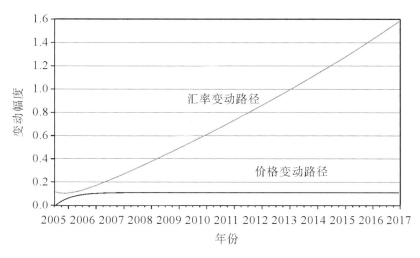

图 9-1　货币供给扩张时汇率及价格的变动路径

在最开始的超调模型中，Dornbusch（1976）指出，汇率低调时价格与汇率的变动路径取决于收入与价格弹性。本国货币扩张导致的经济调整过程仍然是物价上升，本币贬值，贸易条件变化相对较小。当汇率低调时，物价的变动路径依然是指数形式变化，但价格调整的速度则取决于商品需求对产出的弹性和货币需求的收入弹性。但汇率的变动路径已经不是指数形式了，关于具体的形式，Dornbusch 并没有明确说出来。

在图 9-1 中，物价变动的模拟路径仍然是指数形式的，但与 Driskill（1981）描绘的瑞士法郎的价格变动路径有很大的不同。在浮动汇率制度下，相对货币供给扩张 1 个单位时，瑞士法郎的价格开始为 0，随后就单调上升，在第 10 期（季度）就达到了 0.97。而中国人民币的价格虽然也是单调上升，达到顶峰的时间也在 3 年前后，但最终的数值仅为 0.11，远小于 1。这与中、美两国的市场经济发达程度有关，而且也受到中国的经济转型、汇率制度市场化改革、货币供给扩张（超发）等因素影响。

在图 9-1 中，数值模拟显示，当相对货币供给一次性、突然地扩张 1 个单位时，人民币对美元的汇率上升了 0.113 6，汇率上升的幅度小于货币扩张的幅度，即人民币汇率出现了低调。在随后的 4 期，汇率开始下降，最低降到了 0.103 7，之后转为上升趋势。也即是说，当货币供给扩张时，人民币汇率在当期出现低调，之后出现了持续 4 个月的反向低调，然后是出现滞后低调。

在货币供给扩张 1 个单位时，如果人民币汇率上升的幅度小于 1，表示汇率发生了低调；反之，如果汇率的上升幅度大于 1，则发生了汇率超调。在图

9-1 的模拟路径中，如果在 2005 年 7 月货币供给扩张，人民币对美元的汇率在短期下降后持续上升，从 2014 年 1 月开始，汇率的上升幅度开始突破 1。换言之，当货币供给扩张时，人民币汇率的初始反应是传统低调→反向低调→滞后低调，低调持续的时间达到 8 年半。在 2014 年 1 月之后，人民币汇率开始转为滞后超调。

9.4　人民币汇率超调/低调幅度的影响因素

在图 9-1 展示的汇率变动路径中，当货币供给扩张 1 个单位时，如果汇率变动的幅度小于 1 为低调，若汇率变动的幅度大于 1 则发生了超调。2013 年底和 2014 年初是汇率变化的临界点，在 2013 年底及之前的时间是汇率低调，在 2014 年初及之后的时间则发生了汇率滞后超调。把图 9-1 中展示的汇率变动路径减去 1 之后，得到的差额若小于 1，则发生了汇率低调；若差额大于 1，则发生了汇率超调。据此我们可以画出汇率超调或低调变化的阶段，如图 9-2 所示。

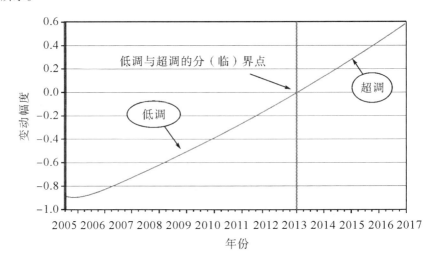

图 9-2　扩张性货币冲击带来的汇率变化

在图 9-2 中，低调阶段中汇率的实际值与 1 之差都为负。举例来说，2005 年 7 月，汇率的值为 0.113 6，0.113 6-1=-0.886 4，也即汇率的实际值与 1 之间相差 0.886 4。2013 年 1 月汇率的实际值为 0.867 8，0.867 8-1=-0.132 2，汇率的实际值与 1 之间差了 0.132 2。从数学上来讲，-0.132 2 大于-0.886 4。但从汇率变动方向及其与均衡汇率之间的差值来看，2005年7月现实汇率与均衡汇率之间的差更大，换句话说，汇率低调的幅度更大。因此，如果要考察汇率随时间变化的现实值与均衡值之间的差距，需要把图9-2中低调阶段的负数变为正数，但对滞后超调阶段中超调幅度的判断不受影响。所以，若从正向的角度来考虑汇率超调、低调的幅度，可以得到图9-3。

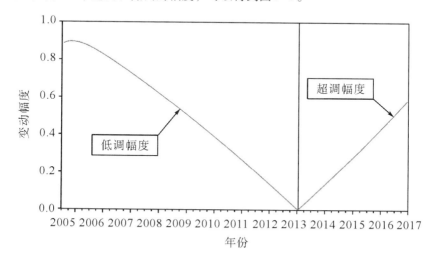

图9-3　人民币汇率低调、超调幅度的变化趋势

图9-3显示，在2013年底之前，人民币汇率低调的幅度在逐渐减小。但从2014年开始，人民币汇率滞后超调的幅度在逐渐加大。汇率低调幅度与超调幅度在变化的路径、持续的时间等方面有较大的不同，存在着明显的非对称性。

9.4.1　研究假说

根据图9-3展示的人民币汇率低调和超调的幅度，我们接下来将检验影响汇率低调或超调幅度的经济因素。在Dornbusch的原文中，他认为汇率超调的幅度与持续时间取决于经济系统的结构参数，即货币需求的利率弹性与汇率预期系数。但在实际分析汇率波动时，我们会发现，影响汇率超调（低调）幅度及持续时间的因素要复杂得多。比如，在真实利差模型的基础之上，Frenkel（1979）指出汇率超调的幅度与两国之间的真实利率之差成比例，具体而言是成反比例①。Hairault et al.（2004）认为流动性效应影响超调幅度，

---

① FRENKEL J A. On the Mark：A Theory of Floating Exchange Rates Based on Real Interest Differentials［J］. The American Economic Review，1979，69（4）：610-622.

若流动性效应弱，则超调也弱；缓慢的产出调整会放大超调幅度[①]。

前人的研究谈论汇率超调的影响因素较多，但较少涉及汇率低调的影响因素。根据本书前面的理论与实证研究，在制约超调/低调幅度的因素方面，我们提出以下假说：

H1：汇率超调的幅度与资本控制程度呈相反关系，汇率低调的幅度与资本控制程度呈同向变动。

Frenkel 和 Rodriguez（1982）放松了资本自由流动的假定，发现超调结论取决于汇率预期等模型设定条件，资本流动性影响到汇率调整的结果。如果资本自由流动，汇率会发生超调；反之，若资本流动性低，汇率则会发生低调。Gazioglou（1984）和王蕊（2014）等人都从资本流动性的角度分析汇率的动态变化，得到的结论相似，即当资本自由流动时，汇率发生超调；如果存在资本控制，汇率发生低调。

在资本流动性与汇率超调幅度的关系上，Akiba（1996）考察了货币需求的汇率敏感性所产生的再平衡效应，发现在不同的资本流动性下再平衡效应都明显地降低了汇率的波动性，超调的幅度也因此下降[②]。

第 5 章的理论研究发现了资本控制程度的强弱变化对汇率动态的阈值与非对称性。当资本控制程度低于阈值时，货币冲击会导致人民币汇率出现超调，此时若当局强化资本控制，则汇率的超调幅度会变小。相反，当资本控制程度高于阈值时，本国货币冲击会使汇率出现低调，而此时若强化资本控制，汇率低调的幅度会变大。

2005 年 7 月汇率制度改革以来中国的资本控制程度变化趋势如图 9-4 所示。

直观地比较图 9-3 和图 9-4，可以发现，从 2005 年 7 月到 2014 年 6 月，中国的资本控制程度都是明确的减弱趋势，这段时间也是经历三种低调的阶段，且汇率低调的幅度在逐渐缩小。从 2014 年 6 月之后，中国的资本控制程度是加强趋势，同时人民币汇率滞后超调的幅度不断扩大。

H2：经常账户的财富效应会抑制汇率超调的幅度，但汇率低调幅度的变化方向不定。

Engel 和 Flood（1985）在一般均衡框架内研究得出，假定价格前定，经常

① HAIRAULT J-O, PATUREAU L, SOPRASEUTH T. Overshooting and the Exchange Rate Disconnect Puzzle: A Reappraisal [J]. Journal of International Money and Finance, 2004 (23): 615-643.

② AKIBA H. Exchange-Rate Sensitive Demand for Money and Overshooting [J]. International Economic Journal, 1996, 10 (2): 119-129.

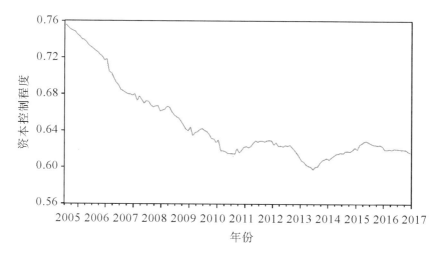

图9-4　2005年7月汇率制度改革以来中国的资本控制程度变化趋势

账户的财富效应导致货币需求上升，会抑制超调，甚至产生低调。他们发现货币当局的公开市场操作是非中性的，货币扩张会带来本币贬值，假定商品价格黏性，最初的贬值增加了外国债券的本币价值，也会带来经常账户顺差，这将增加财富数量。随着时间的推移，财富的积累会增加本币的价值，财富调整的速度决定着经济系统演进的方向。当价格调整完成之后，名义汇率会位于新的长期均衡水平之下，而真实汇率会发生升值。也即是说，与Dornbusch的超调模型相比，经常账户的财富效应抑制了汇率超调的幅度。

很长一段时间以来，中国的国际收支都是双顺差结构，特别是作为经常账户主体的贸易账户被当成出口创汇的主要渠道。双顺差导致中国积累了巨额的外汇储备，外汇储备的节节攀升代表着中国经济实力的增强，促进了国民财富的积累和扩大。受制于资本管制政策、外汇市场的现状及国内经济主体的外汇风险管理能力等众多因素，大量的外汇储备缺乏多样化的投资渠道和多层次的市场体系，很多情况下外汇储备是以外汇占款的形式使国内货币供给不断扩大，这必将对中国的经济发展和人民币汇率波动产生结构性的冲击。

9.4.2　实证方程设定及回归结果

根据前文的分析及理论假说，我们构建的实证方程如下：

$$OU = C + \alpha_1 CC + \alpha_2 CA + \alpha_3 Y + \alpha_4 REGIME \qquad (9.15)$$

式中，以OU（Over- or Undershooting）表示汇率超调/低调的幅度，CC为资本控制程度，CA表示经常账户差额，用出口（X）减去进口（M）的贸易余额来表示。控制变量包括中国的经济增长 Y 和汇率制度虚拟变量等。这里的时间跨度是从 2005 年 7 月到 2017 年 12 月，共 150 个样本。

经常账户差额 CA 用每个月的进出口差额来表示，数据来源于国家统计局官方网站。由于在样本期间中国的进出口贸易有几个月出现了逆差，即进出口差额为负，不能直接取对数，所以我们改用 $CA = \log X - \log M$ 来表示经常账户差额。

经济增长 Y 用中国的工业生产指数（IPI），数据来源于 BVD-EIU Country data。Regime 是代表汇率制度的虚拟变量，当中国实施事实上的固定汇率制度时，Regime = 0，其他时间段，Regime = 1，具体的取值时段见前面第 7 章。

在上面的变量中，对经济增长、出口、进口是先做季节调整，再取对数。除开经济增长和经常账户以外，其余的变量都直接用原值。变量的平稳性检验显示，式（9.15）中涉及的五个变量都是 I（0），即它们本身就是平稳序列。

在全样本期间，2005—2017 年的回归结果如下（括号内为 t 值）：

$$OU = -3.284\,3 + 5.705CC + 0.249\,1CA + 0.010\,7Y - 0.084\,6REGIME$$

$$(9.16)$$

$$(-4.027)\quad(8.475\,4)\quad(2.295\,0)(0.140\,2)\quad(-2.745\,3)$$

在上式中，经济增长不显著，去掉 Y 后，得到：

$$OU = -3.172\,2 + 5.616\,8CC + 0.254\,8CA - 0.082\,7REGIME\quad(9.17)$$

$$(-19.866\,4)\quad(23.461\,9)\quad(2.540\,6)\quad(-3.006\,8)$$

各经济变量统计上都是显著的，$R^2 = 0.802\,6$，$\bar{R}^2 = 0.798\,6$，回归的效果较好。式（9.17）指出，资本控制程度与汇率超调/低调的幅度正相关，如果中国强化资本控制，人民币汇率超调/低调的幅度会变大。在前面的假说 1 中，汇率低调的幅度被假定与资本控制程度同向变动，汇率超调的幅度与资本控制程度被假定呈负相关关系。而全样本的回归结果显示，在 2005—2017 年这段时间，总体来看，资本控制程度与汇率超调或低调的幅度呈显著的正相关关系，一个可能的原因是在全样本期间，有 2/3 的时间是低调，所以低调与资本控制程度的关系占主导地位，或者说部分验证了假说 1 的前半部分。

CA 与汇率超调/低调的幅度正相关，但影响的力度比资本控制要小。根据回归结果，如果中国出现贸易顺差，人民币汇率超调或低调的幅度会变大，这与假说 2 不相符。一个可能的解释是，中国的经常账户盈余（顺差），通过国际收支结构和结售汇制度会使中国的外汇储备不断攀升，庞大的外汇储备缺乏有效的投资渠道，加大了外汇市场上人民币的升值压力。但在人民币汇率制度渐进式的改革进程中，人民币汇率有波动幅度的限制，一边是供求决定的人民币升值压力，另一边是被限制的汇率波动幅度，最后的结果就是人民币汇率失衡（超调或低调）的幅度变大。

另外，汇率制度与汇率超调/低调的幅度负相关。在浮动汇率制度下，REGIME 取值为 1，也即是说，浮动汇率制度会使人民币汇率失衡（超调、低调）的幅度变小。这突出了市场供求机制在均衡汇率决定与资源配置上的优势，也表明中国以市场为导向的人民币汇率制度改革是有效的，能够促使汇率水平向均衡汇率靠拢，减轻汇率失衡的程度。

根据图 9-3 显示的汇率变化的两个阶段，我们再来看分阶段的回归情况。阶段一，从 2005 年 7 月到 2013 年 12 月，这是汇率低调阶段。在这一时间段，数据平稳性检验指出，汇率超调/低调幅度 OU、资本控制程度 CC、经常账户余额 CA 为 I（0）。经济增长 Y 和汇率制度变量 REGIME 是 I（1），将 Y 和 REGIME 以一阶差分形式引入，但不显著。去掉这两个变量后，回归结果如下：

$$OU = -3.2127 + 5.5422CC + 0.3635CA \qquad (9.18)$$
$$(-17.6034) \quad (19.3831) \quad (2.5971)$$

对比式（9.17）和式（9.18），可以发现，资本控制与经常账户对汇率低调的影响程度和方向基本一致。在这一阶段，中国的汇率制度在固定汇率制度与浮动汇率制度之间多次转换，汇率制度因素对人民币低调的影响总体上是不显著的。

阶段二，从 2014 年 1 月到 2017 年 12 月，这是汇率滞后超调的阶段。在这一时期，中国实行的是浮动汇率制度，REGIME 取值全部为 1，对因变量的解释力度不大，去掉这一变量。资本控制程度 CC 是 I（1），把 CC 的一阶差分引入方程，但不显著，去掉该变量。其他变量都是 I（0）。回归结果如下：

$$OU = -13.8645 - 0.0365CA + 2.449Y \qquad (9.19)$$
$$(-133.4528) \quad (-2.8142) \quad (135.6778)$$

在汇率滞后超调阶段，影响汇率超调幅度的因素与全样本及汇率低调阶段有较大的区别。首先，经常账户余额对汇率超调幅度的影响变为负数，即中国贸易盈余（顺差）的积累会减轻汇率失衡的程度，虽然影响的力度较前两个方程要小，但这显示出在人民币汇率制度市场化改革的方向下，人民币汇率双向波动的弹性增强，特别是 2017 年 5 月引入逆周期因子后，外汇市场做市商主动对冲市场的顺周期情绪，使现实汇率水平围绕均衡汇率值上下波动，汇率失衡的范围和幅度在逐渐缩小。其次，经济增长对汇率超调程度的影响是正向的，且力度较大。根据巴拉萨—萨缪尔森定理，随着中国经济持续、良性的增长，特别是在新常态背景下经济结构的调整与优化，人民币汇率变动的一个方向应该是升值。但受"主动性、可控性、渐进性"原则的制约，人民币不可能大幅升值，只能是小幅的、渐进式的升值，而且近年来汇率双向波动的特征明显，所以经济增长对汇率超调度的影响较大。

9.5 本章小结

本章考虑中国经济现实的制约因素，用一个简约的结构方程检验了人民币汇率动态的多样性与交替周期问题。离散时间的汇率动态模型在物价方程与汇率方程的基础之上，模拟出了 2005 年 7 月汇率制度改革以来的价格与汇率变动路径。汇率的变动路径显示，在外部货币冲击下，人民币汇率当期是传统低调，之后转为反向低调，再后转为滞后低调。经过八年半之后，汇率转为滞后超调，且汇率低调与滞后超调在变化路径、力度与持续时间等方面存在着明显的不对称性。

进一步的研究发现，影响低调/超调幅度的因素主要是资本控制程度、经常账户及汇率制度，但在汇率低调阶段和超调阶段，经常账户的作用方向相反，超调阶段的作用力度较小。资本控制对汇率超调幅度的影响统计上不明显，但经济增长却是影响超调幅度的显著因素。本章确认了人民币汇率制度改革市场化方向的正确性，验证了人民币汇率制度改革"主动性、可控性、渐进性"原则的有效性。由于货币政策的不稳定将使汇率产生幅度更大的、多种形式的汇率动态及其相互交替，这一结论凸显了货币当局维护币值稳定的重要性。

最后，应该指出的是，本章的结论取决于特定的预期形成机制，若汇率预期机制发生改变，关于汇率动态的结论可能会有所变化。Hoffmann et al.（2011）把关于货币冲击性质的不完全信息引入小型开放经济体的新凯恩斯模型中，发现黏性价格模型会展示出滞后超调，且汇率动态是高度持续的[①]。而且对汇率反向低调的作用机制还需进一步探讨。虽然本章的实证研究发现反向低调仅持续了 4 个月，但对产生反向低调的理论基础及其与其他种类的低调之间的衔接问题，需要我们继续做深入的分析。

---

① HOFFMANNN M, SODERGAARD J, WESTELIUS N J. Delayed Overshooting and Real Exchange Rate Persistence in An Imperfect Information Model [J]. Scottish Journal of Political Economy, 2011, 58 (2): 248-261.

10　结论与政策建议

中国的改革开放已走过 40 多个年头，探讨人民币汇率变动在经济新常态下的特征及规律具有特别重要的理论价值与现实意义。本书以汇率超调为主线，透彻地梳理超调的含义，根据中国的经济现实对超调理论进行了理论扩展，并结合多个角度的实证研究，具体探讨了人民币汇率动态的多样性和交替变动的周期性问题。为使实证结果更具稳健性，我们加入了人民币汇率的波动幅度，考虑中国对外经济政策及汇率制度的演变等变量，如向浮动汇率制度的转变、固定汇率制度的若即若离的放弃与在某些特定时间的恢复等。

10.1　本书的理论研究结论

10.1.1　汇率超调、低调发生的机理有差异

Dornbusch（1976）认为，商品市场和货币市场调整速度的不同，导致了汇率超调。Isaac（1998）则采用国内外资产不可完全替代这一更加现实的假设条件[1]，发现外汇风险溢价上升会产生汇率超调。Honohan（1984）也认为经济主体的风险厌恶偏向会降低汇率超调的可能性[2]。Mussa（1982）提出，即使假定商品价格是有弹性的，通过经常账户的财富效应，汇率也可能发生超调[3]。Caballero（2014）认为超调来自出口部门不能完全吸收非贸易部门收缩所释放出来的资源。由于汇率超调与出口部门收缩存在着理论关联，宏观当局

---

[1]　ISAAC A G. Risk Premia and Overshooting [J]. Economics Letters, 1998 (61): 359-364.

[2]　HONOHAN P. Montary Restraint and the Exchange Rate [J]. Economica, 1984 (51): 163-176.

[3]　MUSSA M. A Model of Exchange Rate Dynamics [J]. Journal of Political Economy, 1982, 90 (1): 74-104.

会视外部性的大小采取事前或事后的干预措施①。

货币扩张可能产生汇率超调，也可能带来汇率低调。Dornbusch 指出，当短期内产出可以变化时，扩张性的货币冲击有可能会产生汇率低调。后来的学者在研究汇率低调时，都是沿着 Dornbusch 开创的一般均衡框架进行的，但分析问题的角度更加广阔，并认为当资本流动性、相对货币需求、预期形成机制等发生变化时，汇率低调会是外部冲击产生的一种后果。

10.1.2 汇率低调/超调的路径、幅度及制约因素

在 Dornbusch 的原文中，物价和汇率超调将沿着指数函数的路径收敛于均衡值。本书的第 5 章也确认了这一点，即价格和汇率都是按照指数路径收敛于长期均衡水平的。但对汇率低调来讲，物价将仍然是指数变动路径，这一点没有歧义。包括 Dornbusch（1976）在内的学者们都指出汇率低调的路径是非单调不平滑的，但具体是怎样的变化路径，以前的学者并没有明确地指出。

在第 4 章中，我们在商品需求方程中引入真实利率和真实汇率。在一般均衡的框架内，汇率将在超调之后再低调，即出现滞后低调。我们特别地展示了传统低调与滞后低调的演变路径，分析了产生滞后低调的作用机制，滞后低调持续的时间取决于预期系数和货币需求的利率弹性及真实汇率的反应情况。如果物价和产出调整都是黏性的，当货币扩张时，汇率可能立即低调；也可能立即超调，然后再低调，并且其变化路径是不平滑的。

10.1.3 超调、低调等汇率动态的交替性

资本控制是中国经济新常态的一个核心特征，本书的第 5 章选择资本控制程度作为分析人民币汇率多种动态的视角，结合国际收支和经济增长，根据内外均衡互动建立了汇率动态行为模型。研究指出，当资本控制程度高于阈值时，未预计到的国内货币冲击将导致人民币汇率出现低调；当资本控制程度低于阈值时，人民币汇率会出现超调。当资本控制程度为临界值时，汇率的变动幅度与货币扩张的幅度一致，没有超调也没有低调。研究也确认了资本控制与超调/低调间存在的非对称性。当汇率发生超调时，资本控制程度加强，超调幅度会变小。但当汇率发生低调时，若资本控制程度加强，低调幅度会变大。

传统超调理论认为货币政策变动将带来汇率更大的波动性，传统低调理论

---

① CABALLERO R J, LORENZONI G. Persistent Appreciations and Overshooting: A Normative Analysis [J]. IMF Economic Review, 2014, 62 (1): 1-47.

则认为汇率的变化幅度小于货币冲击，而滞后低调理论则认为汇率的高波动性是暂时的，因为汇率波动会逐渐地由强变弱。在经济全球化的进程中，汇率变动的诱因更加多样化。除货币冲击外，我们还应更多地关注导致汇率变动的其他因素，包括实体经济增长、技术进步、巴拉萨—萨缪尔森效应等结构性冲击。

10.2　本书的实证研究结论

10.2.1　资本控制程度强弱与人民币汇率同向变动，但两者间相互作用的力度和渠道不对称

第 6 章使用状态空间模型和 Kalman 滤波方法来测度中国的资本控制程度，发现 1994—2017 年，在资本控制程度减弱趋势的进程中，仅有两个加强的时间段，并基于贸易、FDI 等经济指标和国际收支平衡表确认了一个时间段主要关注国际收支经常账户，另一个时间段则重点关注资本与金融账户。

我们进而以经济增长为导向扩展了传统的三元悖论，构建了"四位一体"的逻辑框架结构，发现汇率对资本控制的影响力度要远大于资本控制对汇率的作用力度。汇率作用于资本控制，除了汇率本身之外，主要是通过经济预期渠道。而资本控制作用于汇率，对名义汇率而言，经济预期是最主要的影响渠道；对真实汇率而言，以经济增长为代表的真实渠道是最主要的作用机制。

10.2.2　人民币汇率与宏观经济变量之间的长期协整和短期动态关系

基于真实利差模型的实证研究显示，2005 年 7 月汇率制度改革以来，货币及实体变量的作用方向与力度大小都符合货币主义汇率模型的预测，本国相对于外国货币供给扩张，本币贬值；而本国相对的经济增长则会带来本币升值。通过相关的宏观经济指标来分析汇率的长期走势是可行的，这验证了人民币汇率制度改革"主动性、可控性与渐进性"原则的有效性，确认了人民币汇率制度市场化改革方向的正确性。

此外，在人民币汇率的短期波动方面，货币扩张会带来短期超调。在理论条件下，若中国的货币扩张 1%，人民币汇率超调幅度是 1.16%；如果货币扩张引起两国相对的通货膨胀率变动，则汇率超调幅度会达到 2.34%。人民币汇率短期超调的滞后期为 2 个月，但长期内会恢复到均衡状态。

10.2.3 人民币各种汇率动态之间的转换与交替的周期性问题

第8章以资本控制为分析人民币汇率多种动态的视角，在货币主义的框架内精细刻画了2005年7月汇率制度改革以来人民币多种形式的汇率动态。SVAR模型研究发现，当资本控制程度加强或减弱、货币政策紧缩或扩张时，人民币名义汇率、真实汇率、两种有效汇率分别表现出传统超调、滞后超调或反向超调等形态，并且不同动态之间会相互转换或交替。这些发现对中国经济发展的现实有充分的解释力，有助于深化人民币汇率与资本控制程度的动态联系，也为人们理解和促进人民币汇率制度改革提供了一个新的视角。

在人民币汇率的短周期与长周期界定方面，第7章指出，人民币汇率升值与贬值压力交替的周期约为半年。在渐进式的汇率制度改革进程中，人民币汇率的滞后值会显著地影响到当前汇率的水平与波动，升值压力与贬值压力相互交替。如果从一个长周期的角度来分析，第9章指出，当货币政策扩张时，人民币汇率会依次出现传统低调、反向低调、滞后低调，在八年半之后转为滞后超调，汇率低调与滞后超调在变化强度、持续时间等方面存在着显著的非对称性。

10.3 政策建议

概括地说，本书的政策建议主要涉及以下三个方面：我国应实施宏观审慎的调控政策，协调货币政策、资本控制和人民币汇率制度改革之间的冲突，促进三者之间实现良性互动。在改革的时间窗口选择方面，叶亚飞和石建勋（2016）提出应将汇率超调理论与中国的金融改革结合起来，稳步推进资本账户开放，减轻人民币汇率失衡的程度，并且大力完善风险预警机制也是很重要的[①]。

10.3.1 坚持资本账户渐进开放的原则，提高资本控制的有效性

首先，在资本控制程度减弱的趋势中，渐进推动资本账户开放，注重提高资本控制的有效性。资本控制对中国当前的发展阶段来说有其存在的合理性，

---

① 叶亚飞，石建勋. 汇改、资本流动及我国金融改革的时间窗口选择 [J]. 财经科学，2016 (3)：12-23.

应注意推动宏观审慎管理和微观审慎监管有机结合，扩大资本账户的双向开放，促进外资内流和内资外流的动态平衡，引导外资流向，促进产业升级和经济结构的优化，转变针对资本账户的管理方式，渐进有序地实现资本账户的自由化，充分发挥市场在资源配置中的决定性作用。

另外，中国的资本控制长期以来主要针对直接投资之外的金融投资，如证券投资等资产组合投资。但有研究表明，FDI开放引起宏观经济增长的波动风险远大于非FDI（李巍、张志超，2008）[1]，所以在密切监控热钱流向之外，还应加强对FDI账户下资本流动的监控，注重直接投资的结构优化，严格管控快进快出的投机性直接投资。

其次，资本账户开放和人民币汇率制度改革应保持良性互动。 从本质上来说，资本控制影响着开放条件下国内外经济联系的数量关系，汇率则影响着国际经济交往的价格关系，它们其实是联系非常紧密的两个部分。资本账户自由化与人民币汇率制度改革的很多改革措施是交织在一起的，相互促进，共同深化。两者的改革不可能分先后，只能同时进行并相互协调。中国人民银行调查统计司课题组在研究中也指出，资本账户开放和汇率制度改革这两者最好的方向是循序渐进，在具体的改革措施上我们应做到成熟一项就推进一项[2]。

在弹性汇率制度下，资本账户开放需要更加审慎，政府可以适度地进行外汇干预，以维持汇率均衡和宏观经济稳定（张纯威，2006）[3]。阙澄宇和马斌（2013）也认为，对资本账户开放和人民币汇率制度改革，我国应坚持在可控的原则下渐进、协调地推进二者之间的合理搭配[4]。刘晓辉等（2015）认为，发展中国家汇率制度改革的经验表明，在资本账户开放的同时，事后施行适当的管制是必要的保障[5]。因此，在人民币汇率形成机制市场化改革的进程中，中国仍应实施对跨国资本流动的适度监管，谨慎考量资本控制的效力。

10.3.2 人民币汇率制度改革的内在逻辑：汇率动态稳定的重要性

人民币汇率制度改革是一个创造性的破坏过程，要经历由浅入深的不同的

---

① 李巍，张志超. 不同类型资本账户开放的效应 [J]. 世界经济，2008（10）：33-45.

② 中国人民银行调查统计司课题组. 协调推进利率汇率改革和资本账户开放 [J]. 中国金融，2012（9）：9-12.

③ 张纯威. 弹性汇率制度下的国际资本流动调控策略 [J]. 世界经济研究，2006（2）：36-40.

④ 阙澄宇，马斌. 资本账户开放对浮动汇率制度福利的非线性效应：以新兴市场经济体为例 [J]. 数学的实践与认识，2013（5）：77-88.

⑤ 刘晓辉，张璟，甘顺利. 资本账户自由化、实际资本控制与汇率制度选择 [J]. 国际金融研究，2015（7）：55-66.

发展阶段。在这其中，汇率稳定就是一个长期而非短期的取舍目标。第 6 章指出，人民币汇率制度改革眼睛向内的成分还是要多一些。我国要注重发挥市场在人民币汇率决定与变动中的基础性作用，推进汇率形成与决定的市场化，进一步增强人民币汇率弹性，找准政策调控的着力点与方向。

首先，坚持有管理的浮动汇率制度，完善宏观审慎管理。应推动人民币汇率的市场化形成机制进一步向纵深发展，让市场发挥基础性的决定作用。一国资本管制或开放的程度取决于国内外特定的经济和金融环境，对中国来说，采取宏观审慎管理政策在内的多种措施对跨境资本流动进行积极管理是必要的（葛奇，2017）[①]。由于资本控制程度与人民币汇率同向变动，在人民币升值时，可适当减弱资本控制程度；在人民币贬值时，可适当加强资本控制程度。

进一步地，Korinek 和 Sandri（2016）针对东亚国家和发达经济体的研究认为，为减轻汇率贬值的冲击，同时采用资本控制和宏观审慎监管政策是合适的[②]。因为宏观审慎管理减少了金融负债的数量和风险性，而资本控制通过减少资本净流量提高了经济的总净值，这两者都使得经济发展更加稳定。

其次，关注经常账户的汇率效应。中国的货币供给不断扩张，但人民币并未剧烈贬值，这与波动幅度限制有关，但长期存在的经常账户顺差也是一个重要因素，经常账户的财富效应会通过商品需求与货币需求的变化来抑制汇率超调的幅度，降低了人民币汇率的波动性。陈创练（2013）基于新开放宏观动态一般均衡模型，发现中国经常账户失衡带来的贸易部门技术冲击是影响人民币汇率变动的主要因素[③]。而王君斌和郭新强（2014）发现在经常账户失衡条件下，人民币名义汇率超调表现出约 24 个月的滞后期[④]。

第 9 章的实证研究指出，从 2005 年 7 月汇率制度改革以来，经常账户的盈余（顺差）将使汇率超调或低调的幅度变大，2013 年底之前的汇率低调阶段也是如此。但在自 2014 年初开始的汇率超调阶段，经常账户顺差将使汇率超调的幅度下降，这与近年来人民币汇率多样化的市场改革举措相关，人民币汇率双向波动的态势明显，汇率弹性增强，市场机制的基础性作用得到更大程度的发挥。

---

① 葛奇. 宏观审慎管理政策和资本控制措施在新兴市场国家跨境资本流出入管理中的应用及其效果 [J]. 国际金融研究，2017（3）：3-14.

② KORINEK ANTON, SANDRI DAMIANO. Capital controls or macroprudential regulation? [J]. Journal of International Economics, 2016（99）：27-42.

③ 陈创练. 我国经常账户失衡和人民币汇率的动态运行 [J]. 山西财经大学学报，2013（9）：31-41.

④ 王君斌，郭新强. 经常账户失衡、人民币汇率波动与货币政策冲击 [J]. 世界经济，2014（8）：42-69.

10.3.3 新常态下的货币政策选择，适当进行逆周期调控

首先，关注货币政策冲击的汇率渠道，引导和稳定汇率预期。张斌（2002）认为，资本控制在中国是一种次优选择，它能在一定程度上维持货币政策的独立性，有助于克服货币供给的内生性问题①。夏勇和王进会（2018）认为，汇率容易表现出顺周期性。对货币当局来说，应加强汇率预期管理，防止汇率水平持续地偏离经济基本面，确保汇率围绕着长期均衡值上下波动②。

汇率短期均衡的稳定性关系到货币政策的效果，这涉及货币刺激的有效性问题。汇率低调模型确认了在资本自由流动和浮动汇率条件下，一国可以拥有相对独立的货币政策，货币扩张通过汇率渠道有可能会提高总需求与产出。黄奇（2020）认为，为避免汇率产生非理性的波动，货币当局应在适当的时机向市场传递准确的信息，用相机抉择的方式引导市场主体形成合理的汇率预期，维护外汇市场的动态稳定③。

其次，实施稳健中性的货币政策，创造稳定可预期的货币环境。能够提供较高和稳定的真实收益的货币体系，是人们愿意持有大量的真实货币的前提。本书发现，影响汇率短期波动的因素除了自身的惯性外，滞后一到两期的货币供给对汇率水平的影响较大。要实现人民币汇率动态稳定目标，中国应让货币供给增长保持稳定性、协调性和包容性。王爱俭等（2009）也认为，就当前经济发展的阶段性和汇率稳定的目标而言，以稳定货币增长率为货币准则是合适的④。

货币政策应在人民币汇率动态稳定上发挥更大的定力，货币当局应加强与市场沟通，适时适度地引导汇率预期。Eichler 和 Littke（2018）基于 62 种货币的面板数据研究发现，关于货币政策目标的信息披露增加会降低汇率波动性，对商品价格的弹性低、中央银行的保守程度低、货币需求的利率弹性更高的国家来说，中央银行透明度的汇率稳定效应则更加显著⑤。

综上所述，本书在货币主义汇率理论的基础上，对超调模型出现 40 多年

---

① 张斌. 增进中国资本管制的有效性研究：从宏观经济稳定视角出发 [J]. 管理世界，2002（11）：6-11.

② 夏勇，王进会. 人民币汇率波动的影响因素及政策应对 [J]. 金融发展评论，2018（12）：1-7.

③ 黄奇. 央行汇率预期管理量化研究 [J]. 北方金融，2020（4）：11-15.

④ 王爱俭，等. 虚拟经济与实体经济发展性汇率调控 [J]. 经济学动态，2009（6）：27-33.

⑤ EICHLER S, LITTKE H C N. Central Bank Transparency and the Volatility of Exchange Rates [J]. Journal of International Money and Finance, 2018（89）：23-49.

以来的学术文献做了全面的评述，对人民币汇率单独的动态或各种动态之间的过渡与交替进行了深入的理论与实证研究，确认了人民币汇率制度市场化改革方向的正确性。我们在统一的框架内研究了 1994 年中国开始汇率制度市场化改革以来资本控制、国际收支、经济增长等变量与人民币汇率动态的相互作用关系，探讨了资本控制程度变化的阶段性和人民币多种汇率动态交替的周期性，并紧密结合我国经济发展的新阶段和人民币汇率制度改革的进程，提出了有针对性的政策建议。

就下一步研究的方向来讲，人民币汇率超调/低调（及其变形）未来的研究展望涉及以下三个方向，它们将是我们后续研究关注的重点内容。

其一，研究汇率动态交替所产生的经济效应。 对汇率变动所产生的经济影响，学术界有大量的研究文献，涉及汇率变动如何及怎样影响进出口贸易、就业、产业结构、国际资本流动、物价变动、经济增长等诸多经济变量，但较少涉及汇率超调/低调动态交替转换的时点及前后一段时间内宏观与微观经济方面所发生的变化。探讨汇率不同动态转换的临界点、持续时间、强度变化对经济发展所产生的影响，深入分析其背后的作用机制，强化微观基础，促进宏观金融稳定与经济的可持续增长，是一个令人期待的课题。

其二，考虑外部冲击和汇率预期的不同形式来探讨汇率动态。 可以尝试构建一个模型，同时考虑到预期和未预期到的政策变化，加入政府收支和央行干预因素，考虑外汇干预行为的不连续性、非对称性和异方差性。结合人民币升值和贬值预期的非对称性，长期均衡汇率可以为一个区间，而不是静态的一点。注重发挥市场机制的作用，并进一步估算合意（最优）的超调/低调幅度。

其三，可以尝试做多币种的实证研究。 由于美元在国际金融市场和人民币货币篮子中的重要地位，本书在实证研究中侧重于谈论人民币对美元的汇率的变动情况。下一步，我们打算考虑非美元与人民币的汇率变化，引入面板数据来刻画币种结构，结合人民币对美元及非美元的不同的波动幅度限制，对比美元汇率和非美元汇率在决定因素和变化趋势上的异同，为参考一篮子货币进行调节的人民币汇率制度选择提供具有操作性的决策参考。

参考文献

中文文献：

[1] 白晓燕，王培杰. 资本管制有效性与中国汇率制度改革 [J]. 数量经济技术经济研究，2008（9）：65-76.

[2] 卞学字，范爱军. 噪声交易、贸易开放与滞后汇率超调：基于PTM-NOEM模型的理论研究 [J]. 南开经济研究，2015（4）：23-43.

[3] 曹伟，言方荣，鲍曙明. 人民币汇率变动、邻国效应与双边贸易 [J]. 金融研究，2016（9）：50-66.

[4] 车维汉，贾利军. 国际贸易冲击效应与中国宏观经济波动：1978—2005 [J]. 世界经济，2008（4）：25-36.

[5] 陈创练. 我国经常账户失衡和人民币汇率的动态运行 [J]. 山西财经大学学报，2013（9）：31-41.

[6] 陈创练，等. 利率市场化、汇率改制与国际资本流动的关系研究 [J]. 经济研究，2017（4）：64-77.

[7] 陈占强，周明海. 开放经济：汇率的非均衡宏观模型及其稳定性 [J]. 系统工程理论与实践，1998（3）：90-93.

[8] 邓仕杰，肖东生. 货币危机中汇率超调、资产负债表效应和产出紧缩的关系分析 [J]. 金融教学与研究，2007（1）：6-9，21.

[9] 丁志杰，谢峰. 汇率对中等收入国家经济跨越的影响研究 [J]. 金融研究，2017（2）：42-53

[10] 董慧君，宋吟秋，吕萍. 中国货币需求函数的模型估计及政策建议 [J]. 科研管理，2015（8）：136-143.

[11] 董佺. 对汇率超调的探讨 [J]. 湖北成人教育学院学报，2001（6）：43-44.

[12] 范爱军，卞学字. 跨期消费平滑模型与中国国际资本流动性度量：兼析汇率因素的影响 [J]. 国际金融研究，2013（3）：68-78.

［13］范言慧，等.次贷危机冲击、政府反应和人民币汇率［J］.国际金融研究，2010（9）：38-46.

［14］方兴.带预期的人民币汇率滞后超调动态模型研究［J］.经济学动态，2008（6）：53-57.

［15］葛奇.宏观审慎管理政策和资本控制措施在新兴市场国家跨境资本流出入管理中的应用及其效果［J］.国际金融研究，2017（3）：3-14.

［16］郭冲远.人民币"外升内贬"的原因：基于"巴萨效应"和"汇率超调"思想的解释［J］.石家庄经济学院学报，2012（3）：7-10.

［17］郭春松，王晓.汇率超调模型与人民币汇率制度选择［J］.山东财政学院学报，2005（1）：22-25.

［18］郭建泉，周茂荣.弹性汇率制度下资本控制的经济效应：一个基于修正 Dornbusch 超调模型的动态学分析［J］.经济研究，2003（5）：48-56.

［19］郭其友，陈银忠，易小丽.汇率变动、流动性过剩与通货膨胀的动态关系［J］.经济学动态，2011（3）：65-70.

［20］郭其友，焦娜.国际劳动力流动下的汇率动态：汇率超调模型的一种扩展［J］.厦门大学学报（哲学社会科学版），2010（3）：43-50.

［21］何德旭，冯明.新中国货币政策框架70年：变迁与转型［J］.财贸经济，2019（9）：5-20.

［22］何德旭，姚战琪，余升国.资本流动性：基于中国及其他亚洲新兴国家的比较分析［J］.经济研究，2006（9）：4-16.

［23］何慧刚.我国利率—汇率联动协调机制研究：基于"汇率超调模型"视角的实证分析［J］.财经问题研究，2007（5）：58-63.

［24］何慧刚.中国资本账户开放与汇率制度选择［J］.社会科学战线，2008（5）：37-42.

［25］和萍.渐进资本开放与中国货币政策的独立性［J］.经济理论与经济管理，2006（11）：25-31.

［26］胡再勇.我国的汇率制度弹性、资本流动性与货币政策自主性研究［J］.数量经济技术经济研究，2010（6）：20-34+125.

［27］胡智，邱念坤.货币主义模型在人民币汇率决定中适用性的实证检验［J］.河北经贸大学学报，2005（6）：22-27.

［28］黄奇.央行汇率预期管理量化研究［J］.北方金融，2020（4）：11-15.

［29］贾凯威.基于非对称 ARDL 模型的汇率传递计量研究［J］.统计与决策，2016（4）：159-162.

［30］靳玉英，周兵.新兴市场国家三元悖论框架选择为何中间化：基于经济增长和金融稳定视角的分析［J］.国际金融研究，2014（9）：34-44.

［31］金中夏，洪浩.国际货币环境下利率政策与汇率政策的协调［J］.经济研究，2015（5）：35-47.

［32］雷达，赵勇.中国资本账户开放程度的测算［J］.经济理论与经济管理，2008（5）：5-13.

［33］李凤城.汇率制度选择中的资本控制决策［J］.南开经济研究，2003（2）：75-79.

［34］李富有，罗莹.人民币汇率传递的物价效应分析：基于引入虚拟变量的ARDL模型的实证研究［J］.国际金融研究，2013（2）：67-73.

［35］李天栋，薛斐.制度安排、预期形成与固定汇率制度选择［J］.世界经济，（2004）9：33-42.

［36］李巍，张志超.不同类型资本账户开放的效应［J］.世界经济，2008（10）：33-45.

［37］李艳丰.人民币汇率波动影响因素分析：基于汇率超调模型视角［J］.理论月刊，2017（1）：122-128.

［38］李艳丽.人民币汇率的巴拉萨—萨缪尔森效应：基于弹性价格货币模型的分析［J］.中央财经大学学报，2006（12）：38-43，68.

［39］梁立俊.引入价格因素的蒙代尔—弗莱明模型及其在中国的适用性［J］.国际经贸探索，2003（5）：8-11.

［40］梁志成.浮动汇率的货币模型在中国仍然有效吗：西方汇率决定理论的中国实证检验［J］.国际经贸探索，2000（6）：46-48，58.

［41］林楠.基于超调模型和虚拟经济视角的汇率动态分析［J］.华东经济管理，2010（9）：74-78.

［42］林楠.开放经济货币政策动态下人民币汇率问题研究［J］.华东经济管理，2012（4）：73-78.

［43］林楠.汇率动态与总供求视角下人民币均衡实际汇率［J］.金融评论，2013（6）：70-83.

［44］刘金全，张苑庭，徐宁.资本账户开放度、货币政策独立性与汇率制度选择：三元悖论还是二元悖论？［J］.世界经济研究，2018（5）：3-13，64.

［45］刘莉亚，等.资本管制能够影响国际资本流动吗？［J］.经济研究，2013（5）：33-46.

［46］刘纪显，眭爱华，张宗益.货币主义现代汇率理论评述［J］.国际经

贸探索，2004（5）：27-30.

　　[47] 刘敏，李颖."三元悖论"与人民币汇率制度改革浅析［J］.国际金融研究，2008（6）：69-75.

　　[48] 刘明，贾怡琳.汇率超调、流动性过剩与收益、资本结构优化［J］.理论导刊，2009（2）：104-106.

　　[49] 刘晓辉，张璟，甘顺利.资本账户自由化、实际资本控制与汇率制度选择［J］.国际金融研究，2015（7）：55-66.

　　[50] 刘晓曙，王婧.资本回报率对美元汇率中长期周期性波动的影响研究：基于ARDL模型的实证分析［J］.金融监管研究，2016（3）：81-89.

　　[51] 刘兴华.中国资本流动性的估测及国际比较［J］.金融教学与研究，2003（5）：9-12.

　　[52] 刘英，范黎波，金祖本.中国开放经济空心化倾向：基于人民币汇率变动视角［J］.数量经济技术经济研究，2016（7）：77-95.

　　[53] 刘永泉，李萍.人民币汇率波动存在汇率超调吗？——基于汇改后月度数据的实证检验［J］.嘉兴学院学报，2020（2）：95-101.

　　[54] 吕祥勋，兰京.汇率超调模型分析及其对我国的启示［J］.理论探索，2005（1）：76-79.

　　[55] 马草原，李成.国有经济效率、增长目标硬约束与货币政策超调［J］.经济研究，2013（7）：76-89、160.

　　[56] 倪亚芬，李子联.美国货币政策与人民币汇率变动：基于弹性价格货币模型的脉冲分析［J］.中共南京市委党校学报，2015（6）：28-34.

　　[57] 欧阳向军.论汇率的超调假说［J］.世界经济文汇，1989（6）：8-13.

　　[58] 秦启岭.人民币汇率与利率关系研究［J］.天津商学院学报，1999（5）：41-45.

　　[59] 阙澄宇，马斌.资本账户开放对浮动汇率制度福利的非线性效应：以新兴市场经济体为例［J］.数学的实践与认识，2013（5）：77-88.

　　[60] 沈军，吴晓敏，胡元子.扩展三元悖论视角下的印度汇率制度改革对中国的启示［J］.国际金融研究，2015（3）：88-96.

　　[61] 盛斌.汇率超调、预期冲击和蒙代尔—弗莱明模型［J］.经济科学，2001（2）：68-72.

　　[62] 施建淮.中国资本账户开放问题研究［M］.北京：北京大学出版社，2017.

　　[63] 孙烽，贺晟.货币冲击下的股市运行和汇率动态［J］.上海经济研究，

2000（8）：74-79.

［64］孙华妤."不可能三角"不能作为中国汇率制度选择的依据［J］.国际金融研究，2004（8）：11-16.

［65］唐琳，谈正达，胡海鸥.基于 MS-VAR 的"三元悖论"约束及对经济影响研究［J］.国际金融研究，2015（9）：35-44.

［66］王爱俭.中国汇率战略通论［M］.北京：中国金融出版社，2011.

［67］王爱俭，等.虚拟经济与实体经济发展性汇率调控［J］.经济学动态，2009（6）：27-33.

［68］王爱俭，林楠.虚拟经济与实体经济视角下的人民币汇率研究［J］.金融研究，2010（3）98-111.

［69］王君斌，郭新强.经常账户失衡、人民币汇率波动与货币政策冲击［J］.世界经济，2014（8）：42-69.

［70］王立荣，刘立臻.虚拟经济膨胀视角下的汇率短期波动研究：对 Dornbusch 超调模型的扩展［J］.国际金融研究，2009（7）：73-79.

［71］王琦.关于我国国际资本流动影响因素计量模型的构建和分析［J］.国际金融研究，2006（6）：64-69.

［72］王蕊.资本控制下人民币汇率决定的实证检验：基于 Dornbusch 超调模型的扩展［J］.国际经贸探索，2014（5）：62-75.

［73］王晓春.中国资本账户开放度浅析［J］.统计研究，2001（6）：39-42.

［74］王晓春.资本流动程度估计方法及其在发展中国家的应用［J］.世界经济，2001（7）：20-26.

［75］王晓燕，雷钦礼，李美洲.货币国际化对国内宏观经济的影响［J］.统计研究，2012（5）：23-33.

［76］王孝松，翟光宇，谢申祥.中国贸易超调：表现、成因与对策［J］.管理世界，2014（1）：27-39.

［77］王宇雯.人民币实际有效汇率及其波动对我国出口结构的影响：基于 ARDL-ECM 模型的实证研究［J］.数量经济技术经济研究，2009（6）：53-63.

［78］王忠，刘澄，钟剑.汇率的射击过头与反弹理论评析［J］.辽宁大学学报，1996（1）：3-5.

［79］魏英辉，陈欣，江日初.全球金融周期变化对新兴经济体货币政策独立性的影响研究［J］.世界经济研究，2018（2）：52-62.

［80］伍戈.中国的货币需求与资产替代：1994—2008［J］.经济研究，2009（3）：53-67.

[81] 夏勇, 王进会. 人民币汇率波动的影响因素及政策应对 [J]. 金融发展评论, 2018 (12): 1-7.

[82] 徐奇渊, 刘力臻. 人民币国际化进程中的汇率变化研究 [M]. 北京: 中国金融出版社, 2009.

[83] 徐忠. 经济高质量发展阶段的中国货币调控方式转型 [J]. 金融研究, 2018 (4): 1-19.

[84] 姚枝仲. 多恩布施: 巨星陨落 [J]. 国际经济评论, 2002 (9-10): 62-63.

[85] 叶亚飞, 石建勋. 汇改、资本流动及我国金融改革的时间窗口选择 [J]. 财经科学, 2016 (3): 12-23.

[86] 游宇, 黄宗晔. 资本管制对融资结构和经济增长的影响 [J]. 金融研究, 2016 (10): 32-47.

[87] 喻梅. 我国货币政策与人民币汇率的互动关系研究 [J]. 经济问题, 2011 (8): 99-103.

[88] 张斌. 增进中国资本管制的有效性研究: 从宏观经济稳定视角出发 [J]. 管理世界, 2002 (11): 6-11.

[89] 张纯威. 弹性汇率制度下的国际资本流动调控策略 [J]. 世界经济研究, 2006 (2): 36-40.

[90] 张建英. 基于弹性价格货币模型的人民币汇率实证研究 [J]. 宏观经济研究, 2013 (8): 55-65.

[91] 张萌. 中国货币需求函数的建模研究 [J]. 商业时代, 2011 (14): 55-56.

[92] 张萍. 利率平价理论及其在中国的表现 [J]. 经济研究, 1996 (10): 34-43.

[93] 张在美, 等. 基于自适应混沌控制的外汇干预有效性研究 [J]. 运筹与管理, 2011 (5): 128-134.

[94] 赵文胜, 张屹山. 货币政策冲击与人民币汇率动态 [J]. 金融研究, 2012 (8): 1-15.

[95] 赵永亮, 余道先. 中国工业增加值的估算 [J]. 统计与决策, 2015 (14): 4-9.

[96] 赵云辉. 对"超调模型"的重新表述 [J]. 当代经济, 2007 (3): 112-113.

[97] 中国人民银行调查统计司课题组. 我国加快资本账户开放的条件基

本成熟［J］. 中国金融, 2012（5）: 14-17.

［98］中国人民银行调查统计司课题组. 协调推进利率汇率改革和资本账户开放［J］. 中国金融, 2012（9）: 9-12.

［99］周欢欢, 陈会林. 基于VAR模型的人民币汇率的超调分析［J］. 现代商贸工业, 2008（2）: 164-165.

［100］周茂荣, 郭建泉. 放弃成本、政府偏好与资本控制: 一个审慎的机会主义汇率制度选择模型［J］. 经济研究, 2004（5）: 67-74.

［101］周小川. 人民币资本项目可兑换的前景和路径［J］. 金融研究, 2012（1）: 1-19.

［102］朱孟楠, 刘林. 中国外汇市场干预有效性的实证研究［J］. 国际金融研究, 2010（1）: 52-59.

［103］邹薇, 郑浩. 超额外汇储备和汇率超调: 中国的证据［J］. 中国地质大学学报（社科版）, 2011（6）: 76-84.

外文文献:

［104］ADLER M, LEHMANN B. Deviations from PPP in the Long Run［J］. Journal of Finance, 1983, 38（5）: 1471-1487.

［105］AIZENMAN J, CHINN M D, ITO H. Surfing the Waves of Globalization: Asia and Financial Globalization in the Context of the Trilemma［J］. Journal of the Japanese and International Economies, 2011, 25（3）: 290-320.

［106］AKIBA H. Exchange-Rate Sensitive Demand for Money and Overshooting［J］. International Economic Journal, 1996, 10（2）: 119-129.

［107］ASLAM F, AZIZ S, NGUYEN D K, MUGHAL K S, KHAN M. On the Efficiency of Foreign Exchange Markets in Times of the COVID-19 pandemic［J］. Technological Forecasting & Social Change, 2020（161）: 1-12.

［108］BAHMANI-OSKOOEE M, KARA O. Exchange Rate Overshooting in Turkey［J］. Economics Letters, 2000, 68（1）: 89-93.

［109］BAHMANI-OSKOOEE M, PANTHAMIT N. Exchange Rate Overshooting in East Asian Countries［J］. Emerging Markets Finance and Trade, 2006, 42（4）: 5-18.

［110］BARNETT W A, BHADURY S S, GHOSH T. An SVAR Approach to Evaluation of Monetary Policy in India: Solution to the Exchange Rate Puzzles in an Open Economy［J］. Open Economy Review, 2016（27）: 871-893.

［111］BHANDARI J S. Expectations, Exchange Rate Volatility and Non-Neutral Disturbances [J]. International Economic Review, 1981, 22 (3): 535-540.

[112] BHANDARI J S. An Alternative Theory of Exchange Rate Dynamics [J]. The Quarterly Journal of Economics, 1983, 98 (2): 337-348.

[113] BHANDARI J S, DRISKILL R, FRENKEL J A. Capital mobility and exchange rate overshooting [J]. European Economic Review, 1984 (24): 309-320.

[114] BILSON J F O. The Monetary Approach to the Exchange Rate: Some Empirical Evidence [J]. IMF Staff Papers, 1978, 25 (1): 48-75.

[115] BJØRNLAND HILDE C. Monetary Policy and Exchange Rate Overshooting: Dornbusch was Right After All [J]. Journal of International Economics, 2009 (79): 64-77.

[116] BLUEDORN JOHN C, BOWDLER C. The Empirics of International Monetary Transmission: Identification and the Impossible Trinity, Journal of Money [J]. Credit and Banking, 2010, 42 (4): 679-713.

[117] BOOTHE P M, POLOZ S S. Unstable Money Demand and the Monetary Model of the Exchange Rate [J]. The Canadian Journal of Economics, 1988, 21 (4): 785-798.

[118] BURNSIDE C, HAN B, HIRSHLEIFER D, WANG T Y. Investor Overconfidence and the Forward Premium Puzzle [J]. Review of Economic Studies, 2011 (78): 523-558.

[119] CABALLERO R J, LORENZONI G. Persistent Appreciations and Overshooting: A Normative Analysis [J]. IMF Economic Review, 2014, 62 (1): 1-47.

[120] CALVO G A. Real Exchange Rate Dynamics with Nominal Parities: Structural Change and Overshooting [J]. Journal of International Economics, 1987 (22): 141-155.

[121] CATÃO L A V, SOLOMOU S N. Effective Exchange Rates and the Classical Gold Standard Adjustment [J]. The American Economic Review, 2005, 95 (4): 1259-1275.

[122] CHILIBA L, ALAGIDEDE P, SCHALING E. A Re-examination of the Exchange Rate Overshooting Hypothesis: Evidence from Zambia [J]. Southern African Business Review, 2016, 20 (1): 468-491.

[123] CHINN M D, MOORE M J. Order Flow and the Monetary Model of Exchange Rates: Evidence from a Novel Data Set [J]. Journal of Money, Credit and Banking, 2011, 43 (8): 1599-1624.

［124］ COOKE D. Consumption home bias and exchange rate behavior ［J］. Journal of Macroeconomics, 2010 （32）: 415-425.

［125］ CUSHMAN. The Failure of the Monetary Exchange Rate Model for the Canadian-U. S. Dollar ［J］. The Canadian Journal of Economics, 2000, 33 （3）: 591-603.

［126］ DELBECQUE B. Exchange-rate dynamics in a model with imperfect capital mobility and asset substitutability ［J］. European Economic Review, 1989 （33）: 1161-1173.

［127］ DJAJIC S, VINOGRADOVA A. Overshooting the Savings Target: Temporary Migration, Investment in Housing and Development ［J］. World Development, 2015 （65）: 110-121.

［128］ DORNBUSCH R. Expectations and Exchange Rate Dynamics ［J］. Journal of Political Economy, 1976, 84 （6）: 1161-1176.

［129］ DRISKILL R A. Exchange-Rate Dynamics: An Empirical Investigation ［J］. Journal of Political Economy, 1981, 89 （2）: 357-371.

［130］ DRISKILL R, MCCAFFERTY S. Exchange Rate Dynamics with Wealth Effects: Some Theoretical Ambiguities ［J］. Journal of International Economics, 1985 （19）: 329-340.

［131］ EDWARDS S. Tariffs, Capital Controls, and Equilibrium Real Exchange Rates ［J］. The Canadian Journal of Economics, 1989 （1）: 79-92.

［132］ EDWARDS S. The Federal Reserve, the Emerging Markets, and Capital Controls: A High-Frequency Empirical Investigation ［J］. Journal of Money, Credit and Banking, 2012, 44 （2）: 151-184.

［133］ EDWARDS S, KHAN M. Interest Rate Determination in Developing Countries: A Conceptual Framework ［J］. IMF Staff Papers, 1985, 32 （3）: 377-403.

［134］ EDWARDS S, RIGOBON R. Capital Controls on Inflows, Exchange Rate Volatility and External Vulnerability ［J］. Journal of International Economics, 2009 （78）: 256-267.

［135］ EICHENBAUM M, EVANS C L. Some Empirical Evidence on the Effects of Shocks to Monetary Policy on Exchange Rates ［J］. The Quarterly Journal of Economics, 1995 （4）: 975-1009.

［136］ EICHLER S, LITTKE H C N. Central Bank Transparency and the Volatility of Exchange Rates ［J］. Journal of International Money and Finance, 2018

(89): 23-49.

[137] EMRAN M S, SHILPI F, ALAM M I. Economic Liberalization and Price Response of Aggregate Private Investment: Time Series Evidence from India [J]. Canadian Journal of Economics, 2007, 40 (3): 914-934.

[138] ENGEL C M, FLOOD R P. Exchange Rate Dynamics, Sticky Prices and the Current Account [J]. Journal of Money, Credit and Banking, 1985, 17 (3): 312-327.

[139] ENGEL C. Exchange Rates, Interest Rates, and the Risk Premium [J]. American Economic Review, 2016, 106 (2): 436-474.

[140] FEUERRIEGEL S, WOLFF G, NEUMANN D. News Sentiment and Overshooting of Exchange Rates [J]. Applied Economics, 2016, 48 (44): 4238-4250.

[141] FRATZSCHER M. Capital Flows, Push versus Pull Factors and the Global Financial Crisis [J]. Journal of International Economics, 2012 (88): 341-356.

[142] FRENKEL J A. Expectations and Commodity Price Dynamics: The Overshooting Model [J]. American Journal of Agricultural Economics, 1986, 68 (2): 344-348.

[143] FRENKEL J A. On the Mark: A Theory of Floating Exchange Rates Based on Real Interest Differentials [J]. The American Economic Review, 1979, 69 (4): 610-622.

[144] FRENKEL J A. A Monetary Approach to the Exchange Rate: Doctrinal Aspects and Empirical Evidence [J]. Scandinavian Journal of Economics, 1976, 78 (2): 255-76.

[145] FRENKEL J A, RODRIGUEZ C A. Exchange Rate Dynamics and the Overshooting Hypothesis [J]. IMF Staff Papers, 1982, 29 (1): 1-30.

[146] FRENKEL M, SHIMIDT G, STADTMANN G, NICKLE C. The Effects of Capital Controls on Exchange Rate Volatility and Output [J]. International Economic Journal, 2002, 16 (4): 27-51.

[147] FUHRER J C, WEILLER K J. A Multivariate Posterior Odds Approach to Assesing Competing Exchange Rate Models [J]. The Review of Economics and Statistics, 1991, 73 (1): 113-124.

[148] GAZIOGLOU S. Exchange Rate Overshooting: Clarification and Extensions [J]. The Manchester School, 1984, 52 (3): 314-321.

［149］ GOMIS-PORQUERAS P, KAM T, LEE J. Money, Capital, and Exchange Rate Fluctuations ［J］. International Economic Review, 2013, 54（1）: 329-353.

［150］ GOODHART C. The Foreign Exchange Market: A Random Walk with a Dragging Anchor ［J］. Economica, 1988（55）: 437-460.

［151］ HAIRAULT J-O, PATUREAU L, SOPRASEUTH T. Overshooting and the Exchange Rate Disconnect Puzzle: A Reappraisal ［J］. Journal of International Money and Finance, 2004（23）: 615-643.

［152］ HAN X H, WEI S J. International Transmissions of Monetary Shocks: Between A Trilemma and A Dilemma ［J］. Journal of International Economics, 2018（110）: 205-219.

［153］ HEINLEIN R, KROLZIG H-M. Effects of Monetary Policy on the US Dollar/UK Pound Exchange Rate. Is There a "Delayed Overshooting Puzzle"? ［J］. Review of International Economics, 2012, 20（3）: 443-467,

［154］ HELMUT R, YECHES H. Time-varying Estimates on the Openness of the Capital Account in Korea and Taiwan ［J］. Journal of Development Economics, 1993（41）: 285-305.

［155］ HENRY B, NIXON J. Unemployment dynamics in the UK ［J］. Oxford Economic Papers, 2000, 52（1）: 224-247.

［156］ HOFFMANNN M, SODERGAARD J, WESTELIUS N J. Delayed Overshooting and Real Exchange Rate Persistence in An Imperfect Information Model ［J］. Scottish Journal of Political Economy, 2011, 58（2）: 248-261.

［157］ HONOHAN P. Montary Restraint and the Exchange Rate ［J］. Economica, 1984（51）: 163-176.

［158］ ISAAC A G. Risk Premia and Overshooting ［J］. Economics Letters, 1998（61）: 359-364.

［159］ KARAKITSOS E. Monetary Policy Exchange Rate Dynamics and the Labour Market ［J］. Oxford Economic Papers, 1989, 41（2）: 408-433.

［160］ KIM S. Monetary Policy, Foreign Exchange Policy, and Delayed Overshooting ［J］. Journal of Money, Credit and Banking, 2005, 37（4）: 775-782.

［161］ KIM S. Monetary Policy, Foreign Exchange Intervention, and the Exchange Rate in a Unifying Framework ［J］. Journal of International Economics, 2003（60）: 355-386.

［162］ KIM S, LIM K. Effects of monetary policy shocks on exchange rate in small open Economies [J]. Journal of Macroeconomics, 2018 (56): 324-339.

[163] KIM S, ROUBINI N. Exchange Rate Anomalies in the Industrial Coun-tries: A Solution with a Structural VAR Approach [J]. Journal of Monetary Econom-ics, 2000 (45): 561-586.

[164] KORINEK ANTON, SANDRI DAMIANO. Capital controls or macropru-dential regulation? [J]. Journal of International Economics, 2016 (99): 27-42.

[165] KUCK K, MADERITSCH R, SCHWEIKERT K. Asymmetric over- and undershooting of major exchange rates: Evidence from quantile regressions [J]. Eco-nomics Letters, 2015 (126): 114-118.

[166] LEE J-E. Exchange Rate Dynamics with Foreign Reserves: Revisiting the Dornbusch Overshooting Model, Review of Development Economics [J]. 2016, 20 (2): 406-414.

[167] LEVIN J H. Exchange Rate Undershooting [J]. International Journal of Finance and Economics, 1999 (4): 325-333.

[168] LI J, MILLER N C. Foreign exchange market inefficiency and exchange rate anomalies [J]. Journal of International Financial Markets, Institutions & Money, 2015 (34): 311-320.

[169] MCNOWN R, WALLACE M S. Cointegration Tests of the Monetary Ex-change Rate Model for Three High-Inflation Economies [J]. Journal of Money, Cred-it and Banking, 1994, 26 (3): 396-411.

[170] MICHAUD A, ROTHERT JACEK. Optimal Borrowing Constraint and Growth in A Small Economy [J]. Journal of International Economics, 2014 (94): 326-340.

[171] MINIANE J, ROGERS J H. Capital Controls and the International Trans-mission of U. S. Money Shocks [J]. Journal of Money, Credit and Banking, 2007, 39 (5): 1003-1035.

[172] MUSSA M. A Model of Exchange Rate Dynamics [J]. Journal of Politi-cal Economy, 1982, 90 (1): 74-104.

[173] NIEH C C, WANG Y S. ARDL Approach to the Exchange Rate Over-shooting in Taiwan [J]. Review of Quantitative Finance and Accounting, 2005, 25 (1): 55-71.

[174] NIEHANS J. Exchange Rate Dynamics with Stock/Flow Interaction [J]. Journal of Political Economy, 1977, 85 (6): 1245-1257.

［175］ O'MAHONY M, VECCHI M. Quantifying the Impact of ICT Capital on Output Growth: A Heterogeneous Dynamic Panel Approach ［J］. Economica, 2005, 72 (288): 615-633.

［176］ PARK G, KIM Y-Y. An Empirical Analysis of Nominal Rigidities and Exchange Rate Overshooting: An Intertemporal Approach ［J］. International Journal of Finance and Economics, 2003 (8): 153-166.

［177］ PAPELL D H. Activist Monetary Policy, Imperfect Capital Mobility, and the Overshooting Hypothesis ［J］. Journal of International Economics, 1985 (18): 219-40.

［178］ PIERDZIOCH C. Households' Preferences and Exchange Rate Overshooting ［J］. International Economic Journal, 2007, 21 (2): 297-316.

［179］ PIERDZIOCH C. Noise Ttrading and Delayed Exchange Rate Overshooting ［J］. Journal of Economic Behavior and Organization, 2005 (58): 133-156.

［180］ QUINN D P, TOYODA A. M. Does Capital Account Liberalization Lead to Growth? ［J］. The Review of Financial Studies, 2008, 21 (3): 1403-1449.

［181］ ROGOFF K. Monetary Models of Dollar/Yen/Euro Nominal Exchange Rates: Dead or Undead? ［J］. The Economic Journal, 1999, 109 (459): 655-659.

［182］ RÜTH S K. Shifts in Monetary Policy and Exchange Rate Dynamics: Is Dornbusch's Overshooting Hypothesis Intact, After All? ［J］. Journal of International Economics, 2020 (126): 1-18.

［183］ SMITH P N, WICKENS M R. An Empirical Investigation into the Causes of Failure of the Monetary Model of the Exchange Rate ［J］. Journal of Applied Econometrics, 1986, 1 (2): 143-162.

［184］ SOMANATH V S. Exchange Rate Expectations and the Current Exchange Rate: A Test of the Monetarist Approach ［J］. Journal of International Business Studies, 1984, 15 (1): 131-140.

［185］ SUN LIXING. Time-Varying Estimates on the Openness of Capital Account in East Asia and Mexico ［J］. The Developing Economies, 2000 (6): 164-185.

［186］ WANG P. A dynamic IS-LM-X model of exchange rate adjustments and Movements ［J］. International Economics, 2017 (149): 74-86.

［187］ WANG P. Reverse shooting of exchange rates ［J］. Economic Modelling, 2013 (33): 71-76.

[188] WIJNBERGEN S VAN. Capital Controls and the Real Exchange Rate [J]. Economica, 1990 (2): 15-28.

[189] WILSON C A. Anticipated Shocks and Exchange Rate Dynamics [J]. Journal of Political Economy, 1979, 87 (3): 639-647.

[190] ZEIRA J. Informational Overshooting, Booms, and Crashes [J]. Journal of Monetary Economics, 1999 (43): 237-257.

[191] ZERVOYIANNI A. Exchange Rate Overshooting, Currency Substitution and Monetary Policy [J]. The Manchester School, 1988 (3): 247-267.

[192] ZUO HAOMIAO, PARK S Y. Money Demand in China and Time-varying Cointegration [J]. China Economic Review, 2011 (22): 330-343.